NF文庫
ノンフィクション

三島由紀夫と森田必勝

楯の会事件 若き行動者の軌跡

岡村 青

潮書房光人新社

三島由紀夫と森田必勝——目次

森田が着用した冬用の制服

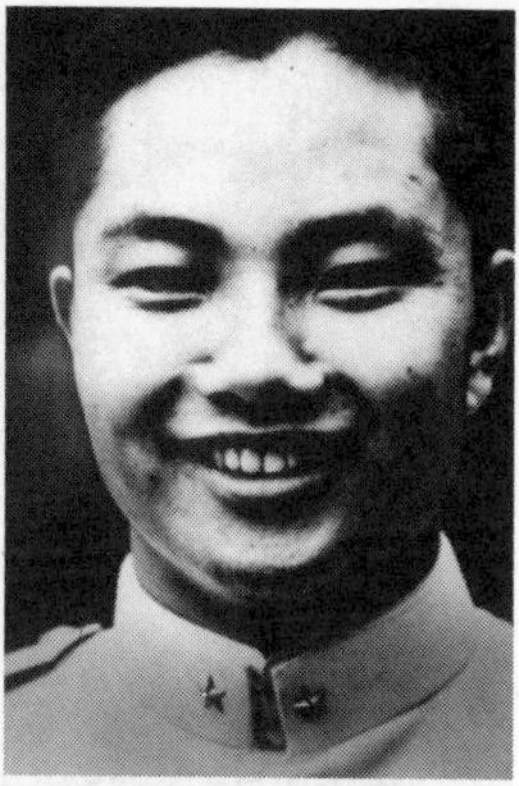

夏用制服姿の森田必勝

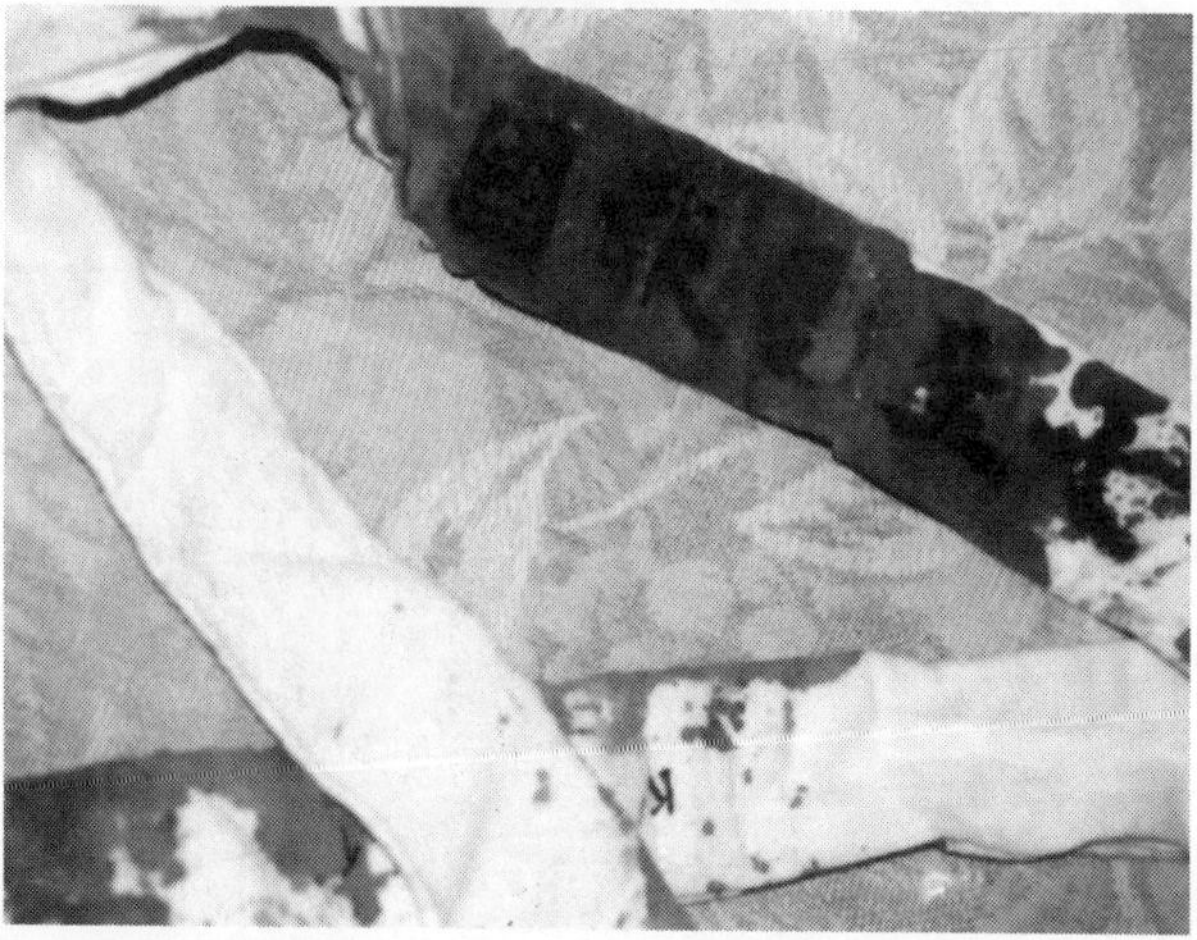

鮮血がにじむ森田が絞めた鉢巻

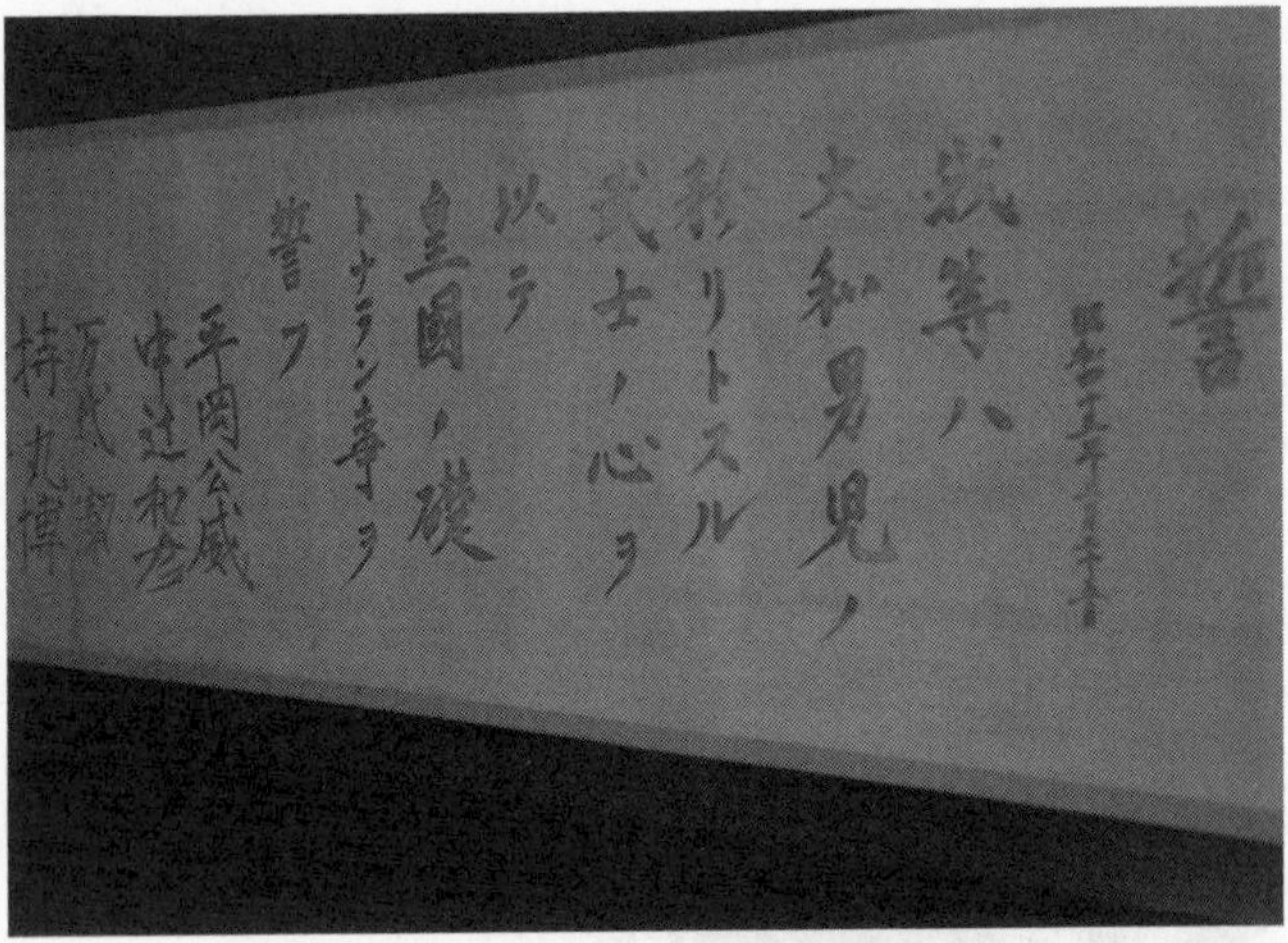
誓
我等ハ大和男児ノ
誇リトスル
武士ノ心ヲ
以テ
皇国ノ礎
トナラン事ヲ
誓フ
平岡公威
中辻和彦
万代潔
持丸博
焼却された原文が複写版でよみがえる〝幻の血判書〟

御殿場市の陸上自衛隊富士学校に建つ三島由紀夫揮毫の碑

右上から左に、森田の兄・治、松浦博(旧姓・持丸)、楯の会1期生の篠原裕、3期生田中健一、5期生福田敏夫

楯の会の解散直後、三島由紀夫夫人より5期生福田に贈られた三島直筆の色紙、制服、日本刀

三島由紀夫と森田必勝

——楯の会事件　若き行動者の軌跡

プロローグ――遺品との対面

「森田学生長のです。お渡しいたします」

元楯の会会員勝又武校から渡されたのは、ちょうどみかん箱大ほどの四角いボストンバッグ一個だった。

森田治が弟必勝の遺品に対面するのは、「楯の会」事件の被告として小川正洋、小賀正義、古賀浩靖の三名それぞれに懲役四年の一審判決が東京地裁で、一般傍聴人五七名が注視するなかで言い渡されたその後だったから事件からあらまし一年半が経過していた。

ボストンバッグに見覚えはなかった。だが、中身は明らかに弟必勝のものに間違いなかった。カーキ色の地に七個の金釦を二列に配した冬用の制服上下。白色の、金釦には楯の会のシンボルマークともいうべき兜が刻印された夏用の制服上下。そして「森田（必）」とネーム入りの制帽。そのほか三島由紀夫とともに五人が制服姿で撮影した記念写真数葉。『宮本顕治を裁く』『松下幸之助を裁く』などの本二冊。いくばくかの紙幣とわずかな文具類。そして三島由紀夫の筆になる「武」という掛け軸一幅と、やはり三島から拝領した日本刀一振り。これがこの世に遺した森田必勝の遺品のすべてだった。むろん遺書などない。あったのは短冊が一枚だった。そしてそれには辞世の歌が詠まれていた。

今日にかけてかねて誓ひし我が胸の
思ひを知るは野分けのみかな

遺品の少なさに落胆は隠せなかった。しかも、自分と弟を繋ぐ接点になるものは何ひとつない。たとえわずかでも兄姉にかかわる何かがあれば森田治は安心もし慰められもするのである。ところがそうした感傷をむしろ毅然と拒否するかのように、森田必勝はそれを嗅がせる匂いすら打ち消していった。制服にせよ写真にせよ、肉親と直接結びつけるには無縁の品だった。

その少ない遺品の一つ一つを丹念にめくるなかでしかし、森田治は思わずハッと息を呑むものに遭遇する。それは鮮血に染まった鉢巻である。

長さ四尺あまりの、白い晒しの生地に墨で「七生報國」と染め抜いてある。生きかわり、死にかわり、永遠に国家に報いるという意味だという。

しかし、その文字も血糊でほとんどにじんでいる。不意に、けれどいやがうえにもその日のことが脳裏に甦るのを感じないわけにはいかなかった。あの日、この鉢巻をしめた弟必勝が、バルコニーの上から檄をとばす三島由紀夫の傍に立っているところがテレビ画面に映し出されていた。森田治にすれば弟必勝の生きた姿を見たのはそれが最後であった。

事件当日のあの瞬間、つまり一九七〇年十一月二十五日、陸上自衛隊東部方面総監室に楯の会メンバーが乱入した正午ごろ、森田治は自分が奉職する四日市市立笹川中学校の体育館にいた。

十一月下旬ごろといえば文化祭の準備に追われている時期だった。おまけに生徒会をあずかる顧問という立場にあったため生徒の相談役になっていた。そしてそのときも、文化祭の一環として地元新聞社に依頼した講演を聴くべく全校生徒を体育館に集合させていた最中だった。

「森田先生、電話です」

事務職員の声に急ぎ職員室にもどり、受話器をとった。

「森田先生ですか、塩竹です。お昼のニュースを御覧になりましたか。三島さんと楯の会が……必勝君が……テレビに出てるんですが。自衛隊基地に乱入したとかで、どうも様子が変なんです。死んだとか、どうとか」

電話は塩竹政之からだった。彼は森田必勝とは海星高校時代からの親友であった。

テレビは見ていなかった。だから初めは交通事故にでもあったかぐらいに森田治はかるく受けとっていた。唐突であったうえ、要領も得なかったせいだ。だが「三島」「楯の会」「乱入」と断片的に入ってくる塩竹の言葉が妙に引っかかった。それに、それを伝えるためわざわざ学校まで電話をかけてくるからには、よほどのことがあったからに違いない、ということも考えられた。

塩竹からの電話の内容がより具体性を帯びるのは、急ぎ帰宅したそこに、すでに各社の報道陣が待ち構えていたことによる。彼らの話から、森田治はその日弟必勝に何が起こったのか、ようやく知った。

「壮絶であった」という。「見事だった」という者もいる。もちろんその反対の声もあった。しかし、そうした声もすっかり遠い記憶になったと感じさせるころ弟必勝は、遺品というかたちになって無言の帰宅をした。

遺品に対面するまでの間、森田治は公私ともにさまざまな出来事に遭遇した。まず裁判の傍聴にも行き、第一〇回公判では弁護側証人として弟必勝の証言を行なっている。

そしてその一方では、三島由紀夫の遺骨が翌一九七一年秋の彼岸入りを目前にした九月二十日、府中多磨霊園から何者かによって盗み出されるという怪事件があり（ただし二ヵ月後には再び遺骨は元の場所に戻されている）、愛弟子の三島由紀夫の後を追うかのように川端康成のガス自殺があった（一九七一年四月）。三島由紀夫の遺志に従い、楯の会も解散された（一九七一年二月）。

そして一〇年後の十一月二十五日、自宅からほど遠からぬ共同墓地の一角に森田必勝の墓碑が建立された。剣かたばみの紋所をあしらった白御影造りの墓碑には、「慈昭院釈真徹必勝居士」の戒名が鮮やかに刻み込まれている。

両親も眠る墓地である。三歳にして両親と死別している。それゆえ弟必勝は、両親の記憶といえば皆無に等しい。だが、幽冥界の人となったことで、弟必勝もようやく両親に再会できたに違いない。森田治は、欠かさず行く月に一度の墓参のたびにそう思いつつ合掌する。しかし反面、それで弟必勝の霊は報われたか、と問えば、否、と答えざるを得ぬ忸怩たるものもある。

「――森田必勝の自刃は、自ら進んで楯の会全員及び現下日本の憂国の志を抱く青年層を代表して、身自ら範を垂れて、青年の心意気を示さんとする。鬼神を哭かしむ凛冽の行為である。三島はともあれ、森田の精神を後世に向って恢弘せよ」と三島由紀夫の命令書はいう。

現実を見るとき、はたしてその精神やいかに、といわざるを得ないからである。

第一章　檄

――「今こそ生命尊重以上の価値をみせてやる」

事件は、小賀正義が運転する、ナンバープレート「多摩5―む36―86」の白色コロナが陸上自衛隊市ヶ谷駐屯地の営門を十時五十五分に通過した時点で始まった。

乗用車はそのまま一号館正面右側駐車場に、頭から入るかたちで横づけされた。すでに正面玄関には総監室付の沢本泰治三佐が待機していた。前日のうちに電話で「今度私の学生をぜひ紹介したい」という主旨の連絡をとり、益田兼利総監との面会はあらかじめ取り付けてあった。

三島由紀夫を先頭に森田必勝、小賀正義、古賀浩靖、小川正洋とつづき、沢本三佐の案内で五人は階段をのぼり、一号館二階の東部方面総監室へ向かった。このとき五人ともカーキ色の制服制帽を着用し、三島はさらに軍刀を着剣していた。

階段をあがった突き当たりに総監室がある。入り口ドアをはさんで右側に副幕僚長室、左側に幕僚長室がこれに並列していた。

市ヶ谷駐屯地の高台にはかつて陸軍士官学校、さらに陸軍中央幼年学校などのおびただしい校舎がならび、陸軍の故郷と称された地であった。太平洋戦争に際しては大本営が設置され、敗戦後の軍事裁判が行なわれたのもここであった。敗戦と同時に日本陸軍は壊滅したが、建物はそのまま残った。

往時の名残りをとどめるような木製のドアはいかにも重々しい。そのドアを開け、一礼して入ってくる三島と会員の訪問を待っていた益田陸将は、接待用のソファーへと招じ入れた。招かれるまでもなかった。というのも三島はその部屋には過去三度訪れていたからである。一度は、体験入隊の依頼であった。それによって三島は本名の「平岡公威」で一九六七年四月十一日から五月二十七日までの四六日間におよぶ訓練を福岡県久留米陸上自衛隊幹部候補生学校、御殿場富士学校滝ヶ原駐屯地普通科教育隊、さらに千葉県習志野空挺部隊でそれぞれ受けたのである。二度目は楯の会の体験入隊依頼、そして三度目は「楯の会の定例会を市ヶ谷会館でやった帰りです」といってのそれであった。三島にすれば、だから総監室の室内状況は熟知していた。

電話での用件どおり、三島はまず学生長の森田必勝から順に四人の学生を型どおり紹介し、「じつは、この者たちを連れて十一日の体験入隊の際、山で負傷した者たちを犠牲的に下まで背負ってきてくれたので、今日は市ヶ谷会館の定例会で表彰しようと思い、そのまえに一度総監にお目にかけておきたいと考えて連れてまいりました。これからその例会がありまので正装でまいりました」

と、つけ加えた。

紹介の順に益田は会員を一瞥し、椅子をすすめた。それにしたがったのは三島だけだった。会員はそのまま三島の背後に立った。

話題といってもとりとめもない雑談だった。自衛隊での体験入隊やら楯の会の活動のこと、制服のことといったものだ。そうした会話の流れのなかであった、「三島さん、その刀は本物ですか」と益田が尋ねるのは。それが軍刀か指揮刀か益田にはひと目で識別できたからである。益田は旧陸士四六期、恩賜の軍刀組で、戦時中は大本営参謀をつとめるという、軍人をそのまま絵にしたような古武士《ふるつわもの》であった。

「本物ですよ」

「昼間からそのようなものを持ち歩いていて、警察にとがめられやしませんか」

「大丈夫です、銃砲刀剣の許可証を持っていますから。なんならお見せしましょうか、いい刀ですよ。関の孫六を軍刀づくりに直したものなんです」

その刀は大盛堂書店社長船坂弘から、船坂の自著に序文を書いた謝礼として三島に贈られたものだ。

ここまでは計画どおりであった。手違いは「小賀、ハンカチを持ってこい」と指図した直後に生じるのである。『倅・三島由紀夫』（平岡梓 著）では「この合図のハンカチをめぐって、総監が椅子から立ちあがり、執務机との間を往復されたために思わぬ誤算を生じ、その後のハンカチのやりとりのタイミングがなかなか合わず、あっちに行ったり、こっちに来たりで、すこぶる奇妙きてれつの動きをやり、あたかも空に舞う白胡蝶のごとく」と形容しているが、このとき益田が席をはずしたのは、刀の油を拭きとるならハンカチよりティッシュペーパーのほうがよいと思い、それを取りに立っただけのことだった。

「いい刀ですねぇ……関の孫六の三本杉ですね」

刃紋のかたちをじっくりながめながら益田は誉めた。ふたたび三島にそれを返そうと柄を彼のほうへ向けたその瞬間であった。小賀に、益田は背後から羽交絞めにされ、挙句は日本手拭いでサルグツワをかまされる。古賀、小川、小賀の三人はポケットにそれぞれ手拭い、細引をしのばせていた。このときのために用意していたのである。細引で両手足が縛られ、椅子にくくりつけられて完全に行動の自由を奪われた。ところが、これでもまだ益田はことの重大さに気付かなかった。これもレンジャー部隊の訓練か何かで、「楯の会はこんなに強くなりました」というところを披露するための、三島流の悪戯かぐらいに勘違いしていたのだ。それほど彼らの動きは素早かった。

「冗談はよしたまえ。君たち」

身をよじって足掻いた。だが、ただごとではない、と益田がようやく気付くのは小賀から短刀を首筋に突きつけられたうえ、抜き身を構えた三島が自分の前に仁王立ちになり、鋭く、

「静かにしてください。私たちの言うとおりにしていただければ殺したりはいたしません」

と命じられたときだ。

総監室の異常な気配にいちはやく気付いたのは沢本三佐であった。お茶を運ぶため総監室のドアを開けようとしたが内側から鍵がかかっていたからだ。沢本はただちに業務室長の原勇一等陸佐にそれを報告した。

そのころ総監室では、森田が正面入り口、幕僚長室および副幕僚長室へ通ずる出入り口に椅子、テーブル、植木鉢でバリケードを築き、騒然としていた。この間にも、「自衛隊も、あなたも憎いのではない。自衛隊を天皇にお返ししなければ国は滅びます」「今日は自衛隊の諸君に奮起を促すために来たのです」「我々の行動を妨害しなければ殺しはしません」などのやりとりが、三島と益田のあいだで交わされていた。

沢本も原も異常事態を呑み込むまでには寸刻の間があった。原などは、益田が背後から羽交締めされているのをどう見誤ったか、「マッサージをうけているのかと思った」と後に公判廷で陳述するほど、のんびりしていた。

事態はしかし、時間の経過とともに切迫していた。原はドアの隙間から三島が放った白い、四つ折りにしたコピー用紙を開き、それではじめて総監室で今なにが起きているのかを知るのだった。

「総監をどうするつもりだ、はなせっ」

「ダメだ」

「中に入れてくれ」

「ダメだ、来るな」

「話があるなら私がきこう」

「要求書どおりにやれ。でなければ総監を殺して自決する」

　押し問答がつづいた。だがいっこうに埒はあかなかった。苛立ちのあまりドアに体当たりをかませ、部屋に飛び込もうとする隊員もいた。

「来るなっ、来るなっ、来たら殺すぞっ」

　小賀の短刀は益田の首元をとらえていた。しかしなおも隊員たちはドアを蹴って左右の出入り口から決死の飛び込みをはかった。

　たちまち総監室は乱闘状態となった。三島は刃渡り三尺のその日本刀を大上段に振りかざし、森田は右手に鎧通しを握って身構えた。小川は特殊警棒で隊員に立ち向かっていった。椅子、灰皿、花びん、手当たり次第に投げつける古賀。これに原一佐も木刀で応戦した。

　この乱闘で隊員のいく人かは手、肩と実際に刀傷を負い、なかには全治六カ月という重傷者も出た。気がつくと益田も右手の甲に傷を受け、血がしたたっていた。血しぶきが飛び散り、窓ガラスが飛散し、壁に掛けた油絵も落下して無残にひしゃげていた。すでに電話線はペンチで切断されていたため外部との通信は不能になっていた。椅子、テーブルは横転し、先刻までのジェネラルオフィスも一転して今はおぞましいほどの修羅場と化していた。

「要求書はみた。それを呑もう」

吉松秀信副幕僚長が、三島の突きつけた要求書を受け入れた理由を、㈠いままでの経緯から話し合いでは無理と判断した、㈡総監の生命の危機、㈢救出行動には犠牲者がともなう、㈣目的は不明だが、演説をさせている間に善後策を講じる、の四点をあげたと第四回公判の検察側証言で述べている。

三島が突きつけた要求書とは、おおむね次の五項目に要約される。

一、午前十一時三十分までに全市ヶ谷駐屯地の自衛官を本館前に集合させること。

二、三島隊長以下占拠隊員の名乗りをさせ、演説を静聴すること。

三、楯の会残余会員は本事件とは一切無関係であることを確認したうえで、市ヶ谷会館より召集、演説に立ち会わせること。

四、午前十一時十分から午後一時十分まで、一切の攻撃、妨害を行なわぬこと。攻撃、妨害が行なわれない限り当方よりは一切攻撃せず。

五、以上の条件が守られず、あるいは守らぬと判断したときは、三島は直ちに総監を殺害したのち自決する。

この場合の「一切の攻撃、妨害」とは放水、ガス弾、レンジャー部隊のロープ作業、および騒音、衝撃光、スピーカーによる演説妨害等を指すとし、警察もしくは自衛隊の介入を細目にわたって拒んでいる。そのうえ要求書には、この条件が完全に遵守され、二時間を経過したときには総監の身柄は本館正面玄関で引き渡す、と記されている。

要求はまず、柳原二等陸佐のマイクを通じて「業務に支障のない自衛官はただちに本館正面に集合せよ」との連絡がくり返され、三島の演説を静聴せよ、と指示されたことで充たされた。

一般の自衛隊員たちは何もわからぬままに、しかし指示どおり本館正面のバルコニー下に急遽、集合した。約八〇〇人の隊員のなかには女性自衛官の姿もまじっていた。そこには徳岡孝夫サンデー毎日記者、伊達宗克NHK放送記者の姿もみえた。

十一時五十五分ごろであった、これもかねての手筈どおり森田と小川は晒しの生地に毛筆で要求項目を染め抜いた垂れ幕を二枚、バルコニー上から垂らし、ついで檄文を隊員たちに向かってばら撒いた。徳岡・伊達の両記者はこれから何がそこで起ころうとするのか、ただ固唾をのんでバルコニー上を凝視していた。

要求項目の三は、防衛庁共済組合の市ヶ谷会館にその日定例会で集合していた三十余名の楯の会会員にラジオニュースを流したことで果たした。

十一月二十五日はちょうど月に一度開かれる楯の会の定例会であった。「三島由紀夫」の名で郵送された往復葉書（会員たちはこれを〝召集令状〟と称していた）に出席を希望した会員は午前十時、制服制帽姿で三々五々会場に集まってきた。ただし、この日にかぎって集まったのは一般会員のみの、しかも四期生、五期生という比較的経験の浅い会員だった。会のリーダー格である班長、副班長の出席はなかった。

この理由を元会員の倉持清は取材にあたった筆者にこう語った。

「まだ楯の会の様子がよくわからない新会員に、会の本領や三島先生自身の思想がなんたるかを身を賭して示す、という意味合いも当然あったでしょう。けれどもうひとつには、善後策というのを念頭においたんじゃないでしょうか。つまり、班長副班長はだいたい一期生で占めてたから経験も豊富だし、事件後の処置もまかせられる、と」

しかしこれが平岡梓になると、この日集合させた会員の基準として気骨のある者、考えの甘い者とに分け、前者には自分たちの最期をみてもらうため、後者には楯の会の精神のありようを知ってもらうため、というようになる。

定例会では、いつもならここに〝三島先生〟が来て政治問題、時事問題、あるいは世界の政治動向についての講義がはじまり、ひとわたりそれが終了したところで昼食となるはずであった。昼食のあとのコーヒーが用意され、それを飲みながらひとしきり会員同士のミーティングなどがあったのち午後三時ごろ散会、というのがいつもの通例だったからだ。

ところがこの日はそれが逆になった。隊長三島が来ていないということもあって会員たちには昼食のカレーライスがはじめに出された。けれどそれを別段不審に思う者もいなかった。もちろん田中健一にしろ倉田賢司にしろそうだった。

田中は三期生第三班に所属していた。この日の田中には三〇名の会員を市ヶ谷会館に引率する任務のほかもうひとつ、サンデー毎日記者徳岡孝夫に封書を手渡す任務が負わされていた。

「明日、これを徳岡記者に渡してくれないか。ただし時間だけは厳守してくれ」

前夜アパート近くのスナックで、そう念を押されて森田必勝から田中が受けとったのは赤エンピツで相手の名が記された一通の茶封筒だった。

時間厳守。これだけはやかましかった。楯の会の規律でもあった。いかなる場合でも約束の五分前にはかならずその場に到着しているというのが三島の基本的態度であった。あるとき、会合の時間に遅れてやってきた会員に烈火のごとく怒鳴りつけたことがあった。時間にルーズな者はすべてにルーズという観念が三島の道徳律だったらしい。その三島の精神が会員のなかにも浸透していた。

三島のそうした潔癖さをよく知っていたから田中は、約束の時間前にやってきた徳岡記者をいったんは追い返していた。

「明日の朝、あなたと連絡をとれる場所を教えてほしい。明日午前十時にまた連絡したいので」

この電話を三島から受けたのは前日、つまり二十四日の午後だった。そして翌日午前十時、ふたたび三島からの電話を徳岡記者は受けた。「市ヶ谷会館まで来てもらいたい。そこで田中という者に会ってほしい」と用件は簡単なものだった。

指定場所の市ヶ谷会館には十時四十五分ごろ着いていた。靖国通りに面した五階建ての会館ロビーには、「楯の会例会」という看板が立っていた。部屋は三階のG・H室である。ここは会議、あるいは立食パーティーといった場合によく利用される部屋だった。多人数となると中仕切りのアコーディオンカーテンがはずされて大部屋に早変わりする。

エレベーターを降りて左側方向に歩いた突き当たりにその部屋はある。徳岡は自分の身分を証明する名刺と身分証明書とを提示し、部屋の入り口付近にいた制服姿の会員に三島に教えられたとおり田中健一への取り次ぎを依頼した。が、いないとの返事であった。

逡巡しているところへだった、「自分が田中です。先生から時間を厳守せよとの命令でしたので……。これが先生からお預かりしたものです」といって田中が現われ、茶封筒が渡された。このとき午前十一時五分をいくらか過ぎたころだった。伊達記者が倉田賢司から茶封筒を渡されるのもほぼ同時刻だった。

部屋のスピーカーを通して流れるラジオニュースは昼食のカレーライスをつついている者、すでに食べおえてコーヒーをすすりながら談笑している者、どちらにもまさに寝耳に水だった。一瞬間それまでのざわめきは消え、会員のあらゆる行為が静止した。ラジオアナウンサーの声に隊員たちは耳を欹《そばだ》てた。「市ヶ谷駐屯地に乱入」「益田総監監禁」「三島由紀夫が」「楯の会会員が」。

アナウンサーのその声はひどくうわずったものにきこえた。しかし断片的な言葉からは何も把握できなかった。会員のとまどい、うろたえは隠せなかった。会員たちの不安感をさらに増幅させたのは部屋にやってきた自衛隊将官からの、本館正面玄関前へただちに集合せよとの命令であった。

そのときになってやっと田中には推察がついた。今、市ヶ谷駐屯地で何か異変がおこっているということの。だから西尾俊一、鶴見友昭の二人を会館屋上に走らせた。市ヶ谷会館と東部方面総監室とは指呼の距離にある。屋上にのぼれば遮るものなどなく基地内の様子はすべて望見できる。

二人の報告は、木銃をかまえた自衛官らが総監部正面玄関に多数詰めかけている、市ヶ谷会館のロビー付近には機動隊が張り込んでいる、というものだった。

警視庁警備部長の「自決前に全員逮捕せよ」の訓令を受けて、このとき現場に一番乗りしたのが青柳が指揮する第四機動隊だった。青柳は、三島がルポライターとして全共闘闘争を取材した際、それに対抗し、取り締まる側の者として彼の取材に協力した人物だった。その青柳は奇しくも今度は社会秩序を守ろうとする者、社会秩序を根底から覆えそうとする者という関係で三島と対峙していた。

「その説明を二人からきいて、〈案の定〉という気がしました」と田中は、そのとき直感したという気持ちを取材のため彼の自宅を訪ねた筆者に告白した。

つまり田中は、二人の報告とラジオニュースなどから、〈先生は死ぬ気だな〉と予感したのである。

しかも田中にはもうひとつ、彼らの〝死〟を予見できる根拠があった。それは、森田必勝の、いつもと違う朝の行動からだった。そうした点をつぶさになぞってゆくと、どれもがラジオから流れてくる〝死〟〝決起〟〝乱入〟という言葉とぴったり符合するのである。

着帽と制服の身仕舞いを命じ、隊列を整えた。田中は先頭に立って会員とともに階下のロビーに出た。命令どおり東部方面総監部正面玄関へ向かおうとしたためである。ところが、機動隊の固いガードの前にそれは阻止された。彼らの移動を三島に呼応した決起行動と機動隊側ではみなしたらしい。事実、そう解釈されても仕方ないぐらい会員たちの動きは一様に殺気立っていた。

「そこをどけ」「先生の命令なんだ」「行かせろ」

「だめです」

「なぜだめなんだ」

「とにかくここで待機しててください」

両者のあいだにもみ合い、あるいは小ぜり合いがつづいた。そして混乱はついに田中健一、今井丈美、西尾俊一の三名が暴行を加えたことから公務執行妨害罪で機動隊に検挙されるという事態を招いた。

自分の名が赤エンピツで記されている。そのことにまず徳岡記者は驚く。赤といえば〝訣別〟を意味するからだ。開封してその思いはいっそう拡大された。

封筒には、三島を中央に左から森田、古賀、小川、小賀らが背後に並んで撮った写真、檄文、私信が入っていた。

「前略、いきなり要件のみ申し上げます。（略）決して自己宣伝のためではありません。

事柄が自衛隊内部で起るため、もみ消され、小生らの真意が伝はらぬを怖れてであります。（略）小生の意図は同封の檄に尽されてをります。（略）市ヶ谷会館三階には、何も知らぬ楯の会会員たちが、例会のため集ってをります。この連中が警察か自衛隊の手によって、移動を命ぜられるときが、変化の起こった兆であります。（略）事件はどのみち、小事件にすぎません。あくまで小生らの個人プレイに過ぎませんから、その点御承知置き下さい。（略）傍目にはいかに狂気の沙汰と見えようとも、小生らとしては、純粋に憂国の情に出でたるものであることを、御理解いただきたく思ひます。（以下略）」

その文面は「死」をもはっきりと予告していた。ならば三島の望みどおり、これからやがて起こるであろう異変の、否歴史の目撃者になろうと徳岡記者は決意する。

上空には報道関係のヘリコプターが乱舞していた。二機、三機。社名が肉眼でもとらえられるほどそれらは低空で飛行した。

かまびすしいエンジン音も、しかしバルコニー上に日本刀を構え、仁王立ちとなって檄をとばす三島由紀夫の絶叫をかき消すには役立たない。白地に墨で「七生報國」、朱色の日の丸を染め抜いた鉢巻、茶褐色の地に襟、肩、袖にそれぞれグリーンを配したサイドベンツの制服が、とりわけグリーンの部分が、晩秋の乾いた午後の陽光に映えてひときわ鮮やかさを帯びていた。同じ制服姿に白鉢巻の森田が三島の左側後ろに控えていた。

「去年の一〇・二一のとき、自衛隊はいったい何をしていたのか」「この日本でただ一つ、日本の魂をもっているのは自衛隊であるべきだ……しかるに諸君らは……」「経済的繁栄にうつつをぬかし、精神的にからっぽになっているいま、魂を持っているのは自衛隊だけだ」「それでも諸君は武士か。自分を否定する憲法をなぜ守ろうとするんだ。なぜペコペコするんだ。憲法を改正しろ」「……日本を守るとは、国家を守るとはなんだ。天皇を中心とする血と文化の伝統を守ることだ」「おれは四年間待ったんだ、自衛隊が起ち上がるのを……。私の側に立つものはだれもおらんのか……」「一人もおらんのだなっ、よし、憲法改正のため起ち上がらないという見極めがついた自衛隊になぞ夢はなくなった」「おれは死ぬんだ……ここで天皇陛下万歳と叫んでおれは死ぬんだ」

三島の肉声、ヘリコプターの騒音、自衛隊員たちの野次と罵声。

やがて寸刻後には〝義〟のため自らの生命を絶とうとする者がいる一方で、それをまるで劇中劇でも見るかのように群衆の野卑な言葉の応酬。このなんとも名状しがたい奇妙な渦中で、その両者をさらに目撃している自分がいる。この不可思議なめぐり合わせにいったいどう整合性をもたせるつもりか、徳岡記者は、足元に舞い落ちた檄文を読みながらしきりとそれだけを考えていた。

〈三島は自決する……そのとき、彼が描ききったように、彼のまぶたのうらには日輪が赫奕と昇るだろうか……〉

〝天皇陛下万歳〟を三唱した直後であった、森田必勝の介錯をうけて三島由紀夫が、それにつづく森田必勝が古賀浩靖の介錯で諫死の割腹自決をはたしたのは。このとき、三島由紀夫四十五歳、森田必勝二十五歳であった。

檄（全文）

われわれ楯の会は自衛隊によって育てられ、いはば自衛隊はわれわれの父でもあり、兄でもある。その恩義に報いるに、このような忘恩的行為に出たのは何故であるか。かへりみれば、私は四年、学生は三年、隊内で準自衛官としての待遇を受け、一片の打算もない教育を受け、又われわれも心から自衛隊を愛し、もはや隊の柵外の日本にはない真の日本をここに夢み、ここでこそ終戦後つひに知らなかった男の涙を知った。ここで流したわれわれの汗は純一であり、憂国の精神を相共にする同志として共に富士の原野を馳駆した。このことには一点の疑ひもない。

われわれにとって自衛隊は故郷であり、生ぬるい現代日本で凛冽の気を呼吸できる唯一の場所であった。教官、助教諸氏から受けた愛情は測り知れない。しかもなほ敢てこの挙に出たのは何故であるか。たとへ強弁と云はれようとも自衛隊を愛するが故であると私は断言する。

われわれは戦後の日本が経済的繁栄にうつつを抜かし、国の大本を忘れ、国民精神を失ひ、本を正さずして末に走り、その場しのぎと偽善に陥り、自ら魂の空白状態へ落ち込んでゆくのを見た。政治は矛盾の糊塗、自己の保身、権力欲、偽善にのみささげられ、国家百年の大計は外国に委ね、敗戦の汚辱は払拭されずにただごまかされ、日本人自ら日本の歴史と伝統を瀆してゆくのを歯嚙みをしながら見ていなければならなかった。

われわれは今や自衛隊にのみ、真の日本、真の日本人、真の武士の魂が残されているのを夢みた。しかも法理論的には自衛隊は違憲であることは明白であり、国の根本問題である防衛が、御都合主義の法的解釈によってごまかされ、軍の名を用ひない軍として、日本人の魂の腐敗、道義の頽廃の根本原因をなして来てゐるのを見た。もっとも名誉を重んずべき軍が、もっとも悪質の欺瞞の下に放置されて来たのである。自衛隊は敗戦後の国家の不名誉な十字架を負ひつづけて来た。自衛隊は国軍たりえず、建軍の本義を与へられず、警察の物理的に巨大なものとしての地位しか与へられず、その忠誠の対象も明確にされなかった。

われわれは戦後のあまりに永い日本の眠りに憤った。自衛隊が目ざめる時こそ日本が目ざめる時だと信じた。自衛隊が自ら目ざめることなしに、この眠れる日本が目ざめることはないのを信じた。憲法改正によって、自衛隊が建軍の本義に立ち、真の国軍となる日のために、国民として微力の限りを尽くすこと以上に大いなる責務はない、と信じた。四年前、私はひとり志を抱いて自衛隊に入り、その翌年には楯の会を結成した。楯の会の根本理念はひとへに自衛隊が目ざめる時、自衛隊を国軍、名誉ある国軍とするために命を捨てようといふ決心にあった。

憲法改正がもはや議会制度下ではむづかしければ、治安出動こそその唯一の好機であり、われわれは治安出動の前衛となって命を捨て、国軍の礎石たらんとした。国体を守るのは軍隊であり、政体を守るのは警察である。政体を警察力を以て守りきれない段階に来てはじめて軍隊の出動によって国体が明らかになり、軍は建軍の本義を回復するであろう。日本の軍隊の建軍の本義とは「天皇を中心とする日本の歴史・文化・伝統を守る」ことにしか存在しないのである。国のねじ曲がった大本を正すといふ使命のため、われわれは少数乍ら訓練を受け、挺身しようとしてゐたのである。

しかるに昨昭和四十四年十月二十一日に何が起ったか。総理訪米前の大詰ともいふべきこのデモは、圧倒的な警察力の下に不発に終った。その状況を新宿で見て、私は「これで憲法は変らない」と痛恨した。その日に何が起ったか、政府は極左勢力の限界を見極め、戒厳令にも等しい警察の規制に対する一般民衆の反応を見極め、敢て「憲法改正」といふ火中の栗を拾はずとも、事態を収拾しうる自信を得たのである。治安出動は不用になった。政府は政体維持のためには、何ら憲法と抵触しない警察力だけで乗り切る自信を得、国の根本問題に対して頰っかぶりをつづける自信を得た。

これで左派勢力には憲法護持のアメ玉をしゃぶらせつづけ、名を捨てて実をとる方策を固め、自ら護憲を標榜することの利点を得たのである。名を捨てて実をとる！　政治家にとってはそれでよからう。しかし自衛隊にとっては致命傷であることに政治家は気づかない筈はない。そこで、ふたたび前にもまさる偽善と隠蔽、うれしがらせとごまかしがはじまった。

銘記せよ！　実はこの昭和四十五年（筆者註・四十四年の誤りか）十月二十一日といふ日は、自衛隊にとっては悲劇の日だった。創立以来二十年に亘って憲法改正を待ちこがれてきた自衛隊にとって、決定的にその希望が裏切られ、憲法改正は政治的プログラムから除外され、相共に議会主義政党を主張する自民党と共産党が非議会主義的方法の可能性を晴れ晴れと払拭した日だった。論理的に正に、この日を境にして、それまで憲法の私生児であった自衛隊は「護憲の軍隊」として認知されたのである。これ以上のパラドックスがあらうか。

われわれはこの日以後の自衛隊に一刻一刻注視した。われわれが夢みてゐたやうに、もし自衛隊に武士の魂が残ってゐるならば、どうしてこの事態を黙視しえよう。自らを否定するものを守るとは、何たる論理的矛盾であらう。男であれば男の矜りがどうしてこれを容認しえよう。我慢に我慢を重ねても、守るべき最後の一線をこえれば決然立ち上るのが男であり武士である。われわれはひたすら耳をすました。しかし自衛隊のどこからも「自らを否定する憲法を守れ」といふ屈辱的な命令に対する男子の声はきこえては来なかった。かくなる上は、自らの力を自覚して、国の論理の歪みを正すほかに道はないことがわかってゐるのに、自衛隊は声を奪はれたカナリヤのやうに黙ったままだった。

われわれは悲しみ、怒り、つひには憤激した。諸官は任務を与へられなければ何もできぬといふ。しかし諸官に与へられる任務は、悲しいかな、最終的には日本からは来ないのだ。シヴィリアン・コントロールが民主的軍隊の本姿である、といふ。しかし英米のシヴィリアン・コントロールは、軍政に関する財政上のコントロールである。日本のやうに人事権まで奪はれて去勢され、変節常なき政治家に操られ、党利党略に利用されることではない。

　この上、政治家のうれしがらせに乗り、より深い自己欺瞞と自己冒瀆の道を歩まうとする自衛隊は魂が腐ったのか。武士の魂はどこへ行ったのだ。魂の死んだ巨大な武器庫になって、どこへ行かうとするのか。繊維交渉に当っては自民党を売国奴呼ばはりした繊維業者もあったのに、国家百年の大計にかかはる核停条約は、あたかもかつての五・五・三の不平等条約の再現であることが明らかであるにかかはらず、抗議して腹を切るジェネラル一人、自衛隊からは出なかった。沖縄返還とは何か？　本土の防衛責任とは何か？　アメリカは真の日本の自主的軍隊が日本の国土を守ることを喜ばないのは自明である。あと二年の内に自主性を回復せねば、左派のいふ如く、自衛隊は永遠にアメリカの傭兵として終るであらう。

　われわれは四年待った。最後の一年は熱烈に待った。もう待てぬ。自ら冒瀆する者を待つわけには行かぬ。しかしあと三十分、最後の三十分待たう。共に起って義のために共に死ぬのだ。日本を日本の真姿に戻してそこで死ぬのだ。生命尊重のみで、魂は死んでもよいのか。生命以上の価値なくして何の軍隊だ。

　今こそわれわれは生命尊重以上の価値の所在を諸君の目に見せてやる。

　それは自由でも民主主義でもない。日本だ。われわれの愛する歴史と伝統の国、日本だ。これを骨抜きにしてしまった憲法に体をぶつけて死ぬ奴はゐないのか。もしゐれば、今からでも共に起ち、共に死なう。われわれは至純の魂を持つ諸君が、一個の男子、真の武士として蘇へることを熱望するあまり、この挙に出たのである。

二　事件とその後

本書をまとめるにあたって、元楯の会会員に少なからず会った。そこで、筆者に意外な感じを与えたのは、取材に応じてくれた彼らが一様に「あれは『楯の会事件』です。『三島事件』などではない」と断言する、その言葉であった。

マスコミばかりか一般市民までがこの事件を「三島事件」と呼んだ。たしかに楯の会誕生から解散にいたるまでの経緯といい、会の実際的な行動、精神、思想、そのどれもが三島由紀夫の意志と理念に貫かれていないものはない。いわば個々の会員の行為、行動といえどもすなわち三島の一挙手一投足を反映したものといってもあながち過言ではなかった。会の財政面にせよすべて三島の印税、ないしは原稿料から捻出されていた。まさに楯の会そのものが三島の〝私兵〟的様相を呈していた。

しかも三島といえばだれひとり知らぬ者はない世界的な文豪、文学界の頂点に位置する一級の作家であった。それなりのネームバリューもそなえている。してみれば、これを「三島事件」と名付けたくなるマスコミの論理にも一理ある。

ところがそうではないと否定するのである。その根拠をある会員はこう述べた。

「確かに三島精神で貫かれていたかもしれない。経済面にしろカレー一杯、コーヒー一杯の金も俺たちが払ったわけではない。しかし、三島は最後まで楯の会の一員として行動し、森田もそれに付いていったのです」

森田治もこれと同じ意見をもっている。

「あの事件はむしろ弟のほうが積極的だったぐらいなんです。『先生、早くやりましょうよ』とけしかけていたといいますから。それに、一般的には弟はあたかも三島さんに殉じたかのように解釈されてますがそれはとんだ誤解ですね。弟は弟なりの信念にもとづいてやったことです」

「三島事件」ではない、「楯の会事件」だというのがこの事件を受けとめる会員たちの共通認識である。そういわせる背景には、楯の会に寄せる愛着心もあろう。しかしそれ以上に楯の会は俺たちの会だ、三島ひとりのものではない、という自負があるからこそにちがいない。彼らは年齢にすれば二十二、三ないしは四、五歳であった。そのころといえばちょうど自我の形成期にあって、感受性豊かな青年、という形容がまさにぴったりの年齢である。三島にはこれら会員たちに幕末から明治維新にかけて奔騰したあの溌剌たる青年群像をダブらせることしばしばだった。

この時期、彼らの全生活は楯の会と三島、この両者に凝縮されていったのである。つまりそれは、楯の会なくして彼らの生活もまたあり得なかったということである。そのためであろう、なかには大学を中退した者もいれば大企業への就職を自らあえて断念した者もいる、ということは。

ともあれ、事件にはじつに多様な反応が、その言葉の数だけ示された。

「三島由紀夫が割腹自決」「狂気の自刃・楯の会自衛隊乱入」（毎日新聞）

「三島由紀夫が自衛隊に乱入」「演説して割腹自殺」（朝日新聞）

「三島由紀夫、自衛隊で切腹」「楯の会会員率い乱入」（読売新聞）

一面トップに全段抜きで掲げたセンセーショナルな見出しは、そのままマスコミの驚きと同時に国民の驚きを如実に示したものであったろう。

驚きは裏返せば関心の深さにつながる。市民の反応はさまざまな声となって返ってきた。

「これじゃ〝憂国〟の一人芝居そのものじゃないか。テロとしても幼稚だし、美しい死に方というにはほど遠いね」

「ねらいはいったい何だったんでしょう……理解に苦しみます。こわいワ……本当に」

「……私の三島像が崩れていく。それがショックよ。ちょうど〝奔馬〟を読んでる最中でしたから」

「大ショック。彼が命がけでやったこと、よくわかるワ。けど世の中冷えきってるでしょう……二、三日すれば忘れられちゃうんじゃないでしょうか」

「あの事件？ ナンセンスとしかいいようがないね。作家だったらペンで堂々とたたかうべきだろう」

困惑、狼狽、疑問符。これらはこの事件の複雑さ、難解さを言い表わしているのか、衒《てら》いのない市民の声ですら当然ながら賛否両論に分かれた。

これがいわゆる識者といわれる学者、評論家、作家ともなるといっそう事態を深刻に受けとめ、「失われていくものに対する危機感……それへの警告があういう直截に死をもってする行為でしかできなかった点にボクは疑問を感じる。あの行為が三島の何であるのかよくわからない。もっと違う様式を繰返すことで、われわれが感じている危機感を訴えることができるはずだ」（石原慎太郎）。

「――自衛隊の青年将校をけっ起させて憲法改正しなければ、徴兵も海外派兵もできないということだろう。これは合法的には見込みがないと追いつめられた考え方に、三島の破壊の美学のニヒリズムが結びついて実力行動の先駆にならなければということだろう。こういうのは単なる事件と簡単に考えてはいけない。つぎつぎに触発されて問題が起きることを恐れる」（松本清張）

「純粋な精神医学の立場からいえば狂信的な妄想とか、うつ病とかいった精神病による自殺とは思えない。やはり激情がもたらした自殺だろう。その底には、三島さんの爆発的な、自己顕示型の性格があったといえる」（斎藤茂太）と断定し、これが「彼の殺人肯定論に対し、私の殺人否定論に立つ」という真継伸彦になると、「彼の死を諫死とうけとめる者はテロリズムの擁護者である」と、否定的立場を明快にした。

しかしその擁護論者はいる。その著『ド・ゴール』は楯の会のテキストに用いられていたほど、三島や楯の会との結びつきが深く、事件発生の一ヵ月前、四ッ谷のある料亭の席で、「だめだよ、もう待てないよ」と、三島から決起をほのめかされたという文芸評論家の村松剛は、「伝統的な精神を復活させるための礎として、彼は軍隊に期待をかけた。しかし彼がみたものは『サムライ』の集団ではなかった。そして絶望した。だが自らの命を絶つことにより、軍隊と国民とを諫めようと決意した。つまり『諫死』をはかったのだ」と言い切る。

この系譜に林房雄もつらなる。林といえば東京帝大政治学科を中退後『絵のない絵本』『林檎』等の小説を発表し、プロレタリア作家として文壇の注目をあびた。けれど京大事件（一九三〇年）に連座したのち転向し、『大東亜戦争肯定論』『緑の日本列島』などの作品で民族主義論潮に新たな局面を切り開いた人物だった。

「二人の烈士（三島由紀夫・森田必勝――筆者註）の、やむにやまれぬ憂国の諫死は、失われゆく本来の日本、この美しい――美しくあるべき国をエコノミック・アニマルとフリーライダー（ただ乗り屋）の醜悪な巣窟にかえて、祖国を破滅の淵へ地すべりさせている『精神的老人たち』の惰眠をさまし、日本の地すべりそのものをくいとめる最初で最大の、貴重で有効な人種であると、私は確信している」

「――あの行動を単に現象としてとらえて、ドン・キホーテだというように批判する人もあるが、そうした見方には意味がない。割腹自殺というかたちは三島由紀夫だからこそ選べた。長いあいだ思いつめてきた、当然の帰結であった。この死は、もっと精神的な死に方であった、と私は思う」（奈良本辰也）

「今回の行動についてさまざまな批判がなされていてもすべて推測、憶測の域を出てはいない。三島さんの死を世間がどう受けとめようとも、だれがどのような言辞を弄しようとも、私個人は彼の至純、至誠、至高から発した憂国の諫死であると確信している」

楯の会のメンバーに空手の手ほどきをした中山正敏は、こう三島らの行動を肯定している。

これが、全共闘解体後の、京大パルチザン行動隊を指導し、のちには朝霞自衛隊基地の自衛官刺殺事件に関与しているとして全国に指名手配される（一九八九年三月二日、浦和地裁で懲役五年の判決を言い渡された。だが、未決拘置日数を刑期に算入して即日釈放された）滝田修となると、「われわれ左翼の思想的敗退だ。あそこまで体を張れる人間をわれわれは一人も持っていなかった。動転した」。

新左翼の〝カリスマ〟的イデオローグの滝田をして率直に言わせ、「七〇年代の闘争をやりぬくためには、新左翼側にも何人もの〝三島〟をつくらねばならん。つくれると思う。敵、体制側の動きがそういう人間をつくってくれる」と宣言するのである。

滝田ばかりではない。楯の会の行動に心情を寄せ、〝敵ながらあっぱれ〟と敬意すら表する左翼ラジカリストは少なくなかった。

この敬意はただし彼らのイデオロギーや良し、とするものではない。心情を寄せたというのも同じであった。つまり〝敬意〟にしろ〝心情〟にしろそれを三島らに抱いたとすれば、泡沫のような、水ぶくれの、曖昧模糊とした戦後民主主義、すなわち平和、自由、人命尊重という名の欺瞞性、偽善性に文字どおり躰ごと激突していった精神のいさぎよさにであったろう。〝敵ながらあっぱれ〟ということもそうだ。その言葉の裏には、先を越されたという左翼側の苦渋もにじんでいなくはない。それぐらいに、楯の会の戦後体制に対する〝ガマン〟のならなさと左翼側がもつそれとは隔たりはほとんどなかったのである。具体的にいえば、楯の会が「自主独立・自主防衛・自主憲法制定」をスローガンに掲げていたと同じように、新左翼側も「民族民主革命」を標榜し、「人民の武装化」を掲げ、アメリカの従属化を意味する「安保体制」打破では、共通項も少なくないのである。

もっとも、ベ平連の小田実のように、「私は畳の上で死にたい」と言い、「すべての人間というのは、安穏に楽しく暮らして死にたいと思っているでしょうね。私自身もそう思うし、私はそれは当然だと思うんです」と、三島らの行動を頭から無視してかかる者もいた。

為政者は、たとえば佐藤栄作は「気が狂ったとしか思えない。狂人と天才は紙一重だから」と感想をもらし、「常軌を逸脱した行動。民主主義的秩序の破壊」と談話のなかで中曽根防衛庁長官は口を極めて糾弾し、「事件そのものは偶発的、発作的なもので、ファシズムの抬頭とか二・二六事件との類似性などないと思うが、著名人だけに日本の国際的評価にセンセーショナルな影響があるのではないかと心配だ」（保利茂官房長官）、「――こうしたことによって民主主義自体がねじまげられることは絶対避けるべきだ」（田中角栄幹事長）と危惧の弁も聞こえた。

体制の擁護者であるとともに法の番人であり、行政をつかさどる頂点に立つ者とすればこうした言葉も予想外ではない。

野党側にしろその批判において政府・自民党と並行上にあった。むしろ、「敗戦の代償を払って国民が獲得した民主主義社会の法と秩序を、民主主義のルールに従って運営されることが大切だ。内外からの軍国主義復活が懸念されている時期だけに、その非難を助長する」（矢野公明党書記長）と、当惑をあからさまにする。

中国、ソ連をはじめとする近隣諸国の〝軍国主義復活〟の懸念は相当根深かった。いわゆるニクソン・佐藤会談で交わされた、安保・沖縄問題を骨子とする「日米共同声明」（一九六九年十一月）が合意されたことは、これら諸国の警戒心を煽った。そしてそれに一層拍車をかけたのが「在日米軍基地の自衛隊管理構想」（一九七〇年三月）、「防衛三法（防衛庁設置法・自衛隊法・防衛庁職員法）」（一九七〇年三月）等の諸政策が事実上政治日程に組み込まれたことだ。

公明党をしのいでこのトーンは社会党、共産党になって一段と強くなる。それは当然であったろう。両党とも「憲法擁護」「自衛隊違憲」「安保破棄」を党是とし、そのうえ社会党は「非武装中立」論を展開するほどである。彼らの論理からすれば、三島らの行動はそれらとは逆行するもの以外の何ものでもなかった。

「まったく驚くべき残虐さと時代錯誤の事件だ。太平洋戦争の呼び水となった五・一五事件や二・二六事件のテロ事件に相応するものだ。憲法改悪、再軍備推進、靖国神社国家擁護、軍国主義復活を進める政府・自民党の政党が三島らの極反動的、狂信的分子を生んだのだ」（社会党）

「今回の事件は五・一五事件や二・二六事件など、戦前の右翼テロ事件を想起する。これを

すこしでも美化する風潮があってはならない」(共産党)
こうした論調が主流のなかで民社党だけは、それでも基本的にはやはり他党と並ぶものだが、「安逸、惰性に流れる社会現象に追随する政治姿勢へのきびしい抵抗だ。単に右翼左翼という概念で批判するのは妥当でない」と、一片の理解を示している点でニュアンスの違いをみせている。

ニュアンスの違いないしはトーンの高低の差はあるものの基底に流れるのは「戦後民主主義体制」「高度経済成長」という枠組みに照応し、そこから逸脱するものは容認しないのみならず、〝狂気の沙汰〟と決めつける論理であり、その点では与党も野党も利害で一致していた。

そのことはしかしとりもなおさず与野党の馴れ合い、もたれ合い政治を、つまり呉越同舟をはからずも露呈することとなった。これこそまさに、「楯の会のこと」のなかで三島が「私は日本の戦後の偽善にあきあきした。わたしは決して平和主義を偽善だとは言はないが、日本の平和憲法が左右からの政治口実に使はれた結果、日本ほど、平和主義が偽善の代名詞になった国はないと信じている」と痛罵した姿そのものである。

それは三島のもっとも嫌悪するところだった。そしてこれらの論調とはまったく対極する地点に楯の会の行動はあった。

戦後最長の記録を更新中の〝いざなぎ景気〟は連続四三ヵ月間もつづき、一九六九年七月の経済白書では、「先進国への道」(一九六三年七月)をさらに一歩進めて「豊かさへの挑戦」をキャッチフレーズに掲げた。それらに支えられて〝高度経済成長〟は順調に伸び、ついに国民総生産世界第二位という地位を築くにいたった。国民は〝カー・カラーテレビ・クーラー〟いわゆる三C時代の到来をいよいよ待望し、いまや「経済大国ニッポン」はゆるぎないものになった。

だがその反面ではさまざまな歪み、ひずみが生じた。三重県四日市の亜硫酸ガス、富山県神通川のカドミウム、新潟県阿賀野川、熊本県水俣の水銀汚染、いわゆる四大公害と称されたこれらに代表される公害、環境破壊、都市問題等が各地で噴出し、大学・学園紛争は収拾するどころかいっそう苛烈さを深めながら燎原の炎の如く全国的に波及していった。

どれひとつとして「戦後体制」の矛盾でないものはない。ところが財界を含めてその矛盾、欺瞞性を根本から糺そうとする為政者は出現しなかった。むしろ問題を「戦後体制」の枠内に取り込むことで矮小化し、糊塗することにこそ彼らは汲々とした。ここではもはや保守も革新も〝コインの裏表〟という関係以外のなにものでもなかった。

楯の会の行動は「戦後体制」の意味を根底から問おうとする、そのための決起であった。為政者たちはじつはここに驚愕したのである。

高度経済成長は物質的豊かさを人びとに運んだ。ところがその豊かさは一方で精神的思想的退嬰化をも助長した。太平ムードのなかで安逸、奢侈遊惰な風潮がはびこり、ついには〝昭和元禄〟なる流行語さえ生んだ。それを背後から支えたものにマスコミがあった。わけても三大紙といわれる毎日、読売、朝日の各紙はつねに日本のジャーナリズム界の旗手にあって、世論の動向をリードしていった。

楯の会事件に関する三紙のその社説はまさしく世論の代弁者としてはもっとも相応しく、しかも〝偏向〟なき〝健全〟で〝公平〟な論評を貫くことで、公器としての役割をここでも見事に果たした。

「三島由紀夫の絶望と陶酔」と題した社説で朝日新聞はこう書いた。

「（略）彼の哲学がどのようなものであるかを理解できたとしても、その行動は決して許されるべきではない。彼の政治哲学には、天皇や貴族はあっても、民衆はいない。彼の暴力是認には、民主主義の理念とは到底あいいれぬごう慢な精神がある。（略）彼は、現在の経済繁栄の空虚さと道義の退廃を怒り『凡庸な平和』をののしってきた。彼の指摘してきた事実が、われわれの社会に存在することを認めよう。しかし、それを解決する道が彼の実行した直接行動主義ではないことを、歴史はくり返し、われわれに教えつづけてきたのではなかったか。民主主義とは、文士劇のもてあそぶ舞台ではない」

朝日はさらに、「天声人語」で「――事件の経過はいかにも三島ごのみの自殺の儀式になっている。陶然として首を切落されたのだろうけれど、もし本気だったとすると、なんとまあ非論理的で、はた迷惑で、野蛮な死にざまだろう」と解説している。

毎日新聞は「狂気の暴走」と銘うち、社説で「（略）反民主的な行動は断じて許されない。右であろうと左であろうと暴力は絶対に排除されねばならない。三島事件は、許すべからざる暴力行為であり、犯罪行為である。あくまで一人の特異な人間の〝狂気の暴走〟である」と強い調子で批判する。

「〝三島事件〟のもつ反社会性」と名付けた読売新聞の夕刊は「（略）とくに若い人たちに訴えておきたい。三島の行動が、一見いかに〝純粋〟であるかのように見えようと、民主主義社会とは縁もゆかりもない愚行であることを見誤ってはならない。その点では、三島のアジ演説に対し『こんなバカなことがあってたまるか』と敢然と抵抗の意志をぶっつけた若い自衛隊員の感覚こそ正常であろう」と警告を発した。

事実、「カッコイイ」「男らしい」「いさぎよい」と好意的に受けとめる若者も少なくなく、三島に心酔していたある男子高校生のように、ショックのあまり後追い自殺をはかるという事件もあった。

海外からの報道も、〝ファナティック〟さ〝エキセントリック〟さにおいて理解の度をはるかに超えるものとして、日本人の不可解さに訝るという点で一致している。

たとえばイギリス国民が「驚きと好奇心」でこの事件に関心を示せば、アメリカは「ミシマのハラキリ」といい、ある種のエキゾチシズムで理解しようとしている。フランスは「野蛮かつ奇異な習慣の復活」と受けとめ、戦前の復古主義、ファシズム思想の再来を危ぶんでいる。

こうした内外のジャーナリストたちの声とはほとんど遠いところに、日本学生同盟（略称日学同）理論機関紙「日本学生同盟新聞」の「主張」はあった。

「一月二五日を銘記せよ」の見出しを付して、それは「左翼人は状況を先どりすることに長じている。七〇年代は左翼解体期の年代である。戦後の無策無能の右翼＝民族派は、この年代に革新のイニシアチブを左翼から奪還しなければ左翼と共に解体するほかないだろう。吾等は速に烈士に続く魂魄を情念の中に保持しなければならない。それがやがて恋闕の情として花さく秋（とき）が屹度くるだろう。その時、花は東風（こち）吹かば散ってゆかなければならないのだ――」と結んでいる。

徳岡、伊達両記者に手渡された私信には「――事件はどのみち、小事件にすぎません。あくまで小生らの個人プレイにすぎませんから」と三島らは自分たちの行動をそう規定した。そういうからにはおそらく彼らはすでに見きわめがついていたにちがいない、自分たちの望む方向に自衛隊が動くなど望むべくもないということを。

結果はまったくその予言どおりになった。誰ひとり三島らの行動に続く者は出現しなかった。

言葉どおり事件そのものは小事件にすぎなかった。にもかかわらずしかし投げかけた波紋は三島も予測しえなかったほどの広がりと深さをもって、左右両翼の党派はおろか、国政の場にある既成政党をも呑み込み、黙殺する者、共振する者、無関心をきめこむ者を問わず、あらゆる階層に浸透していった。

三　その日、そして彼らは

ウィークデーの甲州街道はひどい混雑である。いたるところで交通は渋滞していた。その混雑をぬうように山本舜勝《きよかつ》一佐を乗せたジープは市ヶ谷駐屯地に向け、スピードをあげた。彼は当時小平の調査学校副校長をしていた。

山本一佐に「楯の会」事件のニュースが入ったのは、昼食で、自分のデスクに腰を下ろしたちょうどそのときであった。

「三島先生が自衛隊に乱入したとのことです。たったいまテレビで放送したばかりです」

部下からの電話だけでは要領を得なかった。だが、それでも山本は〝乱入〟という一言で直感した。その直感は、ジープのカーラジオからもれるアナウンサーの切迫した説明で、いよいよ明瞭になっていった。

〈それにしてもなぜ……早まったのか〉

悔やまれてならなかった。後悔はそしてそのまま自責の念ともなっていった。三島が乱入した、ということにではない。

一蓮托生、という言葉は二人のためにあるとまで思ったほどである。そうした紐帯関係で三島とは結ばれていた。にもかかわらず、しかし現実には現政府の下で禄を食み、地位と階級を与えられているという限界のもとに、自衛隊を国軍に、自主防衛、憲法改正など多くの点で一致はするものの究極的には三島と離反しなければならなかったことのそれにである。

一月下旬（一九七〇年）のある夜、三島を馬込の自宅に訪ねていった。そのときの場面を山本はしきりと反芻していた。その夜こそが、三島と交わした二年半の盟友関係に亀裂が生じた、忘れようにも忘れ得ぬ日だったからである。

「じつは韓国から珍しいお客様が見えているんですよ。ぜひとも山本さんにも会わせたい方なんです」

電話での呼び出しに山本は応じた。珍しい客人とは韓国陸軍の元将官であった。現在は退役し、主に軍事問題についての評論活動にたずさわっているとの三島の紹介である。

おたがい軍人同士という気安さもあり、二人の会話は弾んだ。話題はもっぱら極東アジア、それをとりまく国際間の軍事情勢についてであった。一時間ほどそうした会話ですごし、将官を三島夫人が車で東京駅に送ったのちである。

「やりますかっ」

唐突にも、だが身仕舞いをはらった三島の放ったひとことは、もはや態度の曖昧さを許さぬ鋭さがあった。

「やるなら私を斬ってからにしていただきたい」

山本の、促された決起への返答はこれであった。

山本の返答には、言外に三島に対する諫言の意味も含まれていたのである。自分の命と引き換えに三島の決起行動を諫止できるならこれに勝る本望はなかったからだ。けれどその諫言すら届かぬほど三島との距離に隔たりが生じたことをも山本は同時に思い知る。

山本の苛立ちなどに斟酌なく車の洪水は相変わらずジープの行く手をいく重にも阻んだ。

アナウンサーはドキュメントのように事件の推移をつぶさに伝えようとしていた。そのなかで、三島らの抵抗に遭って益田総監をはじめ数名の幕僚幹部が負傷したとも報じていた。

山本にとって益田総監といえば、かつて札幌の北部方面総監部に勤務していたときの上司であり恩ある人物であった。三島といい益田といい、かけがえのなさならどちらも同じだ。その二人がいま生死を分かつ局面に対峙しているという。膠着した事態打開を可能たらしめる人物がいるとすれば自分以外にない、と思えば思うほど山本の心は逸った。

山本は、しかし〝乱入〟との一報が伝えられた時点ですでに三島らの末路がどう展開されるかを予想していた。だから、「割腹自決」を遂げた、と悲鳴にも似た声がラジオからもれたときでさえさほどの驚きはなかった。むしろ「やったか……ついに」という実感こそ先に湧いた。

「やったか、ついに」という感慨をまず抱いた点で同じなら、乱入の一報が入ったのも部下の会員からの電話によってという点でも宮崎正弘は山本舜勝とほぼ同様だった。

その日宮崎正弘は、「日本学生同盟」の本部で他の会員たちとゴロ寝をしながらまどろんでいた。前日まで会員たちと合宿していた疲労がたまっていたから宮崎にすれば束の間の休息といえた。

そのまどろみを破ったのは、「ラジオをかけてみろ、三島がなにかやったらしいぞ」とひどく慌てた地方在住の会員からの電話であった。

「三島由紀夫と名乗る男が数名、市ヶ谷自衛隊に乱入」

ニュースはスイッチをひねった途端に宮崎の耳にも飛び込んだ。

即座にタクシーで部下を市ヶ谷基地へ走らせると宮崎は三島の自宅へ電話を入れた。

「いま、日本テレビからも電話があって、同じようなことをいってましたわねぇ」

電話口にでた家政婦はまるで他人ごとのような返答で頭から信じていない。そればかりかこのあとにアッハハハハと大笑いを発するのである。

「三島さんは御在宅でしょうか」

宮崎は念のためそう家政婦に訊いた。居るという返事であればただの杞憂ですむからである。ところが、家政婦の、早朝から出掛けていて留守との返事は杞憂をますます深いものにした。宮崎は、そこで案の定と思うものに突き当たるのである。というのも、三島の生活習慣をよく知っているからだった。

三島は典型的な夜型の人間であった。深夜から翌朝にかけて執筆し、その後午後二時までを睡眠にあてるというのが三島の生活パターンだ。したがって三島と連絡をとりたい場合には午後二時以降ということを、親しい者なら知っている。

早朝から外出するなどまったくあり得ないといっていい。それが今日に限ってそうでないといえば、もはや何をかいわんである。

杞憂は悪いほうに現実になった。宮崎は、だが三島よりむしろ森田必勝のほうに関心をはらった。それというのも数週間ほど前、私学会館で偶然にも鉢合わせになったときの森田の様子が妙に心に引っかかっていたからである。

その日、宮崎らの日学同、森田らの楯の会、どちらも勉強会ということで市ヶ谷の私学会館に集まっていた。宮崎にすれば森田はかつての同志であった。早学連、さらに日学同と、早稲田大学に民族派の学生組織が誕生する草創期から共に闘ってきた仲であった。それがやがて楯の会へ走ったことによって森田との訣別は決定的となった。日学同の穏健な政治路線に懐疑的となり、しだいに直截的でより激烈な行動を欲したのだろう、と一片の理解を森田に示してはいるものの、宮崎にとって森田はやはり宿怨の敵だった。だから、かつて「全日本学生国防会議議長」であった森田とはいえあえて〝除名〟というきびしい制裁も辞さず、さらに〝容共分子〟という、森田にすれば屈辱このうえないレッテルをも付けたのである。もっともこのような強硬措置を宮崎に選ばせたのには日学同側のお家の事情も大きくからんでいた。楯の会へ森田が走ったため、というだけが森田除名の理由ではないのである。

当時（一九六〇年代後半）、早稲田大学の政治的潮流といえば中核、革マル、社青同といった新左翼系各派が支配的であった。「新左翼（全共闘）にあらずんば人にあらず」とまで豪語し、ノンポリ学生はいわずもがな、民族派学生さえ歯牙にもかけぬというのが新左翼学生の、彼らに対する態度であった。

彼らの傲岸で、傍若無人な態度には当然反発もあった。しかしその声はあまりに小さかった。民族派学生がそこへ割り込む素地などほとんど皆無にひとしかった。が、宮崎が率いる日学同はそうした困難な状況に直面しながらも地道なオルグ活動が功を奏し、わずかずつではあったが新左翼一辺倒に反感を抱く学生を糾合しつつ、勢力分布は拡大する方向にあった。発展段階にあるとはいえやはりまだ脆弱さは残った。だからこそかえって組織の結束が重要視された。宮崎が森田を除名した理由はじつはここにあった。つまり前にも増して組織固めが叫ばれているなかで、日学同と楯の会の二重加盟は足を引っぱるという意味で組織発展の阻害要因になりこそすれ益にはならない、という論理である。

個人にかえればしかし別であった。袂を分かった仲とはいえプライベートな付き合いまで絶ったわけではない。かつては同じ釜の飯を食べ、民族派運動や日本の将来について熱っぽい議論を戦わした間柄であった。その後も宮崎と森田の交流はあった。私学会館で鉢合わせになったのもそれゆえ偶然とばかりもいえない。

宮崎は、そこで見た森田の顔のあまりの蒼白さに驚き以上に不気味さを感じ、一瞬言葉を失うのをおぼえた。

「顔色が悪いなぁ。どうかしたのか……」

それには答えぬかわりに森田はその生気をなくした顔にうすい笑いを浮かべた。

快活で、屈託のない、竹を割ったような性格というのが森田を知る者の一致した印象である。青ざめた顔はその森田のイメージにはまったく相応しくなかった。何かを思い詰めているような、この日の森田が宮崎には妙に気にかかった。

そして事件後、森田のそのわけがようやく宮崎にわかった。あの時点ですでに森田には自刃の覚悟ができていた、それがあのような悲壮感となって現われたのであろう、ということに。

事件の二ヵ月ほど前だったというから、九月半ばごろだった。塩竹政之はそのときも森田の住む「小林荘」に一週間ほど居候をきめていた。

そのときも、というのは、森田が「小林荘」に移る前、まだ阿佐ヶ谷のアパートにいたときには三ヵ月間もの居候をきめ込んでいたからだ。居候するだけならまだしも金の無心まで森田にはしていた。

シナリオ作家になることが夢だった。それを目指して塩竹は六本木の専門学校に入った。けれどそのころはシナリオライターなどまだまだ特異なジャンルなだけに学費もかかった。実家からの仕送りはほとんどそれに消えた。小遣いにこと欠かぬ日こそめずらしかった。小遣いはもっぱらバイトの収入にたよった。いきおい学校の出席日数よりバイト日数のほうがはるかに多くなった。

バイトといえば土方であった。高収入のうえその日のうちに賃金が手に入るというところが魅力だった。山谷の立ちン坊もよくやった。そんなとき森田もかならず一緒だった。同じ三重県四日市出身であるとともに二人は同じ海星高校の同級生でもあった。だからどちらにとっても東京で会える唯一同郷の友であった。上京してからも、少ないときですら週に一、二度の割で二人はしょっちゅう会っていた。

それもこれも同郷の好誼があればこそだが、とりとめもないおしゃべりから将来の就職問題に話題がおよんだのを機会に塩竹は森田に訊いた。

「おまえ、就職はどうなんだ。来年は卒業だし、するのか、しないのか」

これに対し、森田はいつもの高笑いから冗談めかしてこう塩竹に答えた。

「就職? そんなことならとうに決まってるよ、おれは三島由紀夫に就職することで決まってるんだよ」

もちろんそのとき、その言葉の裏に秘められた心の曲折など塩竹に読みとれるはずもなかった。そのときわかったことといえば、森田流のいつものジョークがまた飛び出したかというぐらいであった。塩竹に、その真意がはじめて読みとれたのは森田の自刃があってからのことだった。


塩竹が事件を森田治に知らせるため、森田治の勤務先の笹川中学校へ電話をかけているころ埼玉県浦和市に住む森田必勝のすぐ上の姉も「小林荘」に電話をかけていた。

森田はこの姉を非常に慕っていた。三歳にして両親を相次いで失った森田には親の愛情というものに接する機会はついになかった。その意味からすれば、薄倖な子といえなくもない。けれど三人の姉と一人の兄のやさしい眼差しとあたたかい兄姉愛につつまれ、家族愛なら両親のそろった家庭に劣らない、むしろそれ以上の愛情を森田はそそがれていた。少年のように朗らかで、のびやかな性格はそうした環境のなかではぐくまれたものだ。

森田は事件直前、この浦和に住む姉を訪問していた。

不意の訪問だった。が、別段それに不審はいだかなかった。やってくるときはいつもそのように不意にだからだ。そのうえしかも必ず友人を同伴してである。ただし、いつもならぶら下げてくるはずの洗濯物をこのときはなぜか持ってこなかった。それが結局いとまごいを告げるための訪問だったのか、と姉は事件後に知るのである。

同じころ、伊藤好雄も楯の会のメンバーに手当たり次第電話をかけていた。伊藤はこの日自宅にいた。第三班の班長であったから市ヶ谷会館には行っていなかった。ちょうど昼食の最中だった。両親と一緒に食事をしながら何気なくテレビのスイッチをひねったその途端であった、楯の会の制服に白手袋をはめた「三島先生」が身を大きく乗り出すようにバルコニーの上で演説している場面がブラウン管に大写しされたのである。

この直後には三島、森田の二名が割腹自害をとげたともそのテレビは伝えた。

一瞬、体から魂が抜けていくのを伊藤は覚えた。目に映る物すべてが色もなく、形さえ失い、人のざわめきも物音も、かすかな音にしか聞きとれなかった。気が動転していたのである。

伊藤は、森田とは早稲田大学に民族派の学生組織が結成される以前から、「日本文化研究会」の有力メンバーとして共に活動した仲だった。以来活動の場は日学同、楯の会と移るが、日学同を除名処分されたのも同じなら楯の会一期生というのも同じだった。伊藤にとって森田は、〝新民族主義〟運動の理想を共に夢み、終始行動を共にしてきた旧知の同志だったのだ。それだけに森田の死は自分の身半分がもぎとられたにも等しいショックであった。ショックは癒えるどころかますます深まるばかりだった。森田は日本の行く末を憂い血の叫びを発していままさに諌死を遂げようとしている。片や自分は昼飯をたらふく掻っ込みながらブラウン管越しに絶叫の場面を見ている。彼我の落差のはげしさに伊藤はたじろぐのだった。

森田の遺体は信濃町の慶応大学付属病院に搬送され、検視を受けたのち頭部もきれいに縫い合わされて桐ヶ谷斎場で荼毘に付された。斎場に駆け付けた伊藤は森田の棺に取りすがり泣き崩れるのだった。けれど涙は悲しさだけではない。同行を許されず、置き去りにされたものとしての悔恨あるいは自責の念であった。

経団連襲撃事件はこの自責の念に決着をつけ、森田につづく行動であった。一九七三年三月、『YP体制打倒青年同盟』を名乗る四名の男が日本刀や拳銃を構え、千代田区大手町の経団連本部会館七階の会長室に乗り込み天井に向けて銃弾を発射する。撃ったのは伊藤好雄だった。ただし事件を打診したのは西尾俊一だった。彼は楯の会三期生。楯の会事件当日、市谷会館で行なわれた例会に出席していた。そのため四期生、五期生を率いて事件現場に急行しようとしたところで機動隊と揉みあいになり、田中健一とともに公務執行妨害で検挙された。彼は楯の会解散後もさかんに、「このままでいいのか。今こそやるべきじゃないのか」とあせりにも似た思いを伊藤にぶつけ、決起をうながするのだった。

大体はテレビのニュースや関係者の電話などで事件の様子を知るなかで伊藤邦典の場合は刑事の情報で得たというから異例だった。横浜市三ツ沢にアパートを借りていた伊藤は神奈川大学に通っていた。そのアパートに刑事がやってきて唐突にしかもやや疑うような目つきでこう、伊藤に質すのだった。

「もし、三島さんが行動を起こしたとしたら伊藤さんはどうされますか」

これで伊藤はあらかた察した、なにかあったな、と。だから逆に刑事に問いただし事実を知るのだった。

刑事が立ち去ったあと伊藤はすぐさま渋谷区内にあった生長の家本部に向かい善後策を考えた。というのは古賀浩靖や小賀正義を楯の会に送り込んだものとしての道義的責任があった。秋田県出身の伊藤は楯の会一期生であった。父親が生長の家に関係していたことから皇室問題や靖国問題に高い関心を持っていた。そのため神奈川大学に入学したのを機に生長の家本部の学生寮に一年ほど寄宿し、ここで古賀浩靖や三期生の荒俣芳樹らと出会うのだった。伊藤が楯の会に入会するのはほとんど偶然だった。補充要員として入会するからだ。第一回自衛隊体験入隊実施にあたって三島は学生三〇名を集めるよう持丸に指示する。三〇名は一個小隊の規模であり戦闘集団としては最小単位だ。

持丸は鈴木邦男に動員の協力を依頼する。そこで鈴木は持丸に伊藤を紹介する。鈴木と伊藤は親同士が生長の家に関係していたので幼馴染だった。伊藤は後に五名の仲間を楯の会に入会させていた。そのため楯の会活動は後輩にまかせ自分の出番は控えていた。そのような矢先に事件は発生したから伊藤は生長の家本部で用意したコートを用意し、四谷警察署に向かうのだった。十一月下旬と言えば初冬。楯の会制服だけでは寒い。

当日、市谷会館におり事件の渦中にいただけに塩田尚の「なぜだ」「どうしてなんだ」という懊悩はふかかった。楯の会五期生だったから事件当日、塩田は市ヶ谷会館の例会に出席し、いつものように昼食をとった。すでに時計は午前十一時に達している。それでもまだ三島は例会の場に現われない。時間にはとくに厳格な三島であることを知るだけに塩田は異変を予感し、胸騒ぎを覚えるのだった。

塩田は楯の会最後の会員だった。新左翼の横暴さや独善性に憤慨していたところに三島由紀夫の『祖国防衛論』に接し、溜飲が下がるのを得るのだった。俺が求めるものはこれだ、と直感し、入会の決意を固めるのだ。五期生の塩田には森田学成長が人選にあたり、さらに三島にも引き合わされる。そのとき三島から受けた質問はこうだった。

「君は天皇制についてどう思うか」

これに対して塩田はきっぱりとこう答えた。

「総理大臣になる可能性はゼロではないですが、天皇にはなれません。なぜなら、天皇は絶対的な存在だからです」

塩田の予感は事件発生で現実のものとなった。けれど今度は強烈な虚脱感、疎外感にさいなむのだった。

「なぜだ、ともに行動するはずじゃなかったのか。どうして一緒に死のう、ともに決起しよ

う と言ってくれなかったんだ……結局俺なんかその他大勢のクチだったのか」

事件後塩田は神奈川大学を一年留年した。現実を受け入れられず、なにもかも幻想に思えてならなかったからだ。

篠原裕も召集令状を受け取っていたから事件当日市ヶ谷会館に来ていた。茨城県水戸市出身の篠原は水戸一高から早稲田大学に進む。そして同大学で持丸博に出会い、やがて三島邸に招かれる。一九六七年十二月だった。三島夫人の手によるすき焼きをたらふくご馳走になったうえ三島がその場で毛筆を取り、『一貫不惑』としたためた色紙まで頂戴するのだった。さらにこのほか篠原は三島から三〇〇〇円を受け取り、空手の稽古着などを購入している。もっとも篠原も三島に『神武天皇論』『皇道哲学概論』などの本を献上している。これは橘孝三郎の著書だった。

橘の評価をめぐって篠原は森田必勝とこのようなエピソードがあった。それは十月上旬だったから事件のおよそ二ヵ月前だった。森田の誘いで篠原は新宿西口の寿司屋に入り、話が五・一五事件におよんだときだった。寿司をつまみながら森田は、「どうして五・一五事件のとき橘孝三郎は死ななかったのか」と詰め寄った。篠原は、「事件は破壊派と建設派があり、橘は建設派だった。そのため後事を託されたんだ」と説明し、森田もようやくうなずくのだった。

二ヵ月前には寿司屋の一件があった。そしていままた想像をはるかに超える事態に直面した。夢か現実か判別がつかない混濁した意識がつづく篠原は事件から一週間が過ぎ、ようやく平静を取り戻したところで事件のあらましをこのように手記にまとめた。

――11月25日は楯の会例会だった。その日はよく晴れていた。集合時間の10時半になっても先生が来られなかった。食事をすまし、11時をすぎても先生は来ず、パトカーのサイレンだけがひっきりなしに響く。そのうち楯の会のもの五人が自衛隊に殴り込んだとのうわさが流れたが全員一笑に付した。やがて電話がしきりに鳴り、田中、鶴見、西尾が対応した。西尾の表情が蒼白になり、ただならぬ気配がただよっていた。健ちゃんの指揮で全員作業着に着替えた。この時、外にはすでに警察が包囲していた。我々は外で何が起こったのかまったくわからなかった。俺は3人に対し、『いったい何が起こったんだ』と問うと健ちゃんは、『いま言っていいかどうか、わからない』と答えた。とにかく不安と焦燥で重苦しい雰囲気だった。だれかがラジオに気づき、スイッチを入れた。全員耳をすまし、ニュースを聞いた。『三島由紀夫と楯の会の4名が市ヶ谷駐屯地に乱入。憲法改正を叫んで……三島由紀夫はその場で割腹。隊員が介錯をし、首は完全に落ち……森田必勝も割腹。介錯を受け……小川、古賀、小賀の3人は逮捕されました』。まさか……、一瞬自分の耳を疑った。茫然とし、何人かが号泣していた。健ちゃんは、『終わったんだ。すべて終わったんだ。全員制服に着替えろ』と叫んだ。ニュースだ、1時のニュースだと誰かが言い、もう一度聞いた。同じことを告げた――

事件当日、持丸博は勤務先にいた。

そのころ持丸は、一九六九年秋の刊行を最後に『論争ジャーナル』が廃刊されたのを潮に同社を退社し、都内のある警備会社に転職していた。警備会社では総務部長というのが彼のポストであった。

友人の電話で事件のことは逐一聞かされた。その受話器を切ったとき、まず持丸の脳裏をかすめたのは善後策をどう講ずるかという事件後の処理問題だった。学生長の地位を森田必勝にゆずった時点で持丸は楯の会からも脱退した。したがってすでに楯の会とは一切無縁になったはずであった。とはいえ、それですべてが割り切れるかというとそう打算的にもなれない部分が持丸にはあった。なにしろ古賀、小川、小賀とも自分が楯の会に送った者たちである。してみればそれを行なった者としてのちの責任を負うのは当然、と持丸は考えた。

持丸も、三島らの決起行動はむしろ起こるべくして起こったと判断する一人であった。だから事件を知らされたときも、「とうとうやったか」という以外、特別の感慨はわかなかった。それというのも、大衆運動を当初の目標として発足した「祖国防衛隊」構想が財界からの横やりなどもあって破綻し、運動の活路を、「楯の会」と名称変更したのを機に急速に少数精鋭によるいわゆる一点突破主義に傾斜してゆく三島らの軌跡をつぶさになぞってゆけば、今回の事件におのずと行きあたるからである。

じつは持丸も、一度は軍事クーデターを志向し、右側からの暴力革命を全面的に肯定する立場をとっていた。議会制民主主義、あるいは選挙制度というものがいかに人間の政治性、思想性というものを矮小化してきたか、それを知れば知るほど戦後体制そのものが憎悪の対象になった。言論によらず、社会体制を根底から覆そうとしたら非合法的手段をおいてほかにあり得ない。持丸にはそれが軍事クーデターであった。

三島とこの部分で意見の一致をみ、三島の民間防衛構想にも賛意を表明した。しかもそればかりか持丸はみずから学生長となり、楯の会メンバーの人選に直接関与し、第一期生から第四期生まで楯の会に人員を送り込むのである。楯の会において持丸は、三島に次ぐナンバー2の地位にいた。そのため事務的処理から活動計画等の立案までほとんど持丸が一人で仕切っていた。実質的には持丸が会の責任者といってよかった。

そうした立場にありながら、しかしやがてはその三島とも訣別しなければならなかった。理由はさまざまにあった。だがもっとも決定的な要因は、〝政治の有効性〟をめぐっての両者の見解の相違だった、と持丸はいう。

〝政治の有効性〟を政治の連続性と換言してもいい。持丸はこの説に立った。すなわち政治というものは不断に連続するものであり、しかも速戦即決できまるものではない、ましてそれを担うのは一人のテロリストや英雄ではない、自分たちのように日常社会に身をおき、日常社会のなかから現われた有能な人材が行なうものだ、という立場だ。

しかし三島はこれらとはまったく対立する位置に立った。すなわち「反革命宣言」で表明した立場こそ三島の政治姿勢であり行動様式であった。自分たちの行動をよりよき未来への過程とする、そのような〝政治の有効性〟など幻想以下の何ものでもないとして三島は切り捨てたのである。

事件直後、持丸は警備会社に辞表を提出し独自の建設会社を設立した。三名の善後策を考えればまず裁判費用、弁護料、差し入れひとつするにせよ資金がいる。それを捻出するための独立であり会社設立であった。それら資金提供を通じて持丸は側面から三名の裁判闘争を支援した。さらには三人の出所後、持丸は古賀浩靖を社員として自分の会社に引き取り、自立の便宜をはかるのである。

夢が正夢になろうとはついぞ思ってもみなかった。それが幻想ではなく、現実のものとなって目の前の画像がそれを映し出している。家人がつけた食卓の前のテレビは「三島由紀夫、自衛隊に乱入」と伝えそのいくつものシーンを切れ切れに放映していた。そしてつづけて三島由紀夫と森田必勝の二人が割腹自決の果てに死亡したとも報じられた。

倉持清の、しかしその現実を現実のものとして受けとめるにはまだ夢ともうつつとも知れぬ判然としないところに心は浮遊していた。

〈夢だ……そう、たしかに夢に違いない……〉

しきりとそういいきかせることで妙ちくりんな心を自分に納得させ、テレビ画面を理解しようとしていた。

〈だがなぜ、俺はこんなところで漫然と飯なんか食ってるんだろう？　先生が……森田が、死んだというのに〉

一方では憂国の情を世に訴えんとし、諫死の割腹自決をとげる者がいる。その一方では茶碗の飯をせわしなく掻っ込みながらテレビの画面ごしに、まるでホームドラマでも見ているふうに淡々と眺めている者がいる。その後者のほうにいることの奇妙さに倉持はまたしてもとらわれていた。

十一月に入って、倉持は三島の夢を三度もみていた。しかも三度が三度とも〝三島由紀夫死す〟という夢であった。

その夢が何かを暗示したもの、とするならばこの〝乱入事件〟ではなかったか、と倉持にようやく気付かせるのは、ちょうど一週間前、十一月十九日木曜日の班長会議での席上、三島が垂れた「生きのこる者」「死にゆく者」の訓話が突如、記憶の底から甦ったからだった。

毎週木曜日が班長会議、水曜日が副班長会議と決まっていた。三島は副班長会議には出ないかわり班長会議には顔を出した。

その日も森田学生長をはじめOB班、憲法班をふくめ一〇人の班長が制服姿でパレスホテルの一室に参集した。それもいつものことだが、全員そろっての食事がはじまり終わったところでコーヒーがテーブルに運ばれてくる。

それを口にそそぎながら隊長三島の政治談義、時事分析、あるいは武士道、葉隠、陽明学といった精神訓話に全員が耳を傾ける。ただしこうした席上ではほとんどといってよいほど三島は文学上の話はしない。「ここでは俺は作家じゃないぞ、武に生きる一個の人間だ」と口癖のようにも言っている。そのため会員たちも文学上の話題は禁句だった。

そうした訓話の中でであった、人間には「生きのこる者」と「死にゆく者」との二つのタイプがあると三島が指摘したのは。その同じ場に森田必勝も小賀正義もいた。三島の指摘がなにを意味しているかこの二人はむろん理解していたろう。そのころすでに一週間後に迫った決起行動に心の準備を開始し、森田はさらに死に備えて胆力を養っていたのである。

だが、そのようなことを倉持にはわかろうはずもなかった。ただこのとき、死にゆく者として森田の名が挙がり、生きのこる者のほうに属するとして自分の名が挙がった。

こういうこともあった。タブーを破って倉持はこう三島に問うた。

「いま、一冊の本を読むとしたらどんな本がいいですか?」

倉持は、それまで三島の小説を読んだ記憶はない。もっとも倉持にかぎらず楯の会会員で読書を好むような者はほとんどいなかった。だから彼らは、「俺たちは頭から下の部分で先生に奉仕する」と自嘲気味に言うのだった。三島もそれを納得していた。そしてそんな彼らを「俺の小説を読んだこともない連中なんだよ、そこが文学青年たちと全然違う」と評する。

小説こそ読んでいなかったが、「年頭の迷い」は読んでいた。一九六七年一月一日の読売新聞紙上にそれは掲載されたが、倉持は、そのなかの「――大長編の完成は早くとも五年後のはずであるが、そのときは私も四十七歳になっており、これを完成したあとでは、もはや花々しい英雄的末路は永久に断念しなければならぬということだ。英雄たることをあきらめるか、それともライフ・ワークの完成をあきらめるか、その非常にむずかしい決断が、今年こそは来るのではないかという不安な予感である」と、その作家の苦悶の色をにじませるような一節に接したことで、三島という作家を再認識するのである。〈高邁なことは言うが行動となるとまるでだめ、という作家が多いなかでこの作家だけはどこか違う〉と。

この新聞での読後感がまだ記憶のうちにあるとき、倉持は楯の会入会の勧誘を持丸から受けた。もちろん入会に躊躇はなかった。以来、倉持にとって四年間の大学生活そのものが楯の会の生活であり、楯の会事件も、青年期の感性のなかで起きた出来事であった。

「林房雄の『青年』を読め。あれ一冊だけ読めばいい」

三島は即座に、そして明快に答えた。

これは『青年』『壮年』『老年』の三部作のなかの一つである。

知的で内省的な伊藤俊輔（博文）と行動的で激情型の井上聞多（馨）の、まったく対照的な二人の青年をタテ糸に、幕末から明治維新の時代背景をヨコ糸に描かれたこの小説は、攘夷論者から欧州留学後には開国論者へと変貌した二人の青年が、幕末維新という時代の揺籃期を真摯に、そして雄々しく生きる様を力強く謳いあげたものだ。

三島はそしてつづけて「『壮年』はよくない。青年らしいみずみずしさは失われ、豊かな感受性もなにもない。そこにあるのは個人の栄達に汲々とする醜悪さだけだ」とつけ加えた。

それは林の作品だけを指しているのではないということを、倉持は直感した。吐き捨てるような三島のその言葉には、自分と同世代、ないしは同じ職業作家に対する嫌悪感が込められている、と倉持は思った。

うすもやのなかから徐々に楯の会事件という輪郭があらわれ、やがて三島・森田の割腹自決という実体が明瞭になるにつれ倉持には、それまで夢のなかの出来事でしかなかった〝三島由紀夫死す〟が現実であることをやっと理解できた。

その現実をよりはっきりと教えてくれたのが事件当日の夜に受けた三島家からの「貴君宛の信書をおあずかりしていますので、それをお渡し致します」という電話での連絡であった。

怪訝に思った。また何かの伝言か、思いあたることといったらそれぐらいであった。楯の会の裏方的作業を倉持はまかされていたからだ。会員の連絡、会合の場所や日時の設定。あるいはなれない手で鉄筆をにぎり、ガリを刷る。募集ごとにふえる新入会員の名簿作成の仕事もあれば外部との交渉もある。倉持は三島にかわってそうした地味な仕事をこまめにこなしていた。

伝言なら電話でたりるはず、とも思った。とすると何だろう、とまた新たな疑問がわいた。三島とも、森田とも一週間前の班長会議で会ったのが最後であった。それについての伝言であろうか。思いはさまざまに巡らされた。

東京大田区馬込の閑静な住宅地の一角に三島家はあった。外壁が白いロココ風の瀟洒な建物はいかにも三島好みの構えをみせ、庭園にはアポロンの像があった。

正面にはさまざまな報道関係者が詰めかけ、それを遠巻きにして三島文学のファンらしい若い男女が取り囲んでいる。それらの視線を避けるように倉持は裏門から入った。

三島夫人から「これがそうです」と言われて倉持は一通の信書を受け取った。

白い封筒の表には「倉持清大兄」とボールペンで書いてあり、裏には「三島由紀夫」と署名がされてあった。封を切り、倉持は白い便箋三枚半にしたためられた、三島の几帳面さを表わす一字一字整った文語体の字面を食い入るように追った。

K君

まず第一に、貴兄から、めでたい仲人の依頼を受けて快諾しつつ、果せなかったことをお詫（わ）びせねばなりません。

貴兄の考へもよくわかり、貴兄が小生を信倚（しんい）してくれる気持には、感謝のほかはありませんでした。それについて、しかし、小生は班長会議の席上、貴兄を面詰するやうな語調で、厳しいことを言ったのを憶（おぼ）えてゐてくれるでせうか？

貴兄は、小生が仲人であれば、すべてを小生に一任したわけであるから、貴兄を就職と結婚の祝福の道へ導くとも、蹶起（けっき）と死の破滅の道へ導くとも、いづれについても文句はない、という決意を披瀝（ひれき）されたわけでした。

しかし小生の立場としては、さうは行きません。断じてさうは行きません。一旦仲人を引受けた以上、貴兄に対すると同様、貴兄の許婚者に対しても責任を負うたのであるから、許婚者を裏切って貴兄だけを行動させることは、すでに不可能になりました。さうすることは、小生自身の名を恥かしめることになるでせう。

さればこそ、この気持をぜひわかってもらひたくて、小生は激しい言葉を使ったわけでした。

小生の小さな蹶起は、それこそ考へに考へた末であり、あらゆる条件を参酌して、唯一の活路を見出したものでした。活路は同時に明確な死を予定してゐました。あれほど左翼学生の行動責任のなさを弾劾してきた小生としては、とるべき道は一つでした。

それだけに人選は厳密を極め、ごくごく少人数で、できるだけ犠牲を少なくすることを考へるほかはありませんでした。

小生としても楯の会会員と共に義のために起つことをどんなに念願し、どんなに夢みたことでせう。しかし、状況はすでにそれを不可能にしてゐましたし、さうなった以上、非参加者には何も知らせぬことが情である、と考へたのです。小生は決して貴兄らを、裏切ったとは思ってをりません。蹶起した者の思想をよく理解し、後世に伝へてくれる者は、実に楯の会の諸君しかゐないのです。今でも諸君はかわらぬ同志であると信じます。

どうか小生の気持を汲んで、今後、就職し、結婚し、汪洋（おうよう）たる人生の波を抜手を切って進みながら、貴兄が真の理想を忘れずに成長されることを念願します。

さて以下の貢は、楯の会会員諸兄への小生の言葉です。蹶起と共に、楯の会は解散されますが、今まで労苦を共にしてきた諸君への小生の気持を、ぜひ貴兄から伝えてもらひたいのです。

三島由紀夫

昭和四十五年十一月

K大兄

衝撃は心の緊張にいっそう重圧を加えていった。そしてそれはやがて手紙の文字さえ正視不能たらしめるまでに昂じた。信書は、死を予告する三島由紀夫の遺書だったのである。

倉持には婚約者がいた。小学校時代からの同級生で幼なじみだった。大学卒業を待って結婚することで二人の意志も固まっていた。その媒酌人を三島に依頼したのである。それはその年（一九七〇年）の八月、御殿場の滝ヶ原駐屯地での体験入隊のときであった。

「わかった、いいとも」

三島は快く引き受けてくれた。

倉持は、楯の会が続くかぎり結婚してからも共に行動する意志は変わらなかった。三島がもっとも忌むのは家庭生活の安住さからくる組織活動からの脱落という無残さである。倉持にはそれがよくわかっていたから活動は活動、結婚は結婚というように両者のあいだに一線を画し、婚約者にもその点だけは妥協しないと念を押していた。

約束はついに果たしえなかった。それを待たず、三島は逝った。

しかし倉持は、それにひとつも怨みはなかった。なかったのみかかえって過ぎるほどの感謝で言葉もなかった。思い遣り、同志愛、そして将来にむけての希望さえ与えようとする三島の細やかな愛情に触れ、すでに手紙の文字は涙でにじんでいた。

楯の会事件からちょうど一年が過ぎた秋、念願の結婚式を倉持は挙げた。そしてさらに一〇年後、かつての楯の会の同志であった阿部勉の強い勧めから倉持は三島から託された信書を朝日新聞紙上に公表したのである。

倉持はさらに二〇〇〇年一月、私信をメディアに公表する。それは、「楯の会会員たりし諸君へ」の書き出しで始まる三島由紀夫の遺書だった。

「日本を『真姿に返すため』楯の会は総力を結集して『事に当たるべきであったが、時利あらずと判断し、全員あげて行動する機会は失われた』『状況はわれわれに味方しなかった』として少数の行動になったが、それは、『犠牲を最小限に止めるため』であり、『裏切りではない』」と三島は釈明している。

楯の会事件から三〇年後に公表した倉持の真意は、歳月の経過とともにひとびとの記憶から楯の会事件が忘れ去られてゆくことへの危機感とともに元楯の会会員たちに対しても初心にもどり、あらためて楯の会の精神に立ち返るひとつのカンフル剤になれば、との思いからだった。

第二章　青雲のきざはしを行く

一　「必勝」と命名

一九四五（昭和二十）年七月二十日、三重県四日市市大治田町九〇五番地、父和吉、母たまの次男として森田必勝は誕生した。すでに長女、長男、次女、三女がいた。

森田が生まれたころといえば太平洋戦争もいよいよ日本の敗色必至という様相を呈していた。最後の決戦場として日本軍の存亡をそこに賭け、総力戦で臨んだ硫黄島、つづく沖縄も、圧倒的物量を誇る連合軍のまえについに玉砕し、加えてB29による本土への焼夷弾爆撃は、「定期便」と人が呼ぶほど日増しに激化していった。

一九四四（昭和十九）年十一月ごろから本格化した空襲では、翌四五年五月までに東京をはじめ日本の主要都市がことごとく灰燼に帰すという有様だった。「本土決戦」「一億総玉砕」が叫ばれ、ついには竹槍部隊まで出現した。人々は〝皇国日本〟の不敗をあくまで信じて疑わなかった。

森田の父親もそのなかの一人だった。中学校の教師であった和吉は、日本の歴史、伝統、文化というものに深く関心をよせ、とりわけ明治天皇についての研鑽に情熱をそそいだ人物だった。日本の不滅を信じ、そして栄光ある皇軍の勝利を祈るかのようにその父親は生まれた我が子に「必勝」と命名し、必《まさ》に勝《か》たん、という悲愴な決意と日本の命運をその男児に託したのである。

一人の人間の願望や決意では、しかし崩壊寸前の日本軍に奇跡を呼ぶことなどもはや不可能だった。

必勝と書いて「マサカツ」と読むのが正しい。

後年の彼は「ヒッショウ」と呼ばれることを好み、人にもそう呼ぶことを強要した。大学へ提出する書類等のふりがなの欄にも「ヒッショウ」と書き込んでいた。それはとりもなおさず自分の名に誇りを抱いていたことのあらわれにほかならないが、やがて彼は成長するにつれて自分の生き方自体をこの名に投影させようとさえしてゆくのである。

その彼の人生にまず大きな試練が訪れたのは一九四八（昭和二十三）年一月、つまり三歳のときの父和吉の病死、つづく母たまの病死である。まだ物心もつかぬ少年に人の生死とはどのようなものかなど理解するのはむろん困難であったろう。それだけに人はこの少年に憐愍をおぼえた。おそらく彼に両親の記憶はほとんどなかったにちがいない。

「この世に生を与えてくれたというだけでも、両親の恩には感謝しなければならない」

森田はことあるごとにこう言っていた、と田中健一は代弁するが、森田が両親を知る手掛かりといえばだから写真しかない。生後五ヵ月のとき、母親の胸に抱かれた必勝を囲むように父と四人の兄姉たちが並んで撮った写真がある。

やがて長じるにしたがって両親の不在という事実を冷厳に認識するのである。けれどその事実を事実として受けとめれば受けとめるほど、両親への思慕もつのってゆく。一葉の、母親の写真をあたかもお守りのように肌身離さず、どこへ行くにも森田は胸のポケットにしのばせていたという。これにしてさえ彼の両親に対する憧憬がどのようなものであったかがわかる。

母親代わりのように、彼の身の回りの面倒をみていた長女、あるいは次女の結婚も彼のその後の精神形成のうえで少なくない影響を与えたにちがいない。ナイーブで、感受性豊かな情感に富んだ、いわゆる早熟な少年としての芽はこうした境遇のなかでつちかわれたものだった。両親がいない卑屈さ、小賢しく、それでいてひとりよがりで淋しがり屋、という翳りなど森田少年にはなかった。むしろ屈託のない、朗らかな、少年らしい潑剌たるものをいつも絶やさなかった。

一九五二（昭和二十七）年四月、満六歳をむかえた森田は四日市市立河原田小学校に入学した。

そのころの日本は、前年（五一年）九月サンフランシスコ講和条約が調印され連合軍の占領統治が終結した直後で、まだ街にはＧＩやＭＰが闊歩する姿が目についた。だが反面、徐々にそれまで占領軍に接収されていた学校、港湾、競技場、個人の住宅などが解除になり、もとの所有者の手に返還されはじめ、街角からは占領風景が一つ一つ消えていこうとしていた。

経済面でも朝鮮戦争による〝特需景気〟がはずみとなってしだいに上昇傾向をみせていた。占領軍の統治下から解放され、消費生活にもうるおいが出てきて人々はようやく将来に活気と明るさを見出そうとしていた。

ところがそれとは裏腹にそちこちに騒擾が頻発し、不安定ななかで世相はまだまだ暗かった。相次ぐ謀略的な鉄道事故、大量殺人事件、レッドパージ、共産党や全学連等の暴力闘争、警察予備隊の創設などなど。慢性的な食糧不足、学校教材や設備の不足、そのうえ両親の不在。十重二十重の劣悪な環境のなかでしかし森田はたくましくも多感な少年時代を送った。

兄や姉たちも物の不足は愛情やいたわり合うことで補い、あたたかい眼差しを幼い弟にそそぐことを忘れなかった。春休み、夏休みともなると兄は弟をつれてよく旅行にも行った。十六歳年長の治は、すでに市立中学校の教師の身であった。

私立海星中学校へ入学させたのは治の希望からだった。

海星学園は「桑名英塾」として桑名市に開設された。したがって現在の四日市市に移転したのは終戦後であった。私塾で出発したが、一九五五（昭和三十）年八月学校法人として正式にスタートし名称も「エスコラピオス学園・海星高校」と変更し、さらに五六年四月には同じ敷地内に中学校が併設された。ミッション系の学園らしくキリスト教精神を教育理念の基本におき、校章や生徒に対する教育目標などによくその校風は示されていた。

たとえば校章は、王冠を中央に配し、その下にM・Aというイニシアルを配する。王冠は聖母マリアの戴く王冠であり、イニシアルはマリアの略である。そしてそこに込められた理念は世を照らす神キリストの母、聖母マリアを守護者と仰ぎ、航海者が夜空の星を航海の指標としたように聖母の導きと保護により人生の旅を安全に航海できるように、という願いである。教育目標もこの理念にかなうものだった。健全な身体と高い教養をもつ円満な人格の養成。神の掟に従い、人を導く良心の求めにかなう健全な人物の教育を目標に掲げている。

じつは兄の治も海星高校出身であった。弟をそこに進学させたのはそうした理由のほかに、学校は県内でも屈指の進学校であったというのがある。男子校でありながらミッションスクールというせいもあってか、規律や公衆道徳にはわけても厳格であった。教育の面でも一般の県立高校にくらべはるかにレベルは高かった。なにしろ「あそこの高校へ行けば英語が上達する」というので定評があった。が、反面そこへ通う生徒というのは比較的裕福な家庭の子弟が多いということもあって陰では「オボッチャン学校」と皮肉る声もきかれていた。教師といえばほとんどがクリスチャンであり、外人教師が多かった。そうした教育環境は自然のうちにも生徒の英語力を養うのに適していたのだろう。

広大な敷地の一角には礼拝堂があった。鉄筋三階建ての校舎は小高い丘陵の一段高いところにあって、はるか市外からもそれは遠望できた。森田は、以来中学高校の六年間、歩いて十分たらずの海星学園に毎日通学することになる。

とにかく明朗でのびやかな少年というのが同級生が抱いた森田の印象であった。そういえば彼を撮った写真で、暗く沈んだ表情のものは一枚も見ない。どれを見ても快活そのものといった笑顔の写真ばかりだ。成績はクラスで一、二番とつねに上位クラスにいた。そのうえクラブ活動にも積極的に加わり、スポーツ部、文化部、どちらにも万能だった。中学三年のとき、名古屋で開催された英語の弁論大会では見事入賞をはたすほどだった。

それぐらいだから教師のうけもよく可愛がられてもいた。なら勉強一点張りかというとそうではない。夏休みには浜辺へキャンプ、春、秋ともなると鈴鹿山脈の釈迦岳、御在所岳といった山々へハイキングと、気の合った親友同士でよく行っていた。

森田に、内面的変化が芽生えるのは中学三年になったあたりからであった。この年齢といえばちょうど変声期にさしかかり顔中ニキビだらけになるころだ。異性への関心も強くなる。心身両面にさまざまな変化が起き、不安定な時期で、いわゆる思春期というものだが、森田もまさにそこに達していた。

顕著な変化は彼に日記を書かせそれが習慣となってあらわれていった。心の悩み、葛藤、苦悶、あるいは甘やかな少年らしい感傷や歓喜にひたるとき、森田はそれを飾らずむしろ異性への表白などでは露骨であるぐらい、そして丹念に、日記帳がわりのノートに欠かさず書きとめた。日記を書くことで心のありかや自分の存在を森田は確かめていたにちがいない。現在の自分はどの位置に立っているのか、これからの将来をどう歩んでいくのか。彼にとって日記は心の慰めになっていたと同時に将来の指針を指し示すひとつの覚え書きであり、過去の軌跡をたどらせる告白の書でもあった。

そして森田は中学三年の一月一日、年頭にあたって次のような一大決意を日記に記すのである。
一、毎日日記をつけるべし 二、年間一万五千円をためること 三、海星高校で三番になること 四、初恋をするべし 五、体をきたへるべし。
森田に政治的関心を呼び醒ました動機とはなんであったろう。

学校の環境といえば教育目標にも示されているようにキリスト教を規範とした信仰と博愛主義に貫かれ、むしろ保守的でさえあった。そこには政治的土壌など皆無といってよい。では家庭環境に由来したのだろうか。これもそうではないらしい。後年森田は「兄貴が日教組に入っていたから、それに対する素朴な反発があった。民族派運動に入ったのもこれがきっかけだった」と、ある楯の会メンバーに告白している。しかしそれはどうやら後になってからの釈明とみていい。というのは、兄の治が弟必勝に託した将来の希望は政治家への道ではなかったからである。自分が教師であったから弟も同じ教育者の道を進んでくれることを望んでいた。そのためでもあった、早稲田大学教育学部を受験させたのは。

やはり社会的要因が森田を政治的関心に接近させたのかもしれない。

「日米安全保障条約」をめぐる〝反対〟か〝賛成〟かは全国民を巻き込み、社会全体が騒然としていた。

安保改定の動きはすでに一九五〇年代後半からあった。日本の政・財界は高度経済成長と一定の軍備増強をはかりつつふたたびアジア諸国への政治的、経済的進出をはかるには、対米従属性を極度に強調された旧安保条約は大きな障壁であった。そこで日本政府は二度、ホワイトハウスに対し改定を申し入れていた。だが憲法改正を求め、海外派兵の容認、本格的な軍備増強を条件とするその日本案は到底のめるものではないとしてホワイトハウスは拒否した。

ところが一九五八年に至ってアメリカの態度が一変する。つまり先の拒否的態度を撤回し、全面改定に応じたのである。もっともこの態度変更の裏には、ソ連の大陸間弾道ミサイルの開発成功によるアメリカの戦略的劣勢を打開するには、軍事的責任分担を日本にも一部肩代わりさせようという事情があった。

社会・共産両党はこれを新たな日米軍事同盟と規定し、反対、阻止の構えでこれに臨んだ。すなわち極東アジア地域における海外派兵（第四条）、日米合同作戦行動の義務（第五条）、無期限の米軍基地及び施設の提供（第六条）等々は、アメリカの軍事戦略に巻き込まれるおそれなしとはいえぬものであり、ひいてはふたたび日本をかつての軍国主義に逆戻りさせるものである、というのが主な反対理由だった。

岸内閣は、これに対して〝日米新時代〟〝東南アジア経済協同開発〟を謳い文句に安保改定に政治生命のすべてをかけて臨もうとした。

幼児までが大人の口をまねて「安保反対」を唱えるほど反対阻止行動はもはや全国民的規

模で広まっていった。社会、共産の両革新政党及び総評、全学連、反日共系各派は「安保反対」「岸内閣打倒」を叫び、デモ、集会を各地に展開していった。そうした渦中での岸首相一行の渡米であった。

「岸首相の安保調印全権団の渡米に反対して、（一月）十五日夜から羽田空港ターミナル・ビルに座り込んだ全学連の学生七百人に対して、警視庁は私制服警官二千人を動員、十六日午前二時十五分から実力を行使、学生たちをゴボウ抜きにして、空港外へ追い出した。学生たちはロビーわきの食堂に立てこもり、椅子、テーブルで出入口にバリケードを築いたが、鉄カブトに身をかためた警官隊は、激しく抵抗する学生を全員逮捕するという強い態度をしめした――」と、一九六〇年一月十六日付朝日新聞は報じているが、この全学連による羽田空港座り込み闘争を契機に反安保の実力行動は日ごとにエスカレートしてゆく。

ホワイトハウスで調印をみた新安保条約の自然成立を待つという戦術を政府・自民党はとった。五月十九日がそのタイムリミットである。反対勢力はその五月十九日に向けて強力な阻止行動を展開していく。そして五月十九日、警官隊が社会党および野党議員を排除したのち政府は単独採決を強行した。

この日をさかいに反対運動は新たな局面を迎え、デモ隊と警官隊との激突が連日のようにくりひろげられた。首相官邸、国会議事堂周辺には大規模なデモ隊が押しかけ、これに恐れをなした池田勇人、佐藤栄作といった党要人は自衛隊の治安出動を赤城防衛庁長官に強く迫るほどだった。

もみ合い、乱闘、放火、投石。流血と怒号の渦巻くなかでついに一人の女子大生が圧死するという悲劇さえ起きた。

多くの青年、学生を巻き込んだ安保反対のうねりは地方の一隅に住む森田の心にもゆさぶりをかけたに違いない。そしておそらく、警官隊の厳重な警備網を突破して国会内に乱入しようかという青年たちの決死の行動を目の当たりにして共に行動できない自分に歯噛みもしただろう。そんな彼の目に警官隊、そしてそれに守られながら国会の奥の院で悠然としている政治家は悪、血を流し、傷を負ってもなお立ち上がり反対を叫ぶ青年学生こそ善、という構図がはっきりと見てとれたのも確かだった。

このころをさかいに政治に対する関心が森田の心にわずかずつ芽吹きはじめた。関心の度合いはそして、「浅沼社会党委員長刺殺事件」「嶋中事件」に抱く彼の反発心でより明瞭になってゆく。

一九六〇（昭和三十五）年の前半は、空前の阻止行動をみせた安保問題一色で塗られた。その反動かどうか後半は右翼テロ、しかも思想未熟な少年による凶行という事態のなかで暮れていった。

「米帝国主義は日中共同の敵」と読み上げたアピールは日本の保守勢力、とりわけ右翼陣営の逆鱗に触れるもとになった。以来、浅沼社会党委員長の身辺には右翼テロリストの影がつきまとうようになる。そしてついに右翼テロルは暴発した。

総選挙を目前にして自民、民社、社会の三党首演説が日比谷公会堂で開催された。壇上には池田自民党総裁、西尾民社党委員長につづいて浅沼社会党委員長が立った。会場の一角に陣取っていた右翼からたちまち野次のつぶてを受ける。たまらず司会者が「静粛にしてください」と呼びかけるほどだった。けれど野次はそれぐらいではおさまらなかった。浅沼の演説はそのためしばしば中断した。

そのときである、壇上の裾のほうから凶刃をきらめかせたひとりの少年が突如躍り出し、浅沼めがけ双手突きで突進したのは。

浅沼の巨体は泳ぐようにその場に崩れ折れた。一九六〇年十月十二日であった。

この凶行場面はテレビ中継でくり返し流された。森田もそれを見ている。そしてその日の日記にはこう記す。

「今日、僕が政治家で一番好きであったところの社会党の浅沼委員長が、十七歳の山口二矢という暴漢に刺殺された。本当に可哀想だ。日比谷公会堂での出来ごと——」

浅沼刺殺事件からわずか三ヵ月後、またしても十七歳の右翼少年による「中央公論社社長・嶋中鵬二事件」が起きた。発端は、『中央公論』誌上に載った深沢七郎作「風流夢譚」が、皇室を冒瀆するものだとして右翼陣営の激怒をまねいた、というところにある。

小森一考と名乗る右翼少年は嶋中社長宅を訪ねる。ところがあいにく嶋中は不在だった。そこで小森は、そこの家政婦と夫人を襲うことになった。このときのことも森田は日記に書いた。

「——女中さん即死、奥さん重体。なお小森は右翼である。ぼくは左翼だから小森がにくい」

森田の、右翼テロルに対する反発は、弱者こそ正義、という彼の素朴な心情に裏打ちされた発露であったろう。安保騒動といい一連のテロル事件といい、森田が目撃したどの事件も力の論理をそのまま地でゆく、強者の横暴である。そこには政治の醜悪さもあった。それに森田は自然な嫌悪感を抱いたのだ。

しかし森田のこの心情はけっして特異なものではない。むしろ当時の若者ならほとんどが持つ共通した心情であった。

敗戦をさかいに、それまでの軍国主義一辺倒の教育から民主主義教育へと一八〇度転換し、あらゆる価値体系が逆転した。つまり平和、自由、民主、平等、人命尊重、これらが教育の根本に謳われ、平和主義の理想を教えるものだった。そこには、二度と戦前の過ちをくり返してはならないという決意が込められていた。こうした戦後教育の洗礼を受けた森田には、安保騒動、テロ事件でみせた力の論理はそのまま暴力是認の風潮を想起させる以外の何ものでもなかったろう。

そうした認識はまた弱者への同情へと結びつく。弱者とは、傷つき、倒れ、そして敗退してゆく、すなわちデモの若者たちであり浅沼であった。さらにその同情はやがて森田に「ぼくは左翼だから」と言わせる。こうした論理思考もまた、森田ら戦後派世代に平均した思考方法であったろう。

二 「我事に於いて悔いず」

一九六一年四月、海星中学から高校へと進んだ。中学での成績が優秀だったため学力考査は免除されたうえに推薦入学という特典まで森田必勝には認められた。成績優秀なものはA組、そうでないものはB組に振り分ける、というのが海星高校の指導方針であった。森田はそのA組に在籍した。塩竹政之もこの年に市内の公立中学校から海星高校へ入学してきた。ＡＢ二クラス合わせて八〇名。全校生徒合わせても三〇〇名足らずというから生徒数にかぎっていえば海星高校は小規模高校に属するといえなくもない。高校進学は希望と期待を約束するところ、と胸はずませながら森田は新しい門出の自分を祝った。

中学時代が幼児期から少年期へと移行するための通過儀礼なら、高校時代は少年期から青年期、つまり成人へ仲間入りする、そのための関門といえなくもない。そうあるべきと期待し、また望んでいたから、この望みや期待が裏切られたとなれば失望感は倍加されて心に重くのしかかってこよう。森田は、念願の高校進学を果たしたにもかかわらずはやくもこの失望感にとらわれていた。いわゆる五月病に罹ったのだ。

森田が描いた高校生像には勉強のこと、恋愛のこと、人生のこと、社会や政治問題のこと、それらについてそれぞれが意見をぶつけ、議論し合い、それらを通じてたがいが切磋琢磨し、学園生活をエンジョイしていくというういわば一個の人間としての自覚をそなえた大人のイメージを期待していた。

ところが実際の高校に進学してみて期待と現実のあいだには雲泥の差があることを思い知らされるのである。顔や体格こそずっと大人びているものの行動、ものへの関心、あるいは話題といえば中学時代のそれとまったく変わらず、どの生徒をみても精神面ではひとつとして成長しているとはいえなかった。森田はこの現実をみてひどく落胆する。そしてそうした生徒に憤り、「とろい連中」と軽蔑するのである。

その軽蔑の眼を自分自身にも森田は向けている。朝起き、朝食をとり、学校へ行って授業を受ける。夕方下校し、少しばかりテレビをみて就寝。この判で押したようなワンパターンの生活態度に、である。そこにはなんら若者らしいアクションはない。そのやり場のない憤懣を卓球部、バスケット部、柔道部など、体力を酷使する体育部に入ることで燃焼させようと試みる。

しかし、柔道部では、森田の一本背負いか一本背負いの森田かと気負うほど熱中し、素質も買われたが、そのあとにはきまって熱中すること自体に対する懐疑心がまたしても頭をもたげ、鬱々としたものが彼を悩ました。

そうした悩みというのは、だが妙に深刻がらせたり、そそとした感傷をともなうものである。森田もときとしてそこに陥る。母親への思慕やガールフレンドへの淡い憧れを詩文調の言葉で科白する。

森田はかつて一月一日の年頭所感としていくつかの決意をした。そのなかには初恋をすることをも誓っている。それがそしてそのとおりになっていた。

相手の女性は上田真樹子といった。中学校は森田が私立へ進んだことで別々になったが、その人とは幼なじみのうえ親同士も知る家族ぐるみの付き合いをしていた。しかしこの初恋はついに実らなかったらしい。懊悩、焦燥、失恋……。甘酸っぱいような、いい知れぬ体験を森田はこのときはじめて味わった。

胸のつかえを彼は日記にぶつけた。そうすることでまた望みを新たにする。俺の両親は教師であった、俺も勉強する、誰にも負けないために、と。

森田の政治的関心は高校進学を契機としていっそう強まっていく。

森田にしてみると、政治的関心を示すことは大人の世界へより接近するためのひとつの通行手形《パスポート》であるかのようであった。池田新内閣が発足した日の日記には、「――これからよい政治をおし進めてほしい」と注文を付けている。

安保騒動、右翼テロ事件などで世情は殺伐たるものにおおわれ、人々の政治離れにも、それに比例して拍車がかかった。政党は相も変わらず党利党略に明け暮れ、国民不在のイデオロギー論争、政治論議で時を費やす政治家たち。国民はそうした〝政治ショー〟にもはや辟易していたのである。そのような政治状況のなかで、「寛容と忍耐」をキャッチフレーズに「賃金二倍論」「所得倍増論」を目玉商品にかかげて発足した池田新内閣は、混迷のなかにも一条の光明を見出すかのような展望を国民に期待させるものだった。

「政治の時代」と岸内閣は言われた。これに対して池田内閣は「経済の時代」を強調した。安保問題でこそげ立った人心をどう回復させるか、池田内閣の当面する課題はまずそれだった。国民の政治不信、政党離れは安保問題でみせた政府のゴリ押し的態度でさらに深刻になった。それを再び取り戻そうというのだ。そこで打ち出されたのが「寛容と忍耐」であった。ここには強気一点張りだった前内閣の政治に対する池田なりの反省もふくまれていた。

かつて池田は「貧乏人は麦を食べろ」、あるいは「中小企業者のなかに自殺者が出るようなことになろうと、それはそれで止むを得ない」との失言を放ち、国会内外で物議をかもしたものである。その池田は今や低姿勢で、しかも「十年間で国民総生産（GNP）を二倍にし、国民の皆さんの月給も二倍にしてみせます。池田はウソを申しません」と国民に公約する。

池田が打ち出したその経済政策は、折から始まった工業の技術革新、設備投資の拡大、輸出市場の増大など、経済環境の良好な進展と足並みをそろえるかたちでつぎつぎと具体化し、これに沿って国民の消費・購買力・貯蓄力も伸びていった。

こうした池田の経済政策に公然と叛旗をひるがえしたのが経済企画庁長官藤山愛一郎だった。藤山は財界出身の人物らしく、「高度成長より安定成長を図るべきだ」として池田のそれに激しい批判を加えた。

ところがそうした批判ものかは、今や経済成長は〝神武景気〟をはるかにしのいで〝岩戸景気〟が実現しようかといわれた。それを数字で表わすとこのようになる。一九五一年の

GNPはわずか一七九ドルにすぎなかった。これが一九六四年になると八一〇ドルと飛躍的な成長をほこる。さらに六年後の一九七〇年では一三〇〇ドルに達し、アメリカに次いで世界第二位の座にのし上がる。

この経済的好況を国民はマイカー、電化製品、ファッション、流行など消費生活を謳歌することで実感していた。エコノミックアニマル、モーレツ社員なる流行語も誕生し、ともすると高度経済成長は各地で摩擦をうみ、顰蹙を買うもとになったがそれでも池田内閣は「今や日本は経済大国である」と誇らしげに宣言し、みずからの政策を自画自賛してみせる。

政治的関心の高まりはたとえば中国の核実験、あるいは北爆でみせたベトナム戦争への介入という名のアメリカの侵略、そしてそのアメリカに追従する日本の、弱腰ともいえる外交政策の主体性の欠如、それらに対する反対という意思表示をとらせながら森田に潔癖感、正義感をうえつけた。

明朗快活な性格は些末的なことにはこだわらないかわり、不正や人道に反するものは許さないという厳格な意志をもはぐくんだ。だから力や権力をかさに横暴をほしいままにするような者には怒りをおぼえ、ときとして反抗心すら露に示す。安保騒動、浅沼刺殺事件で示した強者への反感はつまりそれであった。

森田の性格がより明確なものとして表出されたのは中学三年のとき、学校からの帰宅途中河川工事現場でみた、四日市市会議員の土工人夫にみせた横柄な態度に接したときだった。

事情も充分知らぬ者が、議員バッジにものをいわせ、人夫をまるで奴隷のように怒鳴りつけている場面に森田は出会ったが、彼の正義感はその市会議員に対する激しい憤りとなってあらわれたのだ。

これを直情径行型の性格というのか。それは何に対してもあらわれていた。ヒトラーの「わが闘争」や「太平洋戦争」「ベン・ハー」を映画でみたときの感想として、「わが闘争」にはヒトラーの残忍性に憎悪をおぼえ、「太平洋戦争」には日本軍の侵略戦争から反戦思想を汲みとっている。そして「ベン・ハー」では、民族心の尊厳性に開眼し、自分もあのようになりたいと、映画の主人公に自分を投影するのである。学校行事の一環として高校では市内の映画館を借り、年にいく度か映画鑑賞を生徒全員に行なっていた。そこで「エル・シド」、義和団事件を描いた「北京の55日」といった話題作を森田は見ていた。

ともあれ、映画にそうした感想を抱くことと彼の潔癖感とは無関係ではない。しかも市議と人夫との場面に遭遇したことが、森田の後の人生観をも決定づけたのである。森田はこの直後、「ぼくもあと十年たったら四日市市会議員になり、市の発展と生活向上、住みよい街づくりのために立候補しよう」と決意の一端を日記に披瀝する。

この決意はさらに、森田に「大日本青年理想政治研究会」と銘打つ政治団体の結成プランまで夢想させ、政権の座についたあかつきには、として、総理総裁兼外相に森田必勝と自分の名をそこに据え、大蔵、通産、労働、農林、郵政、法務、文部など各大臣にクラスメートや友人の名を列挙している。

政界進出への青写真もすでに森田の胸中には描かれていた。まず森田の政界進出のワンステップは市長に当選することからはじまる。二十五歳で大学を卒業し、新聞記者、代議士秘書を六年間つとめそのなかで政界内情、政治家としての心構えなどを身につけ、そののち市長に立候補するというのだ。二期八年間市政にたずさわり、三十九歳でいよいよ衆議院に出馬し、三期目で念願の外務大臣のポストにつく、というのが森田が描いていた大臣への道である。

市長選では得票数を詳細に分析し、どれだけ獲得できるかの票読みまで堂々と行なう森田であった。現市長と河野一郎建設大臣をバックにつけ、これに森田ファン、小中高時代の同級生、教職員、宗教団体、婦人会などの組織票を引きつけ、さらに若干の浮動票を上積みすれば四万、あわよくば六万票は難くない、とソロバンをはじき、青年市長誕生もまんざら空想ではないとほくそ笑む。青年市長誕生を想定し、森田はいくつかの政治構想を早くもかかげ、市政刷新に乗り出す意気込みのほどをみせていた。

公約のトップに森田は公害問題を据えた。

四日市はかつて東海道五十三次の一駅として栄えた宿場町だった。従来は繊維の産地だったが、昭和に入ると港湾の整備にともない次第に重化学工業都市へと脱皮し、石油コンビナート等を基幹産業として近代化への転換を図った。が、その一方ではそれら石油化学工場から排出される煤煙、騒音、悪臭は近隣住民の生活と健康をおびやかすようになり、社会問題化していた。〝四日市ゼンソク〟という名の公害病がそれであった。

被害は近隣住民のみか漁民にまでおよんでいた。伊勢湾で水揚げされる魚介類は油臭いとの評判から市場での値段がたちまち暴落するという有様だった。

公害に対する関心は市民全体のものだった。だから、公害防止に反対の工場については操業を認めない、と毅然としたところを森田はみせる。その他市税の軽減、四日市港の整備拡充、文化教育施設の充実、都市づくり街づくり等を公約の骨子としている。

森田の政治家志望は友人たちのあいだでも評判だった。校長のエンリケ・リベロも森田のそれについて、「愛国心が強く、日本の伝統というものに特に強い関心を抱いていた」というほどであった。森田もそれを隠さなかったばかりかさかんに吹聴し、代議士への夢を披瀝していた。

「日本一の政治家になりたい」「立派な政治家になって将来は大臣をめざしたい」「政治家になったらこの日本をすこしでも良くしていこう。そのためにはまず福祉施設を充実すべきだ」

しかし漠然としたものにすぎなかった。その道もまだまだはるかに遠かった。漠たる夢ながらも森田は徐々に実像をそこに加えることだけはしかし忘れなかった。その実像には河野一郎を念頭に森田は置いていた。

みずから河野派を率いる河野一郎は第三次池田内閣で建設大臣をつとめ、一言居士らしく歯に衣着せぬところを大いに発揮していた。政治手腕といい性格といい豪放磊落な、いくぶん親分肌をもったところは与野党を問わず人気があった。河野一郎のそうしたところに畏敬の念を抱き、河野一郎こそ政治家の理想像と森田は賞賛した。その河野も農林大臣時代には右翼のターゲットとされ、彼らの放火で自宅が全焼するという憂き目をみる。

河野一郎への憧れはついに彼の私邸を単身訪問するという大胆な行動にまで森田を走らせる。

折からの衆議院選挙中であった。四日市でも他と同様に、中央政界の派閥の構図をそのまま反映して立候補者間の泥試合は衰えるどころかいっそう過熱化していた。それに油を注ぐかのような政府要人たちの相次ぐ来県である。まず三木派が一番乗りをはたせば、大野派からは福田通産大臣。さらに佐藤国務大臣、河野建設大臣と錚々たる面々が馳せ参じ、自派の推す候補者の応援にそれぞれ舌戦を競うのである。

森田の胸は躍った。憧れの河野一郎の来県を伝える新聞は、「国づくり」と題した河野の講演会が市民ホールで催されることもあわせて報じていた。これを好機とばかりに森田は直接面会を決意し、授業を早退し、詰め襟制服姿のままその会場へひそかに出かけるのである。

会場入り口付近で河野を待ちかまえ、そこでかねて念願の河野一郎と間近に会うのだが、森田はさらに臆しもせず「握手して下さい」と学帽をとって右手を差し出し河野とがっちり握手まで交わしてくるのだ。おそらく河野は、突然自分の前に飛び込んできたイガグリ頭の、ニキビを顔中につけたこの小さなファンには面喰らったろう。

そのときの河野の手の感触や温もりがしばらくは消えず、感激から数日間というもの授業も身がはいらないと正直にも日記に白状しているほどだ。森田の政治家への執念は河野との面会の実現を機にいっそう確たるものとなり、河野大臣への弟子入りはもはや既定方針であるかのようにゆるぎないものになった。

その執念は、森田に河野弟子入りを懇願する手紙を書かせ、直接面会を依頼し、さらには、ついに河野邸訪問をも躊躇させなかった。「無駄だ」「無謀だ」「恥をかくだけだ」。友人たちの忠告も森田の執念の前にはなんの効力も持たなかった。

河野邸は神奈川県平塚にあった。森田が私邸を訪れたときはちょうど新築中であった。その年、つまり一九六三年十月十四日河野邸は、ピストルを発射しながら乱入した右翼二人が部屋にガソリンを撒き、それに火を放つという焼き打ち事件に遭遇した。自分の妻名義で所有する那須牧場にからむ土地問題、自民党の派閥抗争などでみせた河野の独断専横なやり方は、早くから右翼団体のあいだでヤリ玉にあがっていた。

河野が右翼の襲撃を受けるのはじつはこれが初めてではない。かつて日ソ共同宣言調印のため鳩山内閣について訪ソした河野は、搭乗機に爆弾が仕掛けられるという騒ぎに巻き込まれた。

浅沼事件、嶋中事件と前後して右翼によるテロル事件は、昭和初期に吹き荒れたそれの再来を想起させるように頻発した。たとえば岸・池田両首相および野坂参三の刺殺未遂事件、池田内閣の政府要人大量暗殺を計画したいわゆる「三無事件」、そして一九六四年四月にはライシャワー駐日大使が刺傷されるという事件も発生した。

森田は単身河野邸におもむいた。結果はしかし予想したとおり、見事門前払いを受けた。

「何の用件か」

「このまえ四日市に来られたとき、握手してもらったんです。そのとき河野先生から『来たまえ』と言われたもんですから」

いぶかる事務職員にもかまわず森田はそう来意を告げた。けれどこの〝来い〟というのは森田の錯覚であった。握手を交わしたとき、そのような言葉も一緒にもらったような記憶がある、というものだ。

ところがこの日、河野は不在であった。森田はしかし、これで諦めたわけではない。翌日には河野の弟である河野謙三宅を訪問し、「よろしい、この名刺をもって山本氏に紹介状を書いてもらい、それから東京の兄のところへ行ってみなさい」という承諾を取りつけるのだ。山本とは河野一郎の秘書だった。

俄然森田の心は勇躍した。それで将来の代議士へのパスポートを手にしたような、そんな興奮に酔った。だがこのとき、名刺をもらうのと引き換えに森田は河野謙三からこうも諭される。

「政治というものはつねに大衆と共にあるものだ。だから変わったことをしてはいかん、いつでも謙虚でなければ」

これぞと思い込んだらそのまま突進しなければ納得できない性格は、その後日学同から楯の会へと政治活動をエスカレートさせていくにしたがっていっそう顕著になっていく。

「元来イデオローグでもラジカリストでもなかった。むしろそうしたものに一切こだわらない人だった」

これが森田を知る者の一様な評価だ。が、反面言葉や理屈ではない、行動、実践という、実際面で自分の思想を表現していくだけに、相手に対する説得力はもっていた。

理論や思想に比重をおく者のひとつの欠点として、相手の心の機微をとらえるという人間的な心情ないしは情愛の欠如がある。森田には、まずはじめに行動ありき、であった。言葉はそのあとについてくるものなのである。森田はそれをまた終生の信条としていた。それが相手を魅了させる森田の長所でもあった。のちに、森田を中心にいわゆる〝十二社グループ〟という一派が楯の会内部に生まれるが、ここに集まったメンバーはこれこそ森田のそうした人間性に共振する者たちだった。

人を引きつけて止まぬ性格はたぶん天性のものであったとしても、それを温かく見守り、育む者がいないところには育ちようがなかったろう。森田にはさいわいにも理解ある兄がいた。兄もまた弟の望むことなら援助を惜しまなかった。多少の腕白は大目にみる、むしろ自由奔放に行動してほしい。弟に託した兄の願いはこうであった。だから九州への二週間にもおよぶ自転車旅行、あるいは高二の夏休みを利用しての北海道へのヒッチハイクにしろ、若いうちだ、何でも見てやろう聞いてやろうという弟の好奇心と意欲を買って、積極的に送り出している。

物怖じしない性格、そのうえ持ち前の行動力があり、森田はとにかく生徒のなかでも人気があった。その友人たちに推されて二年の二学期から三年の卒業まで生徒会長に就任している。生徒会長には三年生がなるというのがそれまでの慣例であるからそれを二年生が引き受けるというのは異例の抜擢ともいえた。

強気一点張りかというとけれどそうではない。やはり森田にも彼なりの苦悩はあった。それは大学受験という難関である。それが目前に迫るにつれ関心はしだいにテストの点数や成績表に向き、その結果に一喜一憂する。そのたびにしかしすぐ気をとり直し、「ファイト、ファイト」と自分を叱咤するところも森田らしかった。

目指す大学は早稲田以外森田には存在しなかった。理由は、角帽あるいは早稲田大学特有の在野精神への憧れというものだが、やはり河野一郎への憧れが大きい。

河野一郎は一九二三年早稲田大学政経学部を卒業していた。その後朝日新聞社に入社し記者生活を送ったが一九三二年衆議院初当選後政界へ転身した。生粋の党人実力者らしく個性的で、しかも慣習にこだわらず現実的なアイディアや施策を直ちに実行するという政治姿勢には国民の支持も多かった。

河野一郎の門下生となりそれを梃子に政界入りをはたし、大臣へのぼりつめるには、まず河野も通った早稲田大学政経学部に見事パスすることが先決であった。

早稲田入りを決意したある日、森田はひそかに上京して早稲田大学正面に立つ大隈重信の銅像と対面してくる。

大隈重信といえば、黒田清隆内閣下の外務大臣時代には玄洋社門下の右翼テロリストが放った爆弾で右脚を切断するという目にあい、憲政党を率い、これを基盤に板垣退助とともにわが国初の政党内閣といわれたいわゆる隈板内閣を組閣した人物である。政界での活躍の一方、大隈は子弟の教育にも情熱をそそぎ、次代を担う有為な人材の育成輩出を目的としての ちの早稲田大学となる東京専門学校を一八八二(明治十五)年創設している。

そそり立つような大隈の銅像を見上げ、森田にはおそらく感慨ひとしおのものがあったに違いない。というのも、このとき森田の脳裏には「大隈重信―河野一郎―森田必勝」という構図が描かれていたからだ。つまり同じ早稲田出身のうえ、この三名こそ近代政治史上に足跡を残しうる傑出した政治家にふさわしい、と森田は確信するのである。

その末席に森田は自分の名を堂々と連ねた。だがこの構図を実効あるものにするためには是が非でも入試という難関を突破しなければならない。その入試は目前に迫っていた。

両親との死別が初めての試練だとするなら大学受験失敗は、森田が二度目に体験する試練であったろう。

明治、法政、青学を目指す者は多かった。そのなかで早稲田を目指したのは森田だけだった。森田は早稲田一校に的をしぼって着々と入試にそなえてきた。絶対受かるという自信もそこでつかんだ。にもかかわらず結果はものの見事にこの期待を覆したのである。

屈辱感、というものを味わったとすればまさにこのときがそうであったろう。屈辱感はしかも何倍ものプレッシャーをともなってはね返ってきた。なにしろ絶対自信があると臨んだ受験であり、周囲の者も森田の入試突破は信じて疑わなかったからだ。優等生という、それまで自分に与えられていた〝称号〟がいかに虚像であったかに森田はこのときはじめて気付く。

以来、森田は浪人生活という、やり場のない憤懣と癒しがたい傷心を抱え、鬱屈した日々を送る。

予備校へ通うかたわら家庭教師のアルバイトをするというのが日課になった。その教えた子供が京都大学に合格し、自分より先に大学生になるという皮肉さにも出会う。がしかし、政治家への夢は消えなかった。消えぬどころかかえって強まっていた。浪人生活で一歩も二歩も後れをとったという焦りがそうさせた。

焦りはしかもときとして妄想のなかに森田を引き込むことがある。たとえば不意に、夢の中にまで自分の受験番号が掲示板に貼り出される場面が現われるとか、晴れて早稲田大学の角帽をかぶり校門をくぐるところの姿が現われる。

夢からさめればまたいい知れぬ悲哀感に襲われる。ともすればその悲哀感の前に屈しかけることもしばしばだった。自棄《やけ》にもなった。そのようなとき森田は北海道への無銭旅行や九州へのサイクリングで舐めた辛酸を思い出した。

単独でのヒッチハイクは孤独と疲労との苦闘だった。九州の自転車旅行は、悪路とパンクの連続であった。しかしそれにもめげず、克服しつつ目的に忠実であったのは最後までやり遂げるのだという逞しい精神力があったからだ。そしてその精神力を支えたのが夢であり希望であった。そのときのことを振り返り、森田は精神力の衰えをふたたび奮い立たせようとする。

浪人生活は彼をストイックにもさせた。そのようなことを体験するのもむろんはじめてだった。望めばだいたいはそのとおりになった。兄もほとんどそのようにかなえてやった。だから自分で自分を規制するような訓練は積むこともなかった。それをしようというのだから苦痛は倍加される。やりたいこと、行きたいところ、あるいはそうなりたいというこれらの欲求はすべて大学にパスしてからとして断ち切っていた。けれどそれでも左翼学生たちがゲバ棒を振って闊歩している姿をみれば血が騒ぐのか、「俺も一緒に暴れまわりたい」と思わず本音をもらす。

こうした砂を噛むような、味気ない、虚しい日を森田はその後二年間送ることになる。つまり二浪したからだ。したがって森田が早稲田大学教育学部に見事合格するには一九六六年三月まで待たなければならなかった。

悪戦苦闘の末、しかし念願の早稲田大学に合格したことで森田は終生自分のモットーとした「我事に於いて悔いず」というこの信念を果たしてみせた。

そして森田は、大学が新入生に行なった入学志望の動機を知るアンケート用紙の好きな言葉を記入せよというその欄にもはっきりと、「我事に於いて悔いず」と書き入れた。

三　早稲田の杜は

森田必勝が民族派学生運動へ飛び込むそもそものきっかけとは、早稲田大学受験のため入試会場へ向かうそこで目の当たりにした光景がそうだった。

二月二十三日入試の日、大学の構内外は前日までの全共闘系学生による構内占拠、デモ、集会、シュプレヒコールといった動きは影をひそめ、バリケードや立看板も撤去され、騒乱の舞台となった大学本部前もすっかり整備されて受験生受け入れに備えていた。とはいえ機動隊、警官隊、あるいはガードマンといった警備陣のものものしい姿はそのままだった。

入試反対を叫ぶ全共闘学生から受験妨害を守るための警備だったが、そうした警備陣のあいだを通り抜けながら森田ら受験生は試験会場へ急いだ。しかし、大学正門前をはじめ主要入り口では大学職員の受験票提示が要求され、これにパスした者だけが目的の教室に入れた。ところがこれでもまだ済まなかった。教室の入り口受付けで再びチェックを受け、そこへ至るまでには十重二十重の厳しいチェックを受験生たちはまず体験するのであった。

こうした大学側の処置には受験生からはもちろん、その付き添いできていた父兄からも不平がもれた。受験というただでさえプレッシャーがかかるところへもってきて過剰とも思える警備は受験生に精神的圧迫を与えるもので、かえって逆効果だと不満を露にする父兄がいれば、試験が終わってみるまでは不安で不安で、ここから一歩も動けません、と試験の成り行きにヤキモキする父兄の姿もみられた。

受験生や父兄のそうした声は、単に試験のやりにくさに向けた不満だけではなかったに違いない。なにしろ入学願書の受付けが実際開始されるのかどうかで振り回されたうえ試験会場のたびかさなる変更、試験会場を下見しておくことで教室の雰囲気をつかもうというそのための下検分さえ紛争を理由にシャットアウトされ、大学側に対する不安と不満が受験生には充満していたのだ。

「受験会場の下検分すら許されないなんて……受験生にとって唯一の権利なのにそれを奪うつもりだろうか」

受験生の苛立ちはこうした思いで共通していた。森田必勝もその思いは同じだった。だから日記にもそう書いた。

「早大がまったく警察学校化したようだ。下検さえ行けず情けなくて仕方がない。本当にこうしやがった学生、ひいてはそうさせた大学が憎い」

受験生にしてみれば大学入試は人生のスタートを切るその第一歩である。それだけに合格するか否かはその後の将来をも占う重要な意味を持つ。その大事な入試が一部反対派学生の思惑で阻止されるとなれば受験生にとってこれほど許し難いものはない。森田はしかも三度目のチャレンジであった。それだけに、今度こそは、と不退転の決意で臨もうとした受験だった。だが、合格するしない以前に、入試そのものが危ぶまれようとしているのだからこれに腹を立てぬ道理はなかった。

全共闘系学生の横暴さに対する素朴な反発心が森田の早稲田大学への憧れ、愛校心に比例してしだいに増幅され、やがて民族派学生運動へと彼を駆り立てていくのだが、このころはまだそこまでの思想的論理性を持つまでには到達していなかった。

ともあれ、早大紛争とは何が発端となって起きたかということだが、授業料の大幅値上げ、学生会館をめぐる管理運営のあり方、というこの二つが争点だった。

授業料値上げの理由として大学当局は教職員の給与アップ、物資購入費の増加、新規採用教員の増員、光熱費諸雑費の増加、これに加えて物価の上昇ということを挙げている。

これを今までは入学検定料の値上げ、学生の水増し入学、あるいは寄附金、私学振興会等からの融資などでやりくりしてきた。けれどそれでも累積赤字を抱えての財政はすでに限界に達しているとして学費値上げに理解を求めるのである。

学生たちはこれに一斉に反対した。とりわけ値上げ反対で抗議行動の急先鋒にたつ全共闘（全学共闘会議）側は、大学側が公表する資料だけでは財政の実態は不明瞭、使途も不明確として値上げの白紙撤回を大学当局に強く迫った。

大学当局側が公表した昭和四〇年度予算は四三億円であった。だが収支の内訳については一切触れていない。もっともこれは早大にかぎったことではなかった。どこの大学も財政について公開することはなく、閉鎖性、不明朗性には早くから批判の声もあった。

学費の値上げは直接自分たちの生活にかかわる問題である。それだけに関心は深く、反対こそあれ賛成をいう学生はいなかった。

「学生生活は大幅値上げでさらに圧迫を受けるだろう。今でさえそれが思うように払えず除籍処分の目にあっているのは年間一〇〇人にも達しているという。来年になればこの数字はもっとふえるのは確実だ。これではまるで金のないやつは切り捨て御免といわんばかりではないか」

ノンポリの一般学生ですら大学当局の一方的な値上げ宣告には不信を隠さない。白紙撤回をあくまで要求して抗議行動を積極的に進める反対派学生の心理にはこのうえ、自分たちのみか新たに校門をくぐろうとする後輩たちのためにも値上げは容認できないという使命感のようなものも少なからずあった。

さらにこの学費値上げを「産学協同路線」の一環、と反対派は位置づけていた。

「理工系拡充の政策は企業等の要請に応えようとするものにほかならず、明らかに高級エンジニアの大量生産を意図するものだ」

反対派は反対理由のなかでこう訴え、学生たちをあたかも企業のネジクギの一部分ぐらいにしか認めようとしない当局側の姿勢に不信を表明したのである。

〝産学協同〟とは、企業と大学とが技術教育に協力し、教室での学習と工場現場での技術とを組み合わせようというもので、一九〇六年アメリカのシンシナティー大学ではじめて試みられた。だがこのシステムの真のねらいは、優秀な人材をいかに獲得するかという企業側の要請に大学側がこれに応えるというところにあった。反対派はその産学協同の最たるものに理工学部校舎等の建設があるとして、これをヤリ玉にあげた。

大学構内を一巡してみると、このころの早稲田大学はさながらどこかの造成地かと見まがうぐらい新築中の工事現場がいたるところで目についた。地上一一階建ての学生会館が完成したのにひきつづいて一〇階建ての法・商両学部の研究室および日本一の高層校舎と大学側が自慢する一七階建ての理工学部の校舎が新築中だった。

こうした悪循環を断ち切らないかぎり白紙撤回は引っ込めぬというのである。大学側が「値上げ――施設拡張――マスプロ教育――経費膨張――再値上げ」「財政の破綻」「経営の危機」を訴えれば、全共闘側は「放漫経営の改革」と「教育の理念」を掲げてこれに対立した。いく度かの団交が両者のあいだでもたれたが妥協点を見出すどころか双方の食い違いだけが浮き彫りにされていった。この間にも早大OBの国会議員でつくる稲門会などの調停案が示されもしたが結局功を奏するにはいたらなかった。

そしてついに話し合いの決裂を生み、事態は全共闘学生による総長室、理事長室などがある大学本部占拠という最悪の局面を惹起した。

机、イス、立看板などでバリケードを築き、本部入り口を完全に封鎖し、そのまま籠城のかまえをくずさない占拠学生らに対し当局側は「学費値上げは純粋に大学の権限に属するものであり、学生の意向で左右される種類のものではない」として白紙撤回を突っぱねた。

当局のこの発言は反対派の怒りをいっそう煽るものになった。というのも、昨年起きた慶大の値上げ反対ストの際、解決の条件として「今後の学費値上げについては大学側学生側双方の協議のうえ決定する」という条文が明記された。

そうした前例をみている反対派学生に、大学側の高飛車とも思える発言は態度を硬化させるしか役立たなかった。これに加えて反対派学生に弾みをつけたのが、今春かぎりで早大を去るというある政経学部教授の「値上げよりまず当局側は経営改善をすべきではないのか。こうまでマンモス化したなら経営の専門家を置くぐらいは当然だ」という発言である。

反対運動が一段とエスカレートするにつれて反対派学生の動きは活発になり、一部には暴徒化の様相を帯びたグループも出現した。当局側との小ぜり合い、もみ合いという光景はほとんど日常化していった。そうしたなかで反対派は、「大学入試阻止」を打ち出し、これを〝人質〟にあくまで学費値上げ撤回を要求した。

大学入試は大学側にとって大きな財源である。これがつぶされるとなれば死活問題にもなりかねない。大学側は、それまで手控えていたが、ついにここへきて機動隊導入も止むなしとして警視庁にそれを要請する。これを受けて土田警備部長（のち警視総監）が指揮する二千五百余人の機動隊員が早大をただちに包囲し、占拠学生の排除に移ると同時に不退去、建造物侵入等の容疑で彼らを次々と逮捕した。

かくして力による双方の対立はいっそう混迷の度を深めていくわけだが、大学の授業料値上げ反対の狼煙は、すでに一九六五年一月に起こった慶大の反対闘争を皮切りにお茶の水女子大の学生寮管理規程反対スト、あるいは山形大、宇都宮大、千葉大などの自治権や授業料をめぐる闘争へと次々に飛び火し、規模といい、学生の動員数といい拡大の一途にあった。それはそして一九六六年一月の早大紛争にいたってますます先鋭化し、粗暴化していった。

アクションがあるところにかならずリアクションはつきもの。学費値上げには反対だが、それがために実力行動で訴える全共闘のやり方にも反対という学生も少なくなかった。これが大学本部占拠、バリケード、ピケなどの実力行使に熾烈さが加わるにしたがって、それまで心情的には一定の理解を示していたノンポリ学生まで敵対する側に追いやるかたちで全共闘系学生に向けた批判もいよいよつのった。

「あまりにも独善的だ。本部占拠など、理由はどうあれ容認できない」

「学生の団結を叫びながら、実際はぶちこわしているのだから、彼らの行動こそ本末転倒そのものだ」

こうした一般学生の声をバックに批判勢力の前面に立ち、彼らを巧みにリードしていったのが右派系の学生たちであった。これ以外に、同じ学費値上げ反対を唱えながらも全共闘系学生と一線を画す一派があった。日共系の民青（民主青年同盟）である。彼らは、過激派学生の〝暴徒〟のためかえって値上げの口実を当局側にあたえることを何よりもおそれ、対抗措置として値上げ反対、国庫助成を国会につよく働きかけるという戦術に出た。つまり民青は、問題の解決を学生自身の手に求めるのではなく、国会の場に委ねようというのだ。

右派系、民青、そして大学当局と、いまや全共闘系学生は三方面からの非難の矢面に立たされた。わけても右派系との対立は紛争の長期化とともに険悪さが増した。

学内の自治権は民青、革マル、そして三派（社学同・中核派・社青同）全学連など左翼陣営にことごとく牛耳られていた。それらをむこうにまわしての反対運動には、質的にも物理的にも劣勢をかこつ右派系学生にはおのずと不利な状況が強いられた。

　そのようななかで〝ストライキ反対〟を叫ぶことは命がけ、といってもオーバーではなかった。なにしろその頃の早大といえば左翼こそ〝体制派〟であり、右翼は少数派であり反体制派であったのだ。その頃右派系として雄弁会、ボクシング部・剣道部など体育会、あるいは生長の家系の学生でつくる生学連、日本文化研究会などのサークルが早大にはあった。右派とはいえさほどの政治的色彩もなく、まして左翼のようなオルグ活動、情宣活動といった運動面となるとほとんど皆無に等しかった。早大の右派は、概して行動より知的関心に重点をおき、そのおき方にしろいわばサロン的雰囲気が濃いというものだった。もっとも右翼の特徴として組織論をもたぬというのがある。それにかわるのが一人一党という論理だ。

　しかし早大紛争を契機として右派系学生のあいだにも組織の一本化、大同団結の必要性を問う気運が急速に浮上してくる。気運は〝学園の正常化〟〝共産革命の拠点化から学園を守ろう〟を共通項にしながら「早学連」（早稲田大学学生連盟）の結成（一九六六年三月）へとやがて結実する。議長鈴木邦男、事務局長竹花光範を選出した。早学連の誕生こそ、後にみる民族派学生運動の記念すべき第一歩であった。

　早大紛争においては右派系学生も全共闘ばりの運動を展開した。立看板、チラシ、ビラ。アジ演説では左翼側と対等にわたり合うマイク合戦を激しく演じてみせるほどだった。それまでの消極的反対から脱却し、〝赤い体制派〟に向け反転攻勢に打って出ようというのだ。小ぜり合い、にらみ合いがしばしば起き、一触即発という不穏な状態はもはやめずらしくなくなっていた。

反発は左翼側ばかりからではなかった。一般学生からさえ「スト破り」「当局側の手先」と露骨な皮肉があびせられた。実際、右派の動きのなかにはそう受けとられておかしくない面ももっていた。たとえば大学本部を占拠し、そのまま居座りを続ける全共闘系学生に行なった乱闘騒ぎなどがそうだった。

バリケードを破壊し、ビラをはがす。立看板を倒してはそれに火をつけて燃やす。さらには反対派学生を一人ひとりつかまえてリンチを加える。そのほか籠城組に対してホースでの水攻め、監禁など反撃に手段は選ばなかった。全共闘側も黙ってはいなかった。右派系学生とみれば容赦なく襲いかかり、殴る蹴るの報復にでた。それはついに全共闘、右派入り乱れての乱闘に発展した。ただしこのころはまだゲバ棒にヘルメットというあの「過激派スタイル」は出現していなかった。

右派系学生のやり方を〝利敵行為〟と見たのは単に全共闘だけにかぎらなかった。一般学生もそう見ていた。もっともそれには右派の行動に対し好意的な見解を示した大学当局への反感も手伝っていたが。

大学当局は右派の行動をこうはっきりと支持した。

「ひとえに学園の正常化を慮っての、愛校心から発した自主的行動」「占拠派学生は暴徒にひとしく、それを排除しようとする学生こそ正常」

紛争の長期化、いっそうの混迷化はしかし皮肉にも右派の評価に異変を生じさせるのだった。「スト破り」とイヤミを投げつけた当の学生がまず、就職や進級に先行きの不安を抱くようになったから。全共闘、右派双方の行為に無関心であった学生も実際それがために自分の利害に直接かかわるとなると慌てだすものである。そして彼らはそれまでの批判的な態度から一転して右派支持にまわる。学年末試験が実施されないとなればスムーズに進級できないのみか卒業生にとってはその後の就職にも影響を受ける。それだけに黙視できなくなってきたのだ。

試験ボイコットが卒業生にいかなる結果をまねくかは埼玉大学の例をみて知るところだった。彼らにとって試験実施が一日延期されればその分だけ就職活動が遅れる。それが中止となるともはや卒業すら危ぶまれる。

評価の変化は、全共闘側が「学年末試験ボイコット」「入学試験粉砕」を叫ぶのと並行して一段と顕著になった。その変化のきざしは一般学生につづいて大学に隣接する周辺住民や地元商店街にもおよんでいた。

それまで、こうした人たちは学生のゲームとして無視していたか、さもなければ腕組みしながら遠くでながめていた。どちらに理があろうとなかろうとはじめから興味もなかったのだ。ところが入学試験が中止か実施かでもめているとなると他人事ではすまなくなる。早大学生でもつ商店街にとって受験シーズンこそもっとも書き入れどきだからだ。

なにしろこの期間中だけで一〇万人からの受験生が全国から殺到するという。これに付き添いの父兄を加えれば地元商店街に落とされる金額はバカにできない。

「早大一直線」「必勝」「健闘あるのみ」「幸運を祈る」

さまざまな標語を刷りこんだステッカーを店頭に貼り、受験生の来店をてぐすねひいて待ちかまえる商店主にとって、入学試験をタテにとった全共闘のやり方は卑劣そのものだった。なかには大学当局へ直談判に押しかける商店主、全共闘に八ツ当たりする商店主もあらわれた。そうはしないまでも、とにかく全共闘に反対する学生に声援を送る心情派商店主は少なくなかった。マスコミもいつしか、「良識派学生」「正常な学生」とペンで加勢する態度にあらたまった。

情勢は徐々に右派の行為に理解を示す者も増して、有利になってきた。

そうした運動のひとつの成果であった、早学連が全学共闘会議議長大口昭彦から、「入学願書受付けに妨害を加えない」「今後デモ、集会など合法的手段で値上げ反対を訴えるが、入試妨害は行なわない」という声明を勝ちとったのは。

四万人学生を巻き込んで吹き荒れた学費値上げ反対闘争はいつまたぶり返すか保証はないという不安は残るもののひとまず沈静化に向かい、懸念された入学試験も予定の二月二十三日にあわせて粛々とすすめられていった。

早稲田の杜はアジ演説もシュプレヒコールも相手を罵倒する声もなく、昨日までの騒乱がまるで嘘のように静まりかえっていた。大学正面に立つ大隈重信も、口をへの字にまげ、にらみつける目で昨日までの光景を苦々しく見つめていたが久々に平静さをとりもどしたことでさだめし安堵したに違いない。

〝東京サバク〟といわれ、異常乾燥注意報は四三日も出ずっぱりと、記録的な雨なしのカラカラ天気に東京地方は見舞われていた。その待望の雨がやっと降り、しばし殺伐としていた早稲田大学にはふさわしくチリもゴミも洗い流してくれるようにキャンパスはしっとりと雨に濡れていた。

この日、入試会場に向かう列のなかに森田必勝の姿もあった。そして、会場内では宮崎正弘が試験監督のアルバイトで受験生たちの世話をしていた。

第三章　民族派学生運動への接近

一　日学同結成前後

左右両派学生を乱闘事件にまで巻き込み、授業料値上げ反対をめぐって四万人学生を騒乱のルツボにおとしいれた早大紛争は反対派学生らのスト中止、封鎖解除によってひとまず沈静化に向かった。とはいうもののいつまた再燃するかはわからない。残り火はそちこちでまだくすぶっている。

ともあれ、一ヵ月遅れであったが入学式もとどこおりなく行なわれた。早稲田の学生として、森田必勝もついに待望の校門をくぐった。

角帽、そして早稲田精神にあれほど憧れ、栄光と自分の未来像を河野一郎代議士に投影して止まなかった。ところがたび重なる受験失敗はその熱情を剝ぎ、失意に変えていった。失意はしかも彼の政治家志望をも誘惑した、断念させようと。

苦悩、プレッシャー、世間の目。さまざまな苦境と格闘しながらもしかし森田はそれを克服し、念願の早稲田入学を果たしたことで浪人生活にようやくピリオドを打った。

　校門をくぐったその日、森田はふたたび大隈像に対面したに違いない。おそらく感慨新たなるものが胸に迫ったであろう。ひとしきり汪洋たる前途に森田は心を酔わし、五月の風までが自分を祝福している、そんな錯覚さえおぼえたに違いない。青々と繁る早稲田の杜の樹々は五月の心地よい風に梢をゆすっていた。

　教育学部教育学科は将来教員をめざそうという学生が多い。そのせいか生徒の大半は女子学生である。しかもタイ、韓国、カナダ、アメリカなど海外からの留学生も少なくなかった。そうしたところへ森田は入ったが、中学高校とも男子校で通し女生徒と机を並べるのはそのため小学校以来だった。そのせいかクラスの雰囲気までが新鮮に思えた。

　その感激もしかしそう長くはつづかなかった。ある出来事を契機として右翼民族派学生運動に関心が傾き、それに対して授業への興味は急速に減退し、出席日数より学生活動家として民族派運動に奔走する日数のほうがしだいに増していくからだ。

　ある出来事とは教育学部クラス委員総会開催の席上でのことだ。社会教育一年のクラス委員として森田も総会に出席していた。じつは教育学部には民青系と革マル系二つの自治会が共存するという奇妙さがあった。

　この総会は革マルのそれであった。総会のヘゲモニーは革マルに牛耳られていたため議事内容にしろ彼らの思惑ですべて進められていた。独善的な革マルのやり方には当然反発も起きた。斎藤英俊もそのなかの一人だった。斎藤は革マルの一方的な議事進行の不当性に激しく抗議し、総会に待ったをかけた。

このとき斎藤は二年生であった。森田には先輩にあたるのだが、彼に親近感をおぼえた。圧倒的多数を誇る革マルに単身で挑みかかるという斎藤のこのときの熱血ぶりに森田は、これこそまさに早稲田精神だというところをまざまざと見たのだ。

このころ早学連、国策研究会グループなど、民族派の各陣営ではこの総会を機に革マルの弱体を衝いて教育学部の自治権を掌握しようと画策されていた。すでにそのため民族派が大挙して選挙に立候補しようという話さえ具体的に交わされ、水面下では他の学部からの転入者等の打診も開始されていた。斎藤のこのときの行動はそうした民族派の動きと連動するものだった。

斎藤は日本文化研究会の有力メンバーだった。日本文化研究会は当初「五月会《さつき》」と称していた。一九六五年五月に発足したことにちなんでだった。そのリーダーがのちの楯の会の学生部長となる持丸博だった。

左翼系学生の多いなかで、右派系グループの貧弱さに危機感を抱いていた持丸は、自分が平泉学派に属していたところからまず同門の伊藤好雄、宮沢章友、金子弘道らに呼びかけ、さらにこれに同調する斎藤英俊、宮崎正弘、倉持清らの参画を得て会を結成した。

同年十一月の早稲田祭を機に名称を五月会から早稲田大学日本文化研究会（日文研）と変更し、結成趣意書も同時に採択された。

「高い理想をかかげ、輝かしい未来を築くためには、我々日本人は、先づ祖先の残した偉大な事業、精神、文化を謙虚に学ぶ勇気を持たなければならない。何故なら、我々日本人は紛れもなくこの日本列島に生を享け、その風土に育ち、その文化にはぐくまれたからである。我々の生命はこの日本を離れては存在せず、この日本を無視しては成立し得ないからである――」

という趣意書は、一九四五年八月の敗戦を機に崩壊したその日本古来から連綿として受け継がれてきた民族の伝統、精神、文化の復権を掲げ、民族の魂の復活を訴え、あらゆるものがアメリカナイズされてゆこうとする戦後日本の風潮に対する警告だった。そうした信条を基本的姿勢として彼らはつぎの三点に要約した。

一、我々は日本人としての意義を自覚し、真の日本人としての道を学ばむとするものである。

二、我々は日本の文化・伝統を尊び、民族としての誇りと使命を自覚せむとするものである。

三、我々は現在、国際社会における日本の立場を認識し、祖国の発展と人類の進歩に寄与せむとするものである。

斎藤の果敢な行動は、森田の正義感にゆさぶりをかけるのに充分たり得た。

「入学したばかりだから僕には紛争の経過などよくわからないが、それでも革マルや全学連のやり方にはいつも疑問をもっていました」

入試でまず左翼学生の妨害を受け、さらに入学式も彼らの紛争が原因で大幅に遅らされた。そのため左翼の横暴さには憎悪こそおぼえ同調はできなかった。「共闘会議はなんの権利があってバリケードを築けるのだろう？　やつらの方法が僭越に思えてならない」と、日記にまで森田は記すのである。そこにはもはやかつて浅沼事件、嶋中事件のときにみせた「僕は左翼だから」という姿はなかった。

常に弱者の側に立ち、社会の不正、矛盾、腐敗と対峙することこそ左翼のあるべき姿と理解し、安保反対で立ち上がった青年学生や浅沼はみごとそれを全うした。だから森田もそこに共感をおぼえ、おぼえたのみか、共に行動できぬ忌々しさに歯噛みさえした。

だが、同じ左翼を名乗っていながらいま目の前でみる彼らからは単に自分たちの要求のみを掲げて他をかえりみない、つまり数の力に頼んだ暴徒としての印象しか持てなかった。この隔たりは何なのか、この落差は何なのか。森田は問うてみた。彼らの横暴さに、まさしく数の論理と警察力とで反対勢力をことごとく封じ込めたあの安保改定時の政府与党の縮図を見る思いがしたからだ。

斎藤が森田を案内したのは〝ジュリアン〟という喫茶店だった。そこで森田の疑問点に答えようというのである。

別に〝右翼喫茶〟といわれ、民族派学生のたまり場になっていることでジュリアンの存在を知らぬ者は左右を問わずいなかった。そこのオーナーである矢野潤は自民党党員である一方、のちの日学同の指導的役割を果たすなど右派学生には強固なうしろ楯にもなっていた。

店内にはそれらしい学生がたむろしていた。彼らが吸うタバコの煙、読みさしの新聞や雑誌がテーブルを占拠している。それがさらに夕暮れともなるとそちこちから集まってくる右翼学生で一段とざわめきが増す。

熱っぽい議論に顔を紅潮させる一群がいるかと思えば、片隅のボックスでは新入生相手に懸命にオルグっている古参学生もいる。そうかと思えば黙々と鉄筆を動かし、ガリ切りに没頭する活動家もいるという具合に雑然とし、喫茶店というよりそこは彼らの部室であるかのような、そんな雰囲気の店であった。

斎藤の説明は、それまでいろいろな学生から得た情報と大差なかった。つまり左翼側の真のねらいは授業料値上げ反対に名を借りた学園の共産化、赤化にあるというそれだ。森田はそこで日文研への勧誘も受ける。

事実上、森田が右翼民族派学生運動へ接近するその第一歩は、このときの斎藤英俊との出会いがそうであった。

これを契機として森田の、ノンポリ学生から活動家としての脱皮が急速にとげられていく。彼が学校へ行くということは授業に出席するためではなく、学生運動をするためだけに行く、というようになる日もさして遠くはなかった。

当時、学生のあいだで〝可山優三〟なる言葉が流行《はや》っていた。若大将シリーズで映画界を沸かした人気スターの加山雄三をもじったものだが、可が山ほどあって優はたったの三つしかないという意味。つまりそれは成績不良の学生の代名詞というわけだ。

左右を問わず学生運動に熱中しているようならばほとんど例外なくこの可山優三の人だった。このような学生はそして挙句は退学か除籍、さもなければ留年というお定まりのコースをたどる。四年でまともに卒業するなどまず稀だった。森田も事件当時は留年の身であった。活動家への傾斜は学業の放棄のみか生活態度の変化をも余儀なくしていった。入学と同時に森田は小田急線代々木上原駅近くの古ぼけた下宿屋をみつけ、そこに住んだ。けれど、学校へ通うのに便利、下宿屋のオバさんも親切でいい人、とすこぶる気に入っていた下宿屋でありながら四ヵ月後にはもうそこを引き払っていた。早稲田弦巻町に住む持丸博のアパートに転がりこんだから。

持丸が森田に初めて出会ったとき抱いた印象は溌剌とした、さわやかな、そして勉強ぎらいな青年というものだったという。勉強ぎらいというのも早稲田に入ってからの森田の大きな変化だ。なにしろ中・高時代はつねにトップクラスに名をつらね、生徒会長をつとめるなど優等生扱いをずっと受けていた。ところが学生運動に走ってからというもの森田にはもはや優等生としての面影などかけらもなかった。

森田の勉強ぎらいを裏付けるもうひとつのエピソードが、「学生の引越しで、本を一冊も持たないのはおそらく俺ぐらいのものだろう」と宮崎正弘にうそぶいてみせた言葉である。

宮崎が森田と出会うのは持丸のアパートに居候しはじめて間もないころだった。竹を割ったような性格に、かつて幕末維新の動乱期に生きた草莽の志士の姿を宮崎は森田にこのとき見る思いをするのだが、とくに、笑顔のなかにこぼれる白い歯がいかにも健康そうだったのがつよく印象に残った。

以来、宮崎は朝日新聞の配達のアルバイトで学費をかせいでいれば森田は毎日新聞社で発送やら梱包やらのバイトをしていたことから、同じ新聞仲間という親近感もあって二人は親密になってゆく。

封鎖解除、ストライキ中止をみたことで当初の目的は達成されたとして、ノンポリ学生らは戦線からしだいに離れていった。しかしその一方で、せっかく盛り上がった気運をこのまま消滅させるには惜しいとの声も相当数あった。とくに日文研は「大学紛争の再燃を阻止するために」「大学を共産革命の具にしてはならないために」と主張して反左翼運動の組織化を目指そうと呼びかけていた。

日文研が早学連の核とすれば、日学同の母体は早学連であった。明治大、国士舘大、日大、法政大、慶応大など各大学の国策研究グループに呼びかけ一九六六年十一月十四日、全国三九大学七二サークルがこれに呼応して「日本学生同盟」（日学同）が尾崎記念会館において結成された。この日学同こそわが国初の民族派学生運動の誕生であった。

日学同に貫かれた基本精神は結成趣意書にも盛り込まれているように、占領政策の、自由と民主主義の名によって完全に喪失した民族としての誇りと尊厳性、あるいは歴史、伝統、精神の復活を求め、併《あわ》せて日本古来からの美風を破壊しようとする共産主義革命に対しては反共という立場から断固これを阻止する、というものであった。委員長に月村俊雄、事務局長に仲谷俊郎が選出され、持丸ら日文研のメンバーも中央執行委員として日学同の中枢を担う。

持丸らとは別に、けれど同様に右翼民族派学生運動の全国化をスローガンに基盤づくりを着々と進めている一派があった。生長の家の学生部で組織する「生学連」を軸とした全国学協運動がそれだった。その陣頭に鈴木邦男が立っていた。

生学連を中心とした全国学協運動は民族派として初の自治権獲得を長崎大学ではたしたのをはずみに、〝長崎大につづけ〟を合い言葉に次々と自治会選挙に挑戦していった。

長崎大学での自治権奪取は同大に学生協議会の発足を促し、長大学協を核に九州学協ができた。九州学協は九州の各大学学協の連合体だが、九州学協結成を皮切りに関西学協、四国学協、中国学協へと波及し、日学同に後れること二年半、一九六九年五月、これら各大学の学生協議会が千代田区平河町の全共連ビルに結集して「全国学生団体協議会」（全国学協）を結成し初代委員長に鈴木邦男が就任した。

日学同本部は早稲田南町の空き家にかまえた。古びて、裏路地に面していたという点をのぞけば二階建てでしかも一軒家、そのうえ大学まで五〇〇メートル足らずという便利さは学生たちのたまり場とするのに申し分ない場所だった。事実日文研、のちに旗揚げをみる早大国防部など右派サークルがここに同居し、日学同機関誌もここで発行される。

森田も日学同結成に参画していた。参加の要請は斎藤から受けたのだが、森田にそれを拒む理由はひとつもなかった。むしろ硬直したマルクス主義でこり固まった革マルや三派全学連には我慢の限度を超えていたから、ここらで先制パンチを食らわせ、連中に民族派学生の意地と存在を見せてやりたいと胸がうずうずしていた。森田にとってだから日学同への参加はまたとないチャンスだった。

しかも森田には、四年間の学生生活のなかで、一つでよい、これぞという何かを自分につくっておきたいという願望も早くからあった。ひいてはそれが〝我事に於いて悔いず〟の信念にもつながる。ただ四年間を勉強とクラブ活動、大学と自宅の往復、そうしたことのくり返しだけで過ごしてしまう平凡さに飽き足りなかったのだ。

ただし、その〝これぞという何か〟が何であるかとなるといまひとつ明確でなかった。民族派のイデオローグになる、筋金入りのアジテーターになる、組織のオルガナイザーになるなどなど、そのどれもがこれぞという何かになり得るからだ。おまけに森田は、「だんだんと俺の思想は右翼的なほうへ傾斜していく」のをはっきりと意識していた。

本来ならこのようなときにこそ政治家への野心が甦るはずであった。浪人生活から脱出したのも早大一直線だったのもそのためのこだわりであったはずだ。にもかかわらずそこにはすでに代議士、そして閣僚へというかつてあれほど夢み、河野一郎を自分の未来像と描いてみせたほど政界進出を熱望して止まなかった〝政治少年〟の純粋さは、片鱗すらもとどめていなかった。かわってそこにあるのは、学生運動ですでに多くの経験をつんだ先輩たちの口からぽんぽん飛び出す活動家特有のアジっぽい言葉に早く慣れ、自分も早くいっぱしの活動家として自立したいと焦る姿だけだった。

むろんそれぐらいであったから、「ぼくは左翼だから」といった言葉はすでに過去形にひとしかった。そればかりか、意識面、あるいは行動様式さえも次第に右翼的方向へと傾斜してゆき、それにつれて民族心とは、歴史とは、伝統とは、文化とは……等々のいわゆるナショナリズムに対する新たな問題が自分の関心をとらえはじめたことを森田は感じていた。

森田は何を動機に、もしくは何を契機に右派民族主義者に駆り立てていったか、この点に触れずして他に森田の思想と行動を解く鍵はない。

まず動機という点についていえば、早大受験の日に見た光景がそれに繋がろう。すなわち入試反対を叫ぶ左翼学生、それを取り締まろうとして導入された機動隊のものものしさ。あるいは大学当局の怠慢等だ。森田はそこで大学の荒廃化を実感し、危機感を抱いたのだ。

そうした下地のうえに斎藤英俊という右派学生との邂逅があり、組織への勧誘があった。これが契機である。

が、これだけのことで人の意識は簡単に変わってしまうものであろうか、という疑問もわく。意識とは換言すれば思想だ。思想とは人一人の行動、思考、判断、価値観等を規定する基本になる。であれば、いかにいまだ思想未熟な森田だったとはいえそこにはおのずと迷いもあり苦悩もあったはずだ。なぜならかつては「左翼だから」といい、実際彼らへの共感もあった。

そしてさらには河野一郎に憧れ、将来は代議士となり、一国の総理総裁となって日本の舵取りを夢みたのである。それを忘れたわけでもない。にもかかわらずそれらを振り切るかたちで森田は右翼民族主義運動に傾斜していった。なぜか。大学の荒廃化や左翼学生の横暴を憂える心は、右翼民族派学生との邂逅を契機として、同じ日本民族の一人として同様に自分の体内にも脈打っている血や血統、あるいは歴史、伝統といった民族意識を触発したのだ。

日学同が早稲田南町に事務所をかまえたのを潮に今度はそこを塒《ねぐら》に森田は決めた。その事務所の留守居役とひとり合点していたが、森田ほどでなくても、毎日ほとんど入りびたりという者なら他にもいた。森田はそして飽かず議論を交わした。酒が持ち込まれれば誰かが早大の校門に走り、そこに出る屋台のオデンを買ってくる。オデンをつつきながら日本とは、日本人とは、民族の伝統とは、民族の魂とは……。彼らの議論はボルテージの高まりと相俟って際限がなかった。

けれどそうした議論ですら正面からぶつけ合う経験を今まで持つことがなかった森田にすれば新鮮であったばかりか、何よりもそうした点に自分の知的関心があったことを発見し、胸を熱くする。そのような議論のなかである日話題が人生論ということになり、森田はかつて政治家志望、とくに河野一郎に信頼をよせていたことを矢野潤に告白するのだった。

けれどこのときはすでにその願望も過去のものとして語っていた。

「政治家は理想と現実のギャップをいかに埋めるかにこそその使命がある。そうあるべき政治家が汚辱と権謀術数のなかからしか出現しないとしたら、僕は政治家になるなど考えない。けれど考えてみれば今ほどグレードなロマンチズムが政治に求められているときもあるまい。だのにこれを充たし得るだけの識見をもった卓越的な政治家がはたしているか……ノーとしかいえないからこそ僕は嘆かわしいのだ」

このようなこともあった。矢野、宮崎、森田のあいだで話題が幕末維新で活躍した人物で尊敬するのは誰か、となった。矢野は坂本龍馬、宮崎は大久保利通といった。森田はそして躊躇なく土方歳三の名をあげた。

新撰組の副長として鳥羽・伏見、あるいは結城、宇都宮など歴戦のなかを駆けぬけ、北海道函館の五稜郭での激戦中、敵弾を腹部に受けてついに壮絶な最期をとげた土方歳三の生きざまもだったが、ついに最後まで反権力反近代化の思想を貫き、時代の潮流が開国、西洋化へと怒濤のように突き進むなかでなお攘夷思想を全うしようとした彼の人間性に森田は共感をおぼえるのだった。

森田はそうしてこう自分に反問する。〈俺の人生のなかに緊張し、凝縮された生の瞬間というものがはたしておとずれるか……明治維新の志士たちの心意気があったからこそこの日本を侵略から救ったのだとするなら、俺たちは如何……〉

一九六七年二月七日、日本学生同盟機関紙「日本学生新聞」が創刊された。その編集兼発行人に宮崎正弘がなる。

大判のブランケット判四ページ、月刊である。もっともときには八ページに増えたり月二回発行することもあった。とくに全国学協が「全国学生新聞」を発行するようになると対抗意識からこの傾向が目立つ。紙面も相手の誹謗中傷でついやすようになる。

ともあれ、新民族主義を旗じるしに〝全学連打倒〟〝戦後ヤルタ・ポツダム体制打倒〟〝北方領土即時奪還〟を前面に掲げたこの新聞の創刊は右翼民族派学生運動史上かつて一度として試みられなかった言論活動に道を拓くものとして画期的であったのみならず、民族主義運動に新たな方向性と指標を示唆するものでもあった。

この創刊号に「本当の青年の声を――天窓をあける学生組織」という題で三島由紀夫は次のような激励文を寄稿している。

「偏向なき学生組織は久しく待望されながら今まで実現を見なかった。青年には強力な闘志と同時に服従への意志とがあり、その魅力を二つながら兼ねそなへた組織でなければ、真に青年の心をつかむことはできない。目的なき行動意欲は今、青年たちの鬱屈した心に漲っている。新しい学生組織はそれへの天窓をあけるものであろう。日本の天日はそこに輝いている。

一方、私の注文もある。学生新聞の文章の晦渋さには全く閉口する。深遠だからわかりにくいのではなく、自分によくわかっていないことを、わかったふりをして書くからそうなるのである。明晰な言葉で明澄な日本語で自分の手にしっかりつかんだ思想だけを語ってほしい。そういう文章こそ、本当の『青年の声』なのである」

三島にこの原稿を依頼したのは持丸博だった。持丸は編集スタッフとしてこの新聞にかかわっていたが、すでに文部省教科書調査官の村尾次郎のつてで作家の林房雄とのパイプをもち、さらに林の紹介を得て三島とのコンタクトもとれていた。

新聞の創刊と前後して日文研内部から〝国防部〟創設を唱える声が囁かれはじめていた。国防問題、防衛問題はタブーであった。戦前の軍国主義の悪夢はまだ国民の記憶に新しい。このような問題には率先して取り組むべきはずの既成右翼でさえその素振りもない。だから今こそ過去の記憶から脱却し、日本独自の防衛構想を学生の立場から研究してみよう、と斎藤はいうのである。

そのころ国連を舞台に、核拡散防止条約をめぐる討議が米ソ間で交わされていた。日本政府もその動向には逐一注目していた。そうしたなかで民族派陣営は核防反対を前面に打ち出し、とくに森田などのちに学生新聞に論文を発表するが、米ソ両大国間の商取り引きまであるとして核防止条約の破棄を主張し、核保有の立場から独自の論陣をはる。

国防部創設と同時により政治的方向を目指そうとした宮崎正弘、森田必勝、山本之聞、大石晃嗣らが移籍し、部長に斎藤英俊を据えた。

早稲田での日学同の主流派は当初日文研であった。ところが斎藤らの国防部創設やら持丸、宮沢、新堀らの卒業やらでそのイニシアチブは国防部に移行していった。この過程のなかでやがて日文研は消滅してゆく。日文研の退潮とちょうど反比例するかのように国防部は上昇気運にのる。その年の四月、新入生に行なったオルグでは早くも十数名の新規参入者をみた。

このなかにはのちに楯の会メンバーになる武井宗行、石津恭輔らがいた。

日学同がひとつの転換を迎えたとすれば内部分裂がそれであったろう。もともとがいわゆる旧来の右翼壮士を気取る国士館派、自民党擁護派、それに民族派などの寄り合い世帯として日学同は出発した。そこには理念も違えば運動論、組織論などにいたってはさらに隔たりは大きい。ことに国士館派などは旧態依然たる一人一党という右翼の悪弊を克服しきれないでいる。まずこの国士館派が脱退していった。ついで自民党擁護派も後を追うのである。月村はこの派から出ていたが、彼は委員長の座を斎藤英俊にゆずると日学同自由派なる一派をつくる。

一九六七年四月をさかいに事実上日学同のヘゲモニーは民族派によって完全に掌握されていった。このころ三島由紀夫は四六日間におよぶ初の自衛隊体験入隊のさ中にあった。

二　行動への助走

三島由紀夫は楯の会事件直前に一週間の会期で「三島由紀夫展」と銘打った展覧会を池袋の東武デパートで開催していた。

この個展は三島自身によって立案され、企画も自分で手がけた。会場は「書物の河」「舞台の河」「肉体の河」「行動の河」の四部構成からなり、四つの河はやがて一筋の大河となって〝豊饒の海〟へ向かって流れるという仕組みになっている。

四つの河を俯瞰してみると、鑑賞者はじき悟ることができた。一つ一つの内容はテーマごとに異なっていながらじつは相互に関連し、一本の奔流がそこに貫かれているということと、それ自体それまで辿ってきた三島自身の四五年の生涯を語るものであるということを。個展の案内のパンフレットにはそれぞれのテーマについて三島が解説を加えている。ここでは「行動の河」の部分だけを紹介する。

〈肉体の河は、行動の河を自然にひらいた。女の肉体ならそんなことはあるまい。男の肉体は、その本然の性質と機能によって、人を否応なしに、行動の河へ連れてゆく。もっとも怖ろしい密林の河。鰐がをり、ピラニアがをり、敵の部落からは毒矢が飛んでくる。この河と書物の河とは正面衝突をする。いくら「文武両道」などと云ってみても、本当の文武両道が成立つのは、死の瞬間にしかないだろう。しかし、この行動の河には、書物の河の知らぬ涙があり血がある。言葉を介しない魂の触れ合ひがある。それだけにもっとも危険な河はこの河であり、人々が寄ってこないのも尤もだ。

この河は農耕のための灌漑のやさしさも持たない。富も平和ももたらさない。安息も与えない。……ただ、男である以上は、どうしてもこの河の誘惑に勝つことはできないのである〉

自衛隊の体験入隊はその〈もっとも危険な……やさしさも持たない、富も平和ももたらさない、安息も与えない――〉行動の河へ自らの行動を到達せしめようとするための、まったくはじめの助走であったかもしれない。

かねて〝文武両道〟〝知行一致〟を唱えていた三島はそれを身をもって実践すべく決然として防衛庁を訪ね、自衛隊体験入隊を申し入れた。一九六七年四月である。三島は、久留米陸上自衛隊、御殿場富士学校、習志野空挺部隊の三ヵ所に四六日間にわたる体験入隊をしているが彼はまず、福岡県久留米陸上自衛隊幹部候補生学校の門をくぐった。

かつてそこには旧陸軍第一二師団が置かれ、歩兵第四八連隊本部が駐屯していた。久留米市は筑後平野のほぼ中央部に位置し、三〇〇メートル余の高良山と筑後川に接している。三島はここで自分よりはるかに若い二十代の潑剌たる青年自衛官たちとともに起居し、汗と土ぼこりとむせ返るような男の体臭とにまみれながら七日間を肉体と精神の鍛錬に励む。

入隊の直前、三島は都内の小料理屋に親友の村松剛、それに某出版社の編集者を招き、ささやかな壮行会をひらいた。その席で三島は、「あまり馬鹿なことはなさらないで下さいよ」と編集者にたしなめられる。けれどそれを意に介すどころか三島の心はすでに体験入隊のほうにあり、まるで子供のように喜々としていた。実際訓練は三島の期待に大いに応えるものであったようだ。

訓練先から父親宛と村松宛に封書が送られたが、「二十何年かぶりに銃を手にして感慨無量、昔とった杵柄で、呑み込みが早いと賞められました――」と父親には書き、村松には「――三度三度の隊食もペロリと平らげ、朝六時の起床ラッパと共にはね起き、快晴の富士を目前に、千五百の駆足、爽快きはまる生活です。小生のストイシズムはここでは完全に満足されました」と、充実感をにじませた明るい文面であった。そこには編集者が抱いたような杞憂は微塵もない。

このとき三島は「平岡公威」の本名でその封書を差し出している。体験入隊の申し込みも平岡姓でしていた。もし三島の名で申し込もうものなら目敏いマスコミのことである、すぐ嗅ぎつけられて彼らの恰好な具にされると恐れたからだ。だからこの体験入隊も家族と村松が知る以外は秘密であった。

その訓練の様子はどのようなものであったか、三島は「自衛隊を体験する」で書いている。

「――課業の関係で制服に身を正して居並ぶ朝礼時など、朝風のなかで、上着の茄子いろの裏地をひるがえして、反省の腕立て伏せをする学生の姿には、一種のさわやかな男らしさがあった。(略)夏の高良山マラソンの練習にいそしむ若い学生の、飛鳥のようなランニングには追いつけなかったが、二十二年ぶりに銃を担って、部隊教練にも加わった。肩は忠実に銃の重みをおぼえていた。行動の苦難を共にすると、とたんに人間の間の殻が破れて、文句を云わせない親しみが生ずるのは、ほとんど年齢と関わりがない。私は実に久々に、昼食後の座学の時間の耐えられない眠さを、その古い校舎の窓外の青葉のかがやきを、隣席の友人の居眠りから突然さめて照れくさそうにこちらへ受ける微笑みを味わった。(以下略)」

久留米幹部候補生学校での一週間の訓練ののち御殿場富士学校滝ヶ原普通科新隊員教育隊、さらに五月二十五日から二十七日までは習志野空挺部隊に移った。

本州最大といわれる御殿場の演習場は日清戦争後の軍拡政策のなかで実弾射撃場として出

していた。

発した。三島が入校する富士学校は一九五四（昭和二十九）年に開校し、普通科（歩兵）、機甲科（戦車及び偵察）、特科（野戦砲兵）をそれぞれ設けた。三島がそこへ入隊した頃はベトナム戦争の激化に伴い、米第三海兵隊が出撃演習場として実戦さながらの訓練を連日展開していた。

姫桜の満開ななかにまだ冠雪をいただいた、白馬のように凛とした富士山を仰ぎながら三島は若い幹部連中と戦車の操縦を実際に行なう。あるいは小銃、天幕、円匙《えんぴ》を背負っての完全武装で草原、山道、渡河の行軍そして野営。富士学校では歩兵としての基礎訓練をたたき込まれた。そこではノーベル賞候補作家という地位も肩書も通用しない、平岡という名の一隊員にすぎなかった。

習志野では基礎登攀や降下。くらむような急流をはるか眼下にみながら一本のロープを伝って崖から崖へと渡る「水兵渡り」などレンジャー部隊員に必須な訓練を積む。そのなかで三島は、「レインジャー訓練は、要するに腕力と脚力と耐久力ないし疲労回復力の勝負である」ことを身をもって知るのだ。

かくして四六日間にわたる自衛隊体験入隊は無事終了したが四十二歳と盛りもすぎ、壮年の部類に入ろうかという肉体には、いかに鞭打ち、叱咤激励をとばそうともさだめし過酷であったに違いない。この体験入隊はしかしいくつかの大いなる教訓ないしは自信を三島に発見させたことでかけがえのないものだった。教訓ということについていえば、自衛隊こそまさしく文と武を二つながらにそなえもった男の集団であることを実体験できたことであり、自信という点についていえば、この体験入隊を通じてそれまでの虚弱体質が完全に克服されたことを証明したことだろう。

三島の幼年時代はじつに不自然な環境のなかで成長したといっていい。それはまず祖母の手で養育されたという点だ。

いささか病的でヒステリックな祖母は実母から三島を奪いとり、自分の手元から離さなかった。それは可愛い孫というよりむしろペット、愛玩としての接し方のようであった。よほどのことでもないかぎり外出も許さなかった。それぐらいだから遊びといえば家の中でやれるもの以外認められず、しかもそれはオハジキとかママゴト、折り紙といったおよそ男児らしからぬ遊びに限定された。男の子と遊ぶのは危険、外出は体に悪い、という理由で祖母は遊び相手も年上の少女を選んだ。

一日中うす暗い部屋で年上の少女を相手に折り紙やオハジキでたわむれ、そのうえ病がちでひどい癇癪もちの祖母の監視下におかれ、実母と接する機会といえば授乳時だけという不正常な家庭環境と家族関係のなかで成長した三島は神経質で、感受性ばかりが鋭くなったいわばいびつな少年になった。当節風にいえばモヤシッ子に育てられた三島は腕白というにはほど遠く、家族や賄婦などに神経を払うという妙に大人びたところさえあった。自家中毒をしょっちゅうおこしては医者を悩まし、虚弱体質は同級生たちから〝青ビョウタン〟〝しらっ子〟とあだ名され、からかわれる所以にもなった。

学習院中等科では乗馬が正課になっていたが、なにしろのべつ落馬し、軍事教練の野外演習ともなると、突撃っ、と号令がかかっただけで卒倒するというひ弱さだった。

「軍事教練は毎日あり、年に何回かは富士の裾野や戸山ヶ原で演習がありました。三八式歩兵銃は目方が四キロ近くあり、あまり背の高くない平岡が銃を担っている姿は痛々しいほどでした。ダウンこそしませんでしたがいかにも頼りなげで……」

三島の教師であった清水文雄もこう三島のもろさを認めている。

一人前の男子としての失格は徴兵検査での不合格で決定的であった。一九四五年二月、三島は父にともなわれて本籍地の兵庫県志方町へ向かった。そこは祖父平岡定太郎の出身地である。

身長一五〇センチ以上、身体剛健な者は甲種、それに次ぐものは第一乙種、さらに第二乙種。三島は、検査の結果第二乙種であった。ところが入隊検査において、軍医から「ラッセルがひどく、結核の二期と思われる」という診断が下され、結局不合格となって即刻帰宅する。じつは、しかしこれは軍医の誤診だった。帰宅後ある医師にくわしい診察を依頼したところ単なる風邪からくる高熱で、肺には特別異常が認められないことが判明した。

ともあれ、公威といかにも男性的な、逞しい名とは似ても似つかぬ女性のような育てられ方は三島の人格形成にもさまざまな影響をおよぼしたに違いない。後年彼は『鏡子の家』『禁色』『太陽と鉄』などの作品で肉体へのかぎりない憧憬を描いているが、自由奔放に、屈託なく行動する級友らに憧憬をおぼえ、憧憬はしだいに肉体のかぎりない躍動を誇示してやまぬ青年への嫉妬、不信、嫌悪を三島に抱かせるようになる。

三島の肉体的コンプレックスは生涯抜きがたくついてまわった桎梏《しっこく》であった。桎梏はしたがって彼にときとして肉体に対する異常なまでの羨望、願望、崇拝、賛美を呼びさまし、肉体的ナルシシズムからしだいにフェティシズムへと彼の美意識も高められていく。

肉体はだが三島にとって精神（認識）との最大の矛盾の震源地でもあった。つまり行為、生活、現実という日常的な肉体的価値と創造、認識、芸術という非日常的な精神的価値の乖離をいかに等価値的に止揚するか、それも彼の生涯のテーマであった。「文武両道」「知行一致」の論理はここから出発していた。それがやがて自衛隊の体験入隊となり、祖国防衛隊構想、楯の会結成へとつながってゆく。

三島は三十歳にいたってついに肉体への刮目すべき体験をする。ボディービルをはじめたのだ。毎週一回のジム通いをはじめるのだが、この肉体の開眼にきっかけを与えたのは宮崎清隆との出会いであった。宮崎は元憲兵曹長で『憲兵』なる自著をものにしていた。

それが三島の目にとまり、作品紹介をしたのを機に二人は対面した。柔道四段、剣道三段はいかにも旧軍人の風格をそなえている。歴戦中に負ったという刀傷はそうした宮崎憲兵曹長の無形の勲章でもあった。宮崎という古武士《ふるつわもの》に三島はたちまち惚れこんでいく。強靭な肉体をもった男への憧憬に火がついたのだ。以来剣道、ボクシング、空手とつづく。

この間には川端康成の媒酌で杉山瑤子と結婚。外では安保条約をめぐって騒然としていた。そだが三島はそうした社会の動きとは無縁なところでひたすら肉体の鍛錬に没頭していた。そして剣道は五段、空手と居合は初段と三島は段位保持者になる。格闘技は三島の肉体の数千数億個という細胞をその三〇年の惰眠からたたき起こすものとなった。

なにしろ魚といえば〝青い肌の魚〟は禁じられていたからヒラメやカレイ以外知らず、おやつにしろモチ菓子はだめといわれてビスケット、ウエハースなど歯ごたえなどまるでないものばかり与えられていた。食べ物も玩具も遊び相手も、まるで男であることが罪悪であるかのように祖母に躾けられた三島は精神的には完全に去勢されたも同然だった。

しかし突如、肉体の開眼は三〇年間宿りつづけていた隠微な因習や習癖から肉体と精神を一気に解放し、汗まみれになって躍動しようとするその行動の歓喜を存分に味わいさせてくれるものだった。矢継ぎ早にはじめた格闘技のおかげで三島の肉体はめきめき鍛えあげられていった。親しい友人には「どうだい、この身体のちがい」と、裸体をさかんに誇示してみせた。そして彼は、自分が死んだら墓のかわりに裸体のブロンズ像を建ててほしいとまで本気で言うのである。

自衛隊の四六日間にわたる初の体験入隊は、年来の課題であった文と武の合一を本来の目的にしていたが、行動において図らずも肉体的コンプレックスを完全に克服しきれたという望外の副産物も三島にもたらした。「……しかし私には、まだまだ青年に負けぬ体力があり――四十二歳という年齢は、英雄たるにはまだ辛うじて間に合う年齢線」(「年頭の迷い」)であることを実証してみせた。

習志野空挺部隊を五月二十七日に除隊するや三島はかねてからの腹案であった〝祖国防衛隊構想〟の実現化に乗り出した。

祖国防衛隊は現在の自衛隊のような少数の志願兵だけにたよっていてはだめだ、広汎な国民みずからの手で構築されなければ、そのためにおれは民兵組織をつくるのだ――三島のこの持論は、祖国防衛隊構想の本質が間接侵略、つまり国内の左翼勢力の武力革命の対抗措置として存在することとあわせ緊迫の度を日増しに深める政治状況のなかでいよいよ説得力あるものになっていった。

慶応大学の授業料値上げ反対に端を発した大学紛争は他大学へ次々と波及するにつれて混迷化し、早大紛争にいたってついに、単なる学内問題の枠を飛び越えて政治的イデオロギー的闘争へと変貌していった。

他方国会に目を転じれば、日韓両国の民主勢力の反対を押し切り、流血と騒乱の渦巻くなかで行なわれた「日韓基本条約」（一九六五年六月）に調印したことでひとまずハードルをクリアした佐藤内閣は、次なる外交の主眼に沖縄返還問題をおいた。それを片付けることで佐藤首相は外交政策の総仕上げをはかる腹づもりだった。この布石であった、一九六七年六月の韓国訪問、九月の台湾訪問、これに引き続く九月下旬から十月上旬にかけての東南アジア・南太平洋諸国の歴訪は。

これと連動して左翼側の動きも一段と活発になる。八月、新左翼系各派と労働組合、市民団体等によって米軍の軍事物資輸送反対闘争が組まれ、新宿駅構内では燃料輸送貨車が炎上するという事件が発生した。十月八日、アメリカの南ベトナム介入を支持すべく二度目の東南アジア歴訪の途につく佐藤首相の羽田出発を阻止しようとして反対派各セクトは空港周辺に集結し機動隊と衝突。警備車輛一台炎上、学生側逮捕者五八名、そしてついには犠牲者が出た。京大生山崎博昭の死亡である（第一次羽田闘争）。そして十一月十二日、「国民の願望とわが国の安全保障上の冷厳な要請をいかに調和させるか」という重大な議題を背負って佐藤は、ワシントンで開かれるジョンソンとの会談に臨むためまたしても空路羽田を発った。再び機動隊、反代々木系デモ隊双方で激突が展開された（第二次羽田闘争）。

このころ防衛庁内部でも三年後の安保条約改定を見越して反対運動の高揚を憂慮する声が出はじめ、治安出動を想定した訓練がひそかに行なわれていた。

ヘルメットにゲバ棒、手に入るものならことごとく武器にかえ、機動隊と連日のように激突をくりひろげる反代々木系学生らのゲバルトには市民生活の混乱、社会秩序の破壊、さらには自由主義体制そのものの存在すら揺るがしかねないものがあった。隣の中国では文化大革命の嵐が吹き、〝造反有理〟〝自力更生〟を掲げ紅衛兵という名の青年たちが旧思想に転換を加える先頭に立っていた。

内外のこうした暴力的な反体制運動に強い危機感と憤りを三島は抱いていた。三島は左からの共産主義革命に対し右からの民族主義反革命勢力の、すなわち民間人による祖国防衛隊の構築が急務であることを痛切に感じていた。三島の民防構想に強いインパクトを与えたのは、じつはある一群の青年たちとの邂逅であった。この青年たちとの出会いはしかも三島に文壇からの訣別を決断させ、自らが青年の一群に立つことを決意させた。それは三島自身「年頭の迷い」で披瀝してみせた宣言どおり、西郷隆盛の意気に共振し、決然と英雄の道を求めさせるものであった。

三　民族派青年たちとの邂逅

一群の青年とは『論争ジャーナル』のメンバーである。『論争ジャーナル』という月刊で出発したこの雑誌は社長兼編集長中辻和彦、副編集長万代洌嗣らが主体となって一九六七年一月創刊された。四階建てのビルの一室（東京都中央区銀座八の四の二一　小鍛冶ビル　育誠社）にデスクをかまえた小さな雑誌社は誕生も若いがスタッフも二十代半ばと若かった。若さは行動力と情熱、それにもましてあらゆる可能性を有している。しかし反面資金、人脈、経験というものには欠けた。営利企業であるかぎりこの欠点は致命的である。二人は各方面に支援者を求めて駆けまわっていた。この過程であった、万代が三島を訪問するのは。さいわい彼らには田中清玄、御手洗辰雄、村尾次郎といった著名人がバックアップを買って出ていた。青年たちのひたむきな心意気に共感を覚えてのことであったかもしれない。がそれ以上に、左翼主流の言論界ジャーナリズムにあって唯一民族派の旗色を鮮明にした『論争ジャーナル』の出現は一石も二石も投ずるものであり、その意味から彼らにとっても大いに期待するところであったに違いない。事実、誌面には左に対して右を自他共に認める文化人、評論家、大学教授、文学者がぞくぞく登場し、その拠って立つところを展開していた。

この雑誌が、同じ商業雑誌でありながら他のそれと大いに異なるところは政論を主体にしている点と無名の青年や学生を誌面にしばしば登場させている点だ。「投書論争」という欄を設け、読者の、とくに若い読者の声を掲載し、それをもとに読者同士が自由に意見をたたかわすというものだ。

いかにも青年編集長の斬新さを思わせるユニークな企画だが、民族派陣営にいま何が欠けているか、そのことに腐心していた中辻、万代の二人は、長いあいだオピニオンリーダーとしての雑誌出版の必要性を痛感していた。大学卒業後いったんはサラリーマン生活に入ったもののその思いは断ちがたく、当初の計画どおり出版活動に踏み切った。二人とも明治学院大学卒業、そのうえ中辻は大阪、万代は岡山県と関西出身であった。しかも二人は戦前の皇国史観で〝平泉学派〟を確立した平泉澄の門下生である。

〝六〇年安保以後の日本の虚像〟に言論をもって思想界言論界に挑戦するという認識を核として世に問うた『論争ジャーナル』のデビューは、また、価値観の混迷化、多様化に翻弄され、向かうところを知らぬ現代社会に〝戦後派世代〟からの提言を投げかける、その担い手としての一翼も負うものであった。

「……戦前、戦中派の諸先輩が、あらゆる角度から現代の若者の苦悩を分析し、解明し、定義づけしても、それは表面的なものであってわれわれ戦後派世代にとっては決して納得のいくものではない。結局われわれ戦後派は体験を通した自らの手で、あらゆるものを解明していく以外に道はないでしょう。この意味に於いて論争ジャーナルを創刊致しました」

創刊号の、編集デスクのこの編集子の言葉こそ『論争ジャーナル』が不特定多数の読者に行ったメッセージであったろう。

万代が馬込に三島由紀夫を訪ねるのは林房雄の紹介からだ。万代と林の関係は、林の自著『悲しみの琴』によると、小沢開策（満州青年連盟の創立メンバー。征爾は子息）が二人の仲介役になっている。

「――君に紹介したい青年たちがいるといった。それが後の『論争ジャーナル』グループで、B君の名は出なかったと思うが、関西出身のNという青年が中心で、彼は敗戦日本の立てなおしを志し、せっかく就職した会社を辞め、少数の同志とともに学生に働きかけ、青年自身の力を集めて、いずれ小新聞か小雑誌を出すことを計画している。どこからの援助も受けず、同志と共に土工の仕事や廃品回収などを行って最低の生活の甘んじつつ着実に運動を進めている〝感心な連中〟だと語る小沢氏の頬は北京時代のように紅潮していた。私も感激した。私もまた、そういう青年の出現を待望し、もうそろそろ出て来てもいい頃だと思っていた一人であったのだ」

出現を待望していた林には、万代らがこれから開始しようとしている計画はまさにその期待に値するものであったに違いない。だからこそである、やたらには書かない紹介状を書いたのは。万代は林からもらった紹介状を携え、三島に直接面会を求めた。

林と三島の親交は終戦直後に遡るというから長い。林の作品を読んだことは一度もなかったが、三島には気になる作家だった。そこで三島は訪ねる気になった。

当時林は「新夕刊」という新聞を一人でまかされていた。これには児玉誉士夫、高源重吉などいわゆる児玉機関が裏側で支え、右翼系の新聞だった。

社屋は浜松町にあった。焼け野原にぽつんと残った、もとは銭湯屋だったというその古びたビルを三島は訪ねるのだが、編集室へ行くと林は一人で酒を呑んでいて、すでに相当酩酊状態にあったという。そして帰りがけには、ろくにガラスもない、枠だけの三階の裏窓から林は長々と放尿していたという。

三島にとって万代の来訪は、それまでの青年観に転換を迫られたのみかその後の人生さえも決定づけられるという、それほど運命的な対面であった。

元来三島は青年嫌いであった。小説のなかではしばしば青年男女を主人公に登場させているがそれはあくまでも小説というフィクションの世界のことであり、ましてその青年たちは作者がもっとも理想化したいうなれば偶像である。生身の青年は「たえざる感情の不均衡、鼻持ちならぬ己惚れとその裏返しにすぎぬ大袈裟な自己嫌悪、誇大妄想と無力感、何の裏附けもない自恃と、人に軽んじられはせぬかといふ不安と恐怖、わけのわからない焦躁、わけのわからない怒り——要するに感情のゴミタメである」(「青年について」『論争ジャーナル』一九六七年十月号)ようなもどかしさを抱いているため、嫌悪の対象以外のなにものでもなかった。

にもかかわらず三島のそれまでの青年嫌いをあっさりと放棄させた万代との邂逅とはいかなるものであったのか。白無垢の稽古着姿の三島が、佩刀を抜きはなった瞬間を写真でとらえたそれとともに載った『論争ジャーナル』の「青年について」から再びその告白をきこう。

「ところが、一年足らず前、私に革命的な変化を起こさせる事件があった。忘れもしない、それは昭和四十一年十二月十九日の、冬の雨の暗い午後のことである。林房雄氏の紹介で、『論争ジャーナル』編集部の万代氏が訪ねて来た。私はこの初対面の青年が訥々と語る言葉をきいた。一群の青年たちが、いかなる党派にも属さず、純粋な意気で、日本の歪みを正そうと思ひ立って、固く団結を誓ひ、苦労を重ねて来た物語りをきくうちに、私の中に、いはじめて妙な虫が動いてきた。青年の内面に感動することなどありえやうのない私が、いつのまにか感動してゐたのである。私は万代氏の話におどろく以上に、そんな自分におどろいた」

以来、万代、中辻らは三日にあげず足繁く三島を訪ねる。辞去するときも次回の訪問をかならず約束してゆく。会うごとにそして彼らの緊密度は深まった。会えばときの経過を忘れるほどに会話は熱気を帯びた。

「『英霊の声』を書いてから、俺には磯部一等主計の霊が乗り移ったみたいな気がするんだ」と真顔で打ち明け、そして三島は書斎から日本刀を三振り持ち出してきて彼らの目の前でそれを抜き払ってみせる。

日本刀に対し一種独特の〝哲学〟が三島にはあった。端的にいえば、ひとたび鞘を払った剣はかならず相手を斬らなければならず、斬ればまた己自身もかならず自決せねばならないというそれである。

古賀浩靖被告が第七回公判の席で行なった、「日本刀はどのようなときに使うのか」という櫛淵裁判長の問いに対し、「日本刀は武士の魂。相手を斬ったり、傷つけるだけでなく、自分も斬る。国を鎮め、世を治めるために使う」との陳述は、三島の日本刀と武士道精神のありようを代弁したものといえよう。

ともあれこのときも三島は、万代らに「刀というものは鑑賞するものではない。生きているものだ。この生きた刀によって、六〇年安保における知識人の欺瞞をえぐらなければならない」と言い、武器は日本刀でなければならないことを教えている。つまり日本刀のなかに武士道精神、すなわち魂と武器の結合を三島はみたのである。

戦後民主主義体制のもとに生まれ、そして成長した戦後派世代から再度その戦後民主主義体制を問い直すとはいかなることか。あるいは民族派青年学生運動の展望とは、天皇制とは、憲法とは……。現代における複雑多岐なこうした問題を青年の立場から問おうとする彼らの真摯な態度は、三島の深い共感を呼ぶところだった。

「俺の生きている間はきみたちの雑誌には原稿料なしで書くことを約束しよう」

彼らの〝無私〟に喝采を送ったうえ、三島は破格の約束をするのだ。ここにはすでに青年嫌いで通してきた彼の姿はない。そしてその約束は寄稿、座談会というかたちをとりながら、〝売らんがため、儲けんがためより、次代を担う、われわれ青年の明日へのビジョンを求めて〟誕生した『論争ジャーナル』のなかではたされていく。

こうして三人が高い道義心で結ばれるのにそう多くの時間は要しなかった。ところがこの道義心も数年後には崩壊し、両者には癒しがたい憎悪だけが残るという結末を生む。

ともあれ、この時期もうひとり三島のもとを訪れる青年がいた。名は持丸博といい早稲田大学政経学部に通う学生である。

持丸は日文研のリーダーである一方日学同の結成と同時に中央執行委員となり、日本学生新聞が創刊されるや宮崎正弘らと編集を担当した。のちに日文研から斎藤英俊、宮崎正弘、森田必勝、大石晃嗣、武井宗行らが分裂し、文化サークル的日文研のあり方に満足できぬという理由からより政治的な方向を目指していった。そこで結成されたのが早大国防部である。これによって早大の民族派内部にはこの国防部と日文研、つまり斎藤グループと持丸グループの二派が形成される。持丸グループには金子弘道、倉持清、伊藤好雄、新堀喜久、宮沢章友、阿部勉らのちに楯の会の中枢部を担うメンバーが参加していた。

ちなみに楯の会の会員に茨城県出身者は多い。それは学生長であった持丸が茨城県岩間町出身だったせいだ。具体的に姓だけあげると以下の会員がそうだ。石沢、菅谷、会沢、新堀、持丸、金子、西尾、倉持、篠原、塙。

尊皇攘夷思想のメッカ水戸にあって、水戸一高といえば文字どおり〝水戸学〟の学風と〝水戸っぽ〟の気風をなによりも誇りにする。そこを卒業するが、そのころには持丸もいっぱしの右翼青年になっていた。しかし持丸をより強く右傾化させたのは、第一次安保闘争で見せた左翼陣営の「数」と「集団」、それとはまったく対照的な山口二矢のテロル事件という、この二つの出来事であった。

早稲田進学を機に持丸は独自のサークルをつくり、その部長におさまった。けれど一方で彼は北品川にあった「青々塾」へも通っていた。その塾は平泉学派に薫陶を受けた青年学生らが、それを現代に継承しようと集まってつくられたものだ。この塾でであった、持丸が万代や中辻らと出会うのは。

青々塾にはほかに宮沢章友、伊藤好雄たちも門下生として来ていた。けれどやがてこのメンバーは塾を去ってゆく。旧態依然たる戦前の皇国史観から一歩も脱しきれない硬直した塾の姿勢に疑問をもったからだ。

のちに日文研から楯の会に活動の比重を移してからも持丸グループは隠然たる力をもっていた。これは持丸のイデオローグとしての影響力がどれほどのものであったかを知るうえで見逃せない。かつて持丸とともに日学同運動に携わり、のちに離反するある人物に私は取材をしたが、「高みにいて、あの人（持丸）はけっして（運動の）前面には立たない人なんです」という証言をその人物はされていた。事実三島も、のちに楯の会の方向性や将来性をめぐって考え方の違いから持丸と対立を生むが、そうしたとき決まって「平泉学派の連中は、俺たちが目指そうとする方向の阻害要因になっている」と嘆いたものだ。

見逃せない点といえばもう一つある。というのは楯の会は、のちにみるように森田必勝率いる十二社グループと阿部勉率いる尚史会グループの二派に分かれる。かといって両派は醜い派閥闘争を演じるわけではない。むしろなごやかな関係であった。ただし十二社グループが武闘派を志向したのに対し、尚史会グループはよりラジカルな方向を志向したという違いはあった。

その尚史会こそ、持丸が主宰した日文研のあとを継承するものであった。しかもリーダーの阿部勉はこれまた水戸出身で五・一五事件では自分が率いる愛郷塾の青年と決死隊を組織するなど、首謀者の一人として事件に連座する橘孝三郎に薫陶を受けていた。

三島とのコンタクトがとれたのを機に持丸はしばしばそのもとを訪ね、日本学生新聞への寄稿も依頼した。そこで寄せられたのが「本当の青年の声を」である。

二人の関係は密接になるにしたがって学生と作家という枠を越え、むしろそうした社会的肩書きをとり払った、「おい、おまえ」と呼び合う同志的つながりにまで深まる。やがて持丸は三島の片腕としてなくてはならない存在となり、祖国防衛隊構想にしろ楯の会会員募集にしろ彼がいたればこそ実を結んでいく。

『論争ジャーナル』グループ以外にも一群の青年がいた。日学同の面々だ。持丸をパイプ役として、日学同へも、三島についての情報は逐一伝えられていた。

このころ日学同早大支部では、それまで主流派だった日文研から分かれ、学生の立場からより積極的に日本の防衛問題にアプローチしようという試みから新たに早大国防部が斎藤英俊を中心に創設された。

〝戦後初めて〟と某週刊誌に評された国防部の誕生には三島も注目していた。斎藤は特別寄稿というかたちで『論争ジャーナル』誌上に改憲問題を論じたが、それを目にとめた三島は「現代にこのような崇高な志しをもった青年がいたとはまさに心強いかぎりだ」と賞賛を与えたものだ。

改憲問題についての明確な解答を三島は持っていなかった。だから某週刊誌のインタビューにおいても、「……少なくとも私は、いまの段階では憲法改正は必要ではないという考えに傾いています。というのは、憲法改正に要する膨大な政治的、社会的なエネルギーの損失を考えるなら、それを別のところに使うべきだと思うから」と答えている。

三島が改憲論者に移行するのは斎藤論文に触れたのちだ。三島がのちに発表する「問題提起（日本国憲法）」は、しかもこの斎藤論文を敷衍したものといえる。

ところで斎藤の改憲論文とはどのようなものかといえば要点をあげるとつまりこうだ。

〈現憲法は旧敵国が原案を作成し、銃剣の力を背景にそれを被占領国民に押しつけたものであり、日本人が自主的に制定したものではない。しかもそれは憲法という名に値しない占領基本法である。現憲法の唱える平和主義、自由主義、主権在民の理念は幼稚な発想であり、少女趣味の域を脱しない。その理由は前文の「平和を愛する諸国民の公正と信義に依頼して」ということ自体事実認識の過ちをおかしているからだ。その最たるものが第九条の戦争放棄である。独立国であるかぎり無防備であってよいという理論は成立しない〉

「――アメリカの低級さと、敗戦日本国民精神の卑屈さとを象徴する記念塔として今も厳然として日本国民の頭上にそびえる現憲法」こそ欠陥だらけであり、平和どころか亡国憲法と論断し、明治憲法の復活を斎藤は希求するのだ。

一年前の今頃は砂をかむような味気ない浪人生活に鬱々としていた森田も、一年後には国防部の有力な一員としてオルグ活動に余念がない日々がつづいていた。新入生の女子生徒に勧誘の声をかければ「あなた右翼なの?」と逆に訝しがられて腐る。そうかと思えば資金捻出に、苦肉の策として入試の合否電報の受付けを国防部でもやろうとなり、その場所確保のため寒風のなか徹夜で待機するなど組織活動はけっして平坦ではなかった。けれどそれだけにかえって努力のし甲斐もあったに違いない。活動家間の符牒のような専門用語にとまどい、そしてその用語を自在にあやつる彼らを羨望し、そのような活動家に自分もはやくなりきりたいと憧れたその姿もすでに過去のこととなった。かわって今は、オルガナイザーとして他の大学へも情宣活動に走りまわっている。

それは功を奏して日学同支部は中央大、日大、一橋大、亜細亜大、明治学院大、お茶の水大、大東文化大、明大、東大と都内主要大学に急速に拡大していった。早大国防部こそこれら日学同運動の中核をなす実践部隊であった。そしてその先頭に立っていたのが森田だ。

森田の耳にも三島にまつわる話題とともに祖国防衛隊構想についてもとどいていた。そしてやがて早大国防部のメンバーは、三島をコネクションとして習志野空挺部隊、さらに北海道恵庭基地へ体験入隊し、祖国防衛隊構想の実現化に向けた地ならしを開始する。

四　祖国防衛隊構想

一群の民族派青年との邂逅はいかに三島を勇気づけたか。それは祖国防衛隊構想をそれまでのペーパープランから脱し、武装集団としての実戦部隊に拍車がかかったことで示されよう。

四六日間の隠密裡に行なった自衛隊体験入隊は、三島に民防の必要性をますます痛感させた。直接あるいは間接を問わずあらゆる形態の侵略を想定した場合、長大な海岸線をもち、四方を外国に取り囲まれた、侵略するにはこれほどたやすい国に陸上自衛隊一七、八万足らずの現有勢力で国土防衛の任務が完璧に担えるかといえばそれは至難の業にひとしい、ということを三島は実感し、はたして「日本はこれでいいのか」という思いに至るのだった。

祖国防衛隊構想は持丸博をパイプ役として日学同へも伝えられていた。日学同も、のちには三島の〝私兵〟という偏狭なイメージ、長期的、持久的展望を無視した急進主義的行動一点張りに対する疑問から離反するが、この時点では基本的にこの構想に賛意を表明していた。その一環として国防部メンバーによる体験入隊が準備された。

メンバー全員頭髪を短くしたうえ学生服に統一し、〝早大国防部〟と墨書きしたノボリを掲げ、習志野空挺部隊へ八日間、北海道北恵庭戦車部隊へ七日間、体験入隊はかくして実施された。

北恵庭といえば「恵庭事件」の舞台になったところだ。札幌市郊外の陸上自衛隊松島演習場の一角に住む酪農家野崎健美・美晴兄弟は実弾演習、爆撃演習等によって牛が狂奔死したり、早・流産、受胎率の低下、乳量の減少など被害がいちじるしくなったのを理由に恵庭町役場、防衛庁調達局に善処を再三にわたって求めていたがそのつど門前払いで相手にされず話し合いは進展しなかった。

それに業を煮やした野崎兄弟は、航空自衛隊のジェット演習では標的をはずして座り込みの実力行動をし（一九五八年夏）、さらに砲爆弾の演習に抗議して砲弾の着弾地点等との連絡用の電話ケーブル七ヵ所をペンチで切断するという行動に出た（一九六二年冬）。

そもそもこれが「恵庭事件」の発端だが、これに対し札幌地検は自衛隊法一二一条（防衛用器物損壊罪）で起訴したのである。翌一九六三年九月から開始された公判は以後四〇回にわたって開かれた。その間には自衛隊の違憲合憲の論議が交わされるなど紆余曲折を経ながらも、一九六七年三月札幌地裁は被告らが切断した電話ケーブルは自衛隊法第一二一条でいう「防衛の用に供するものではない」として、野崎兄弟に無罪を言い渡した。

そうした直後の恵庭基地に持丸、斎藤、平山、森田、宮崎、伊藤など一二名の早大国防部メンバーは乗り込んだ。

当初、三島の仲介ということもあって学生を航空自衛隊さし回しの飛行機で輸送してもよいというような景気のよい話も出て、一時それを本気に受けとった者もいた。けれどこの話は結局学生を嬉しがらせただけで消滅した。

とはいえ、ここでの訓練は総じて楽しいものであったらしい。とりわけ北海道という広大な原野を舞台にして一日中戦車を操って思いっきり駆けめぐるのは爽快このうえなく、彼らにとって何より印象深かった。

なかでも森田は大自然のなかで野ウサギを追いかけるなど剽軽な一面をみせたり、地平線の彼方に沈む赤い夕日から檀一雄著『夕陽と拳銃』を連想し主人公伊達麟之助の心境に自分のそれを重ね合わせるなどの感慨にたっぷりとひたる。そこでの体験はさらに森田にいくつかの示唆に富む教訓を与えてくれた。まず統制と規律にもとづいた生活はじつにリズミカルであり心身の健康に最適であること、各種訓練を通じて国防意識を肌身で実感し、祖国愛、同胞愛に目覚めたことだ。

反面しかし、失望も隠せなかった。国防の気概に欠け、自衛官は転職に有利、あるいは大型や特殊免許が簡単にとれるなど功利面から入隊し、そこからくる士気の低さ、サラリーマン化、自衛隊の存否にかかわる憲法第九条に対する態度の曖昧さ等々だ。

ともあれ、三島の民防構想を持丸から伝えられたとき、二〇〇名からの兵士を擁する私設大隊を指揮してヨーロッパ各地を転戦したヘミングウェーを想起して、「ペダンチックな三島さんが私兵軍団をつくるとはヘミングウェーみたいだね」「あのキザな三島さんがそんなことを考えるなんて、なんかチグハグな感じがしないでもない」と揶揄した森田だった。ところが一週間にわたる体験入隊はそうした認識に変革を与えたうえに、小中高大の学生を含めた国民全員が夏休みの一定期間体験入隊を体験し、自衛隊の存在と国防の意義について理解を深めさせる必要があると言わせ、それを担う者として一朝事あらば一丸となって「我々は民族戦線の前線に立たなければならない」という決意をも固めさせるのである。

一朝事あらば、とはとりも直さず民族の危機存亡をさす。そしてその存亡を脅かす敵は何かといえばソ連であり中国であり共産主義思想である。森田が「前線」に立つということはしたがってその外敵から自国を守るということだ。そして〝守る〟とは民族であり国家であらなければならなかった。だから外敵は必ずしもソ・中のみに限らない。米・英等でもあり、そこからもたらされる西欧型民主主義でもある。つまりこのころの森田の思想の中には反共のみか攘夷思想もはっきりと芽生えていたのだ。

三島の祖国防衛隊構想がいよいよ急務なることを学生に悟らせるのにこの体験入隊は奏功した。一方三島も、学生たちが、自衛隊員も脱帽するほどの訓練を無事やりおおしたことで構想の着手に一段と自信を得た。

村松剛から送られたメスメル・フランス国防相が発表した抵抗パルチザンの恒常的民兵組織化と、少数精鋭化された正規軍との有機的結合体を研究した論文をヒントに三島は、このほかノルウェー、カナダ、スイス、中国、イギリス等の民兵制度に着目した。そこから三島は民兵組織の長所と短所を抽出し、いかにそれを日本の実情に合致させるか比較検討を加えつつ日本が将来民兵制度を採用した場合に勘案される基本的条件、ならびに疑問点に対し以下のような結論を導き出している。

「日本の伝統と歴史を破壊することでわれわれがもっとも恐れる共産革命の、その武装蜂起が間接侵略の第一段階をなすとするならば、民兵制度にともなう問題点はつまり『いかにして志操堅固な者のみに武器を携行させせうるか』、という問題をどう解決するか、である」

では志操堅固とはいかなるものか。三島はさらに言う。

「外敵の思想的侵略を受け容れぬ鞏固な国民精神であると共に、民族主義の仮面を巧妙にかぶったインターナショナリズムにだまされない知的見識であり、又、有事即応の不退転の決意でなければなりません――不退転の決意とは何か？　すなわち、国民自らが一朝事あらば剣を執って、国の歴史と伝統を守る決意であり、自ら国を守らんとする気魄」である、と。

そこで三島は、「民兵という言葉はみすぼらしく魅力的ではないので、われわれは『祖国防衛隊』という言葉を使う」ことにし、この民兵組織に正式名を冠した。民兵の主軸になるのが「祖国防衛隊」であり、成員が将校団の核をなす。

さて、では祖国防衛隊とはいったいどのような性格のものなのか、という疑問がここにわく。その疑問に三島はタイプ印刷された小冊子『祖国防衛隊はなぜ必要か』で答えている。

「戦後平和日本の安寧になれて、国民精神は弛緩し、一方、偏向教育によってイデオロギッシュな非武装平和論を叩き込まれた青年たちは、ひたすら祖国の問題から逃避して遊惰な自己満足に耽る者、勉学にはいそしむが政治的無関心の殻にとぢこもる者、『平和を守れ』と称して体制を転覆せんとする革命運動に専念する者の、ほぼ三種類に分けられるにいたりました」の冒頭ではじまるそれは、一九六〇年の安保闘争以降青年層の一部に「日本はこれでいいのか」という深刻な反省が生まれ、そのうえに立って今日日本が経済繁栄のみを追うあまり喪失した国民精神、民族的エネルギーの蘇生を真摯に考える一群が生まれるに至ったと解説する。

それらを踏まえて言論活動等文化面から国家の尊厳の失地回復に邁進してきた。だが、文化面からのそれには自ずと限界があった。とくに新左翼というよりラジカルな党派による共産化への懸念が一層強まるなかではむしろ無力でさえあり、民間人による防衛隊構築はいよいよ焦眉の急。そこで三島は「核戦争時代といわれる新時代に入って戦争はいよいよ高度に技術化され軍隊に委ねられるという概念が一般化した。がベトナム戦争でみる人民戦争の様相はその概念を見事に覆し、かならずしもテクノクラートの軍隊でなくとも通常兵器を以て国防に参与でき得る余地があることを明らかに」する。

翻って日本の現状をみた場合、もっとも危険視すべきは〝間接侵略〟である、と訴える。間接侵略とは共産主義勢力の自由主義陣営に対して行なう思想戦、宣伝戦、諜報戦をいい、それらを以て内乱状態、さらに武装蜂起を企図することをいうと三島は規定した。

こうした闘争形態は一様ではなく、非合法・合法の両面を巧みに使い分け、千変万化する。

あらゆるそうした戦略戦術に即応するためには単に自衛隊の武力のみではフォローしきれない。したがってそこに、「外敵の思想的侵略を許さぬ鞏固な国民精神、不退転の決意、一朝事あらば剣を執って国の歴史と伝統を死守せんという気魄」を有した民兵組織の創設が重視され、ここに至って三島は「祖国防衛隊がなぜ必要か」の疑問に答え、次いで祖国防衛隊の基本理念と基本的綱領を明確にした。まず前者だが、この理念はのちの楯の会でも継承されている。

一、祖国防衛隊は民兵を以て組織し、有事の際の動員に備え、年一回以上の訓練教育を受ける義務を負う。

一、民兵は志願制とし、成年以上の男子にして年齢を問わず、体格検査、体力検定に合格したる者にして、前科なき者を採用する。

一、隊員の雇用主は、隊員訓練期間の有給休暇を与える義務を負う。隊員は原則として俸給を支給せず。

一、隊員はこれを幹部と兵とに分け、幹部教育には、年一ヶ月、兵には年一週間の特殊短期訓練を施す。

一、隊員には制服を支給する。

概ね、右のとおりでありますが、無給である以上、隊員には強い国防意識と栄光と自恃の念の養成が必要とされます。又、まだ法制化を急ぐ段階ではありませんから、純然たる民間団体として民族資本の協力に仰ぐの他はなく、一方、一般公募にいたる準備段階に数年をかけ、少なくとも百人の中核体を一種の民間将校団として暗々裡に養成することが先決問題と考えられたのであります。

三島は、これによって若き同志が中核体形成の重要任務に目覚め、自ら祖国防衛隊の民間将校団の一翼を担い、一方では市民として市民生活に精励し、一方では指導者として一定数の兵員を掌握でき、祖国を安泰に導く能力をそなえた志操堅固な憂国の志に燃えた青年が養成されると宣言した。そこで後者の「綱領」である。

「祖国防衛隊は、わが国・国民及びその文化を愛し、自由にして平和な市民生活の秩序と矜りと名誉を守らんとする市民による戦士共同体である」

「われわれ祖国防衛隊は、われらの矜りと名誉の根源である人間の尊厳・文化の本質及びわが歴史の連続性を破壊する一切の武力的脅威に対しては、剣を執って立ち上がることを以て、その任務とする」

タイプ印刷によるパンフレットが出たのは一九六八年一月一日だった。これと前後して三島には特記すべき二つの出来事があった。

まず前年の十二月には茨城県・百里基地に於いて作家としては前代未聞のF104ジェット戦闘機に搭乗し、マッハ一・三、高度四万五〇〇〇フィート（約一万三〇〇〇メートル）の上空を飛行するという快挙を遂げる。そして直後には、盟友として太い絆で結ばれ、のちには楯の会に深く関与する陸上自衛隊調査学校情報教育課課長・山本舜勝一佐の訪問を受ける。

一方早大国防部は、原子力空母エンタープライズ入港反対を叫ぶ三派全学連が集結する佐世保港の現地に斎藤英俊を送り込んでいた。

第四章　「楯の会」結成

一　第一期生誕生

森田必勝にとって一九六七年後半から一九六八年前半にかかるこの時期というのは二五年間の、短くもしかし激流のように生きぬいた彼の生涯のひとつのターニングポイントとして決して無視しえない、決定的な要因を多数含むきわめて重要な時期であったことがわかる。というのは、たとえばこの期間中にはとくに重要なものだけでも日学同一周年大会があり、初の滝ヶ原富士学校での体験入隊があり、全日本学生国防会議の結成大会があり、というようにいくつかのセレモニーが相次いで開催された。それに応じて森田の身辺もそれまでにはなくあわただしさが一段と増し、しかもセレモニーごとに重要なポストに彼は位置してもいたのだ。その間には、そして絶えず闘争現場に出ていってはオルグ活動、あるいは日本学生新聞への執筆活動と活動家としての本来の任務も精力的にこなしていた。

日本学生同盟結成一周年大会は、都内主要大学をはじめ長崎大、皇学館大、京大、大分大、九州大など地方大学から五〇〇名の代議員の参加を得て十一月十一日野口英世記念館に於いて開催された。

日学同が発足したのは一年前、つまり一九六六年十一月十四日であった。慶大、早大、お茶の水大と、学費値上げ反対運動に端を発した学園紛争は拡大化、長期化するにしたがって学生側、当局側双方の対立はいよいよ抜きさしならない状態となった。そうした現状を座視できぬとして立ち上がったのがいわゆる民族派と称する学生たちであり、そこで結成されたのが日学同であった。

〝相次ぐ学園紛争の阻止・学園の正常化〟〝失われつつある民族心の回復〟〝健全なる社会秩序の樹立〟を共通認識として発足した日学同はわけても〝民族心の回復〟を運動上の主眼においた。それは結成趣意書にも色濃くにじんでいる。

「――我々は日本人として、この桜咲く美しい国土に生を受けました。我々にとって祖国はこの日本をおいて外に求める事は出来ません。数千年の輝かしい歴史と伝統を持つ日本を我々はこよなく愛し、誇りを持っております。（略）しかるに戦後二十年の風潮は過去の歴史を否定し、そして民族の魂を死滅させました。（略）輝かしい未来の建設は輝かしい歴史の復活に待たなければなりません。我々は全力をあげて断ち切られた二十年の断層を繋ぎ、全生命を投げて失われた民族の魂を復活することを決意致しました。それこそが明日の日本を築く唯一の根源であると信ずるからであります。（以下略）」

一年後の日学同は、歩みこそ緩慢だがそのぶん運動は着実に浸透し彼らの勢力分布はたとえば長崎大学教養学部、別府大学及び九州大学等の自治会掌握等に示されたように今や全国規模にまで拡大しようかとしていた。

もちろんこの間にはさまざまな紆余曲折もあった。旧態依然たる右翼壮士を気取り、明確な組織論、運動論を持たない国士館派が早々に脱退し、ついで自民党擁護派が自民党支持か否かをめぐって脱落していった。さらに生学連との確執も先鋭化している。

矛盾は内部からのものだけに限らない。全学連運動の高揚はそのまま民族派学生運動のそれにも連動した。質量ともに伸張著しい日学同には当然のこととして全左翼からの敵視、妨害、恫喝等有形無形の工作が加えられた。時には力による対決という場面もあった。

そうした難関を、だが一つ一つ克服したところに一年後の日学同はあり、そして森田は日学同の中堅幹部として〝東上する良識派自治会〟の担い手たる九州、関西地区の同志を迎えるべく準備に余念がなかった。なにしろ会場、日時、地方の代議員の接待など裏方の仕事は彼がほとんど采配したのである。この間にも日学同のチラシや新聞を抱えての他校へのオルグ活動には怠りない。右翼が一つの組織論、運動論を持つこと自体すでにそうなのだが、そのうえこうしたオルグとかビラ撒きをするなどかつて既成右翼にはなかったこととして画期的であった。

とはいえその運動論、組織論というも形式的には新左翼側が従来言ってきた先駆性理論を民族派流にアレンジしたにすぎぬという点で新左翼のそれを超えるものではない。「民族派運動の起爆剤を志向」と題する森田必勝の次の論文こそそれを如実に示したものだ。

「学生運動は社会的起爆剤としての役割を持っている。学生及び青年の行動が、連鎖反応的に運動の輪を拡げ、大きな力へと成長させてゆく。その歴史的自覚を持ったときこそ、新しい学生運動の明るい展望は開けてくるのである」

森田のオルグ活動にはその独特さのゆえに一目も二目も置かれていた。オルグといえば筆者も少なからず経験しているところだが、それには左翼流の一般的なパターンがあるらしい。まず事の是非について理路整然と、しかも立て板に水のごとく相手に伝え（というよりむしろまくし立てる）、批判する者にはすかさず論駁を加え屈伏させるというのがそれだ。

ところが森田はまったくこれとは異なるのである。一例をあげれば、電車で同席したある若いサラリーマンに彼は気安く声をかける。「僕たちはいまこのような運動をしているのです」とそこで話のきっかけをつくり、それを糸口に相手を引きつけるという方法だ。

それも彼の天性ともいえる朗らかな性格と無縁でなかったろう。彼の性格を語るエピソードなら事欠かないが、地元の商店街の人気者であったというのもそうだ。心身の鍛錬といって森田は大学を一巡する早朝マラソンを日課にしていた。その途中出会った人にはかならず「おはよう！」と朝の挨拶を忘れなかった。そんな彼には誰もが好感を持った。かと思うとある夏の日、いつものように汗をしたたらしてマラソンからもどった彼は素肌のまま、おまけに道路上でやおら行水をはじめ、汗を洗いおとしてさっぱりしたところでコカ・コーラのラッパ呑みをはじめるのである。それを付近の子供たちがみていた。それ以来子供たちのあいだでも彼は人気者になった。一事が万事この調子だったから左翼流の、あの硬直した教条的なきまり文句で圧《お》してくるオルグに辟易していた者には、森田の語りかけるようなさり気ない方法はむしろ効果的であったかもしれない。

シンボルである日学同の旗もでき上がった。三種の神器をデザイン化したものだ。鏡には理想、剣には力と勇気、曲玉には団結、つまり鏡、剣、曲玉にはそれぞれの意味が込められていた。同盟歌も川内康範の作詩でつくられた。

風が吹くなら吹くがいい／たとえ嵐になろうとも／怖れはしないさこの命／まことの平和がくるまでは／何があろうと耐えてゆく／この手で守る父や母／そして愛しいあの女《ひと》を

森田はハスキーな声を張り上げ何度もこの歌をうたっていたという。

このころ三島由紀夫と『論争ジャーナル』のメンバーのあいだで祖国防衛隊構想の具体化を目指しての論議が頻繁に交わされていた。いよいよ動き出そうというのだ。

〝佐世保を第三の羽田とせよ！〟を合い言葉に新左翼各派は長崎県・佐世保港に続々と集結していた。米原子力空母エンタープライズの佐世保入港阻止に呼応したのだ。この闘争現場にじつは日学同も人員を派遣していた。斎藤英俊、宮崎正弘らだ。むろん阻止行動のためではない。斎藤は、そして現地での見聞をもとに「1・15私は佐世保にいた」と題するルポをのちに『論争ジャーナル』誌上に発表している。

彼らの関心が佐世保に釘づけになっていたころ重大な局面が日学同を襲った。日学同と三島由紀夫とのあいだに埋めがたい亀裂が生じつつあったのだ。

「二〇人ずつ五回集めてくれ」。三島は持丸博にそう打診した。三島が試案した民防構想の第一歩はそうして集められた一〇〇人の学生を主体に民間将校団の中核要員を組織することから始まる。だがこの打診はじつは持丸より先に斎藤にあった。

ある元楯の会会員の話によると、このころ三島は日学同と『論争ジャーナル』をあるいは天秤にかけていたのではないか、というのだ。

日学同と三島の関係は三島の仲介で習志野、恵庭に体験入隊したのを機に緊密になっていった。その後も馬込の自宅に招かれるなど機会あるごとに交流を保ち友好的であった。「俺が早大の国防部にコミットしていることなど石原（慎太郎）は知らないんだよ」と三島は部員に語ったほどである。

これほどの関係であったにもかかわらず、ある時期から日学同と三島のあいだにかすかながらギクシャクしたものが生じた。双方の友好ムードに水を差し、そして亀裂の端緒をつくったのが持丸だった、とはっきり名指しさえする者もいる。

ともあれ日学同と三島との離反をほぼ決定的にさせたのが第一回体験入隊の人選から日学同を除外したことであったろう。人選は持丸の責任で進められた。がなかでもこの措置に積極的だったのは中辻だったという。

このころの日学同は、「ひとつの強固な組織がないところに運動の拡大は不可能」という斎藤理論に基づき、組織の拡大と防衛といういわば組織固めに活動の軸足をおいていた。こうしたお家の事情のほか日学同側にも三島の民防構想に全面参加するにはいくつかの懸念が残った。一点突破主義的な、急進主義的色彩、あるいは民防それ自体が三島の〝私兵〟という偏狭なイメージがぬぐえなかったからだ。

この懸念がのちの斎藤・三島論争の火ダネとなる。つまり学生運動の重要性を説き、運動とは不断に継続されるものであって短期決戦的姿勢は日本の長い歴史のなかではかえってマイナスになるとする斎藤に対し、「君たちの長期的展望にたった運動はそれなりに評価する。だが三島個人としては関心の埒外である」として三島は切り捨てる。

日学同の内部事情を知らぬわけではなかったから人選に加えることで新たな波風を立てたくない、というのが中辻の日学同を人選から除外した真意であったらしい。

行き違いや誤解から三島、論争ジャーナルグループ、日学同三者に感情的対立が起きた。けれど森田はこうした経緯を超えて、亀裂を原因に冷えてしまった三島との関係をもとに修復するためその労をむしろ自ら買って出た。

「三島先生はこれからの民族運動の発展を願ううえでかけがえのない、不可欠の人物だ。何らかの誤解や気まずさで日学同とのあいだにシコリを残すようなことがあってはならん」

五人の欠員の穴埋めとして急遽、持丸から日学同へ参加要請を受けたのは、森田にすれば、関係修復をねらうにはかえって渡りに舟であった。

「行こう。生活を共にすることでこの誤解がとけるなら行った甲斐がある」

日学同〝特使〟として森田のほか武井宗行、石津恭輔、山本之聞、大石晃嗣の五人が第一回体験入隊に派遣された。もっとも森田の場合、鈴鹿スキー場に行き運悪く右足を骨折し、自宅療養中にあったから途中参加となった。

三島の要望にしたがって持丸は自分の個人的なルートないし日学同関係に声をかけ、二〇名の学生を集めた。このときのメンバーがほとんど早稲田の学生で占められたのはこうした理由からだ。このときのメンバーこそ事実上の第一期生であり、のちの楯の会の中核要員であった。

学生たちの入隊先は静岡県御殿場市・陸上自衛隊富士学校滝ヶ原駐屯地。期間は三月一日から二十八日までであった。心身の鍛錬を目的に企業が新入社員に自衛隊の体験入隊を実施することはある。けれど、それにしてもせいぜい一週間ないし一〇日程度のことだ。一ヵ月間もの長期入隊というのは過去に例がなかった。それには陸幕長の特別の許可が必要だった。三島は座り込みも辞さぬ覚悟で直談判に行き、やっとの思いで陸幕や受け入れ先の富士学校の了承を取り付けた。

そうした経緯を知ってか知らずか三島に引率された学生たちは未知なる体験を前にしてはやくも心が浮きたっていた。ところがこれと裏腹なのが三島である。三島にとってこの初の体験入隊の成否こそまさに祖国防衛隊の成否を決定する重要な鍵になるからだ。

一ヵ月間の体験入隊を無事完了した学生を中核隊員として祖国防衛隊を構想した三島試案が結実するか否か、それもこれも学生たちの体験入隊こそが試金石になる。だから持丸もこの意を受けて、人選（前年十一月より開始）にあたってとくに体力頑強、志操堅固（天皇および天皇制擁護）を選考基準の第一に置いた。

この基準に即して持丸は第四期生まで選考に立ち会っている。ただし第五期生に限っては森田必勝が選考していた。楯の会から身を退くとき持丸は、学生長の立場も森田にゆずったからだ。

初の体験入隊を一週間後に控えた一九六八年二月二十五日、三島を中心に次のようなできごとが論争ジャーナルの事務所で演じられた。体験入隊が終了したならこの学生を主体に一個小隊を組織し、祖国防衛隊の基礎をつくろう。そのためにもいまここで血盟を交わそう。いつとはなく全員の意気が高揚、議論はそのような方向に傾いていた。

論争ジャーナルの事務所にはすでに一〇名の青年が待機していた。青年たちは三島、中辻、持丸らが決めたものだ、血判書に誰を加えるか。銀座八丁目の日航ホテル裏手にある古びたビルの四階を借りていた事務所で三人は額を寄せ合い十数名の候補者のなかから最終的に八名に絞った。この後持丸はそれぞれに連絡し、二十七日、論争ジャーナルの事務所に集まること、血判を交わすことなどを伝えるのだった。

この日は朝から寒風がはげしく底冷えのする一日だった。一〇名はガスストーブを囲みながら三島の来訪を待った。夜の七時をまわったころ愛用の黒革ジャンの襟を立て、小脇に十仁薬局のロゴマークが入った紙袋をかかえた三島がやってきた。いつもはひょっこりやってくる三島だがこの日は事前に予定された訪問だった。

話もそこそこに三島は紙袋から脱脂綿、安全カミソリ、アルコール、そして長さ一メートルほどの奉書紙を取り出しテーブルの上にひろげた。まず三島が手本を示した。左手の小指の先端にカミソリの刃を軽くあて素早く引いた。この場合、横より縦に切ったほうが治りが早いという。まるで果物を切るようなじつに手慣れた動作だった。たちまち鮮血が小指から噴き出し、コップにしたたり落ちた

三島のあと中辻和彦がつづき、さらに万代潔、持丸博などのほか七名がつづいた、なかには深く切りすぎ痛みに顔をしかめるものもいた。コップの中には一一人分の鮮血がたまった。そこに食塩を混ぜた。こうすると血液は凝固しない。

鮮血を毛筆にたっぷり含ませると三島は奉書紙に筆を下ろし、一気にしたためた。これがすなわち血判書だ。従来血判書の文言には不正確な点があった。それは血判に加わったものでさえ曖昧な記憶にもとづく証言が一人歩きしたためだ。けれどコピーながら持丸が保管していた血判書を世におおやけにしたことで正確に知ることになる。それはこのような文言であった。

「誓　昭和四十三年二月二十五日／我等ハ大和男児ノ／矜リトスル／武士ノ心ヲ／以テ／皇国ノ礎／トナラン事ヲ／誓フ」

このとき三島ははじめから平岡公威の本名で署名すると宣言している。つづいて中辻、万代、持丸ら一〇名が名をしたためる。この順序はとくに決められたものではなく年齢に従ったにすぎない。鮮血に染まった血判書はストーブで乾かしたのち論争ジャーナルの金庫に収め、この日の儀式は終わった。

　血書、あるいは血判状にしろそこには暗黙の契約があるにせよ、所詮は当人の自由意志でなされたものであってみれば、どれほどの拘束力を持つか疑わしい。もっともこうした場合実質的効果よりむしろ自らの〝血〟を以て署名を行なったとするところの道義性、倫理性にこそ彼らは重大な意味をおくのかもしれない。

　三島もその辺のことは充分認識していたに違いない。「血書しても紙は吹けば飛ぶようなものだ。しかしここで約束したことは永遠に生きる」といったのはそのためだ。つづいて三島は「みんなでこの血を呑みほそう」と促すのである。

「みんなドラキュラのような面相になってしまったなぁ」

一一人の面々が口腔を血でまっ赤にした図はさながら怪奇映画そのものだったろう。だが三島のそのひとことで笑いがもれ、それまでの緊張感がたちまち氷解した。事務所脇の六畳間の応接室にはもとの和やかな雰囲気がようやくもどった。

　ともあれ、後述するがこの血書は事件を一ヵ月後にひかえた一九七〇年十月、三島自身の手で焼却されることになる。

　けれどじつは「血判書」は持丸の手元に残されていた。ただし原文ではない。コピーであった。

従来、血判書は焼却され存在しないといわれていた。これが「幻の血判書」といわれるゆえんであった。そのため持丸は真相を伏せ沈黙を保っていた。それは、後世に残ることを拒否したからこそ三島は焼却した。であれば本来あってはならないもの。たとえコピーであろうと残されていること自体三島の意志に反することになる。これが持丸を沈黙させたのだ。けれど事件から三五年目という節目を迎えた二〇〇五年十月、持丸は筆者に事実を語り、公開に踏み切るのだった。ではなぜコピー版『血判書』が持丸の手元にあるのか。事実はこうだ。

血判書を焼却したのは一九七〇年十月二十七日であった。これより一週間ほどまえ持丸は三島から電話を受け、麻布の喫茶店「アマンド」に呼び出された。そこで楯の会の現状などひとしきり話されたあと三島は不意に、「あれ、どうしんだろ。どこにあるんだろ」と切り出すのだった。

あれとは血判書のことだ。「あぁ、それは私が持ってます」。持丸は答えた。三島はいかにもホッとしたらしく、「あぁそうか、おまえが持ってたのか」といい、さらに「持ってるなら処分しよう」と告げ、この場で十月二十七日午後三時半、お茶の水の浪漫劇場で会うことにした。

持丸は血判書を切り出した三島の真意を理解できなかった。けれど事件後いくつか思い当たるものがあった。金銭問題や人間関係でトラブルを起こし、楯の会を汚す人物が名を連ねた血判書が後世に残ることを嫌悪したのではないか。いや、『憂国の礎』になるのは自分一人でよいとの思いから破棄を……という思いだ。

血判書は論争ジャーナルの金庫に保管した。同社は銀座から新橋に事務所移転するのにあたって雑多な書類を整理したさい血判書が紛れ込んでいたのを見つけ、念のためという思いから持丸は後日街のコピー屋で血判書を複写しておいたのだ。もちろんこのとき持丸には血判書のコピーが楯の会の歴史や三島が自決に至った動機を証言する貴重な資料になるなど予測しようはずもなかった。

一週間後の二十七日、持丸はニコライ堂の坂道を下り浪漫劇場に向かった。約束は午後三時半だったが当日になって午後四時にとの連絡が三島からあった。血判書を渡すと三島はマッチで火をつけた。タバコは両切りのショートピース、火はマッチと三島は決めていた。ほんの数十秒、血判書はあっけなく燃え尽き黒い灰になった。血判書を焼却したのち二人は麻布のアマンドに行き、ふたたび楯の会の現状やこれからのことなど雑談についやし焼却にふれることはなかった。

祖国防衛隊構想の成否は学生たちの体験入隊での結果如何によるという他に三島にはじつはもうひとつ心配の種があった。それは、一ヵ所に、しかも見渡せば人も物もモスグリーン一色に覆われ、おまけにいかめしい男どもだけがいるという他なんの変哲もないところに一ヵ月間もの長いあいだ閉じ込められ、そのうえ規律だの統制だのの決まり事でいちいち行動が規制され、さらに過酷な訓練が強いられる。それらにはたして耐えられるかどうか、だ。

自由勝手に、気ままな学生生活をエンジョイしている彼らには、このような生活は未経験であるばかりか窮屈このうえないはずである。集団生活にはまずそうした規律や統制が個人の意思に優先すると頭では理解している。だがやはり彼らも、右翼民族派を志向するとはいえ、戦後のデモクラシー教育を受けて育った現代っ子には変わりないのだ。であってみれば、早晩音をあげて落伍者が続出するのではないか。訓練はまだ開始されていないにもかかわらずすでに結果を見てしまったように三島は心を重くした。

ところが数日後にはこの心配も単なる杞憂にすぎなかったことを知って三島はそんな自分をひそかに恥じるのだった。学生たちの訓練ぶりにはじつに目を見張るものがあったからだ。

午前六時、起床ラッパの音とともに飛び起き訓練服の着衣、そのまま駆け足で舎外に出て隊列を組む。点呼を受けたあと学生たちは二、三〇キロのコースを走る。朝露をついて走る学生たちは吐く息こそ白いが、ひと走りしてくるまでにはもう額のあたりには汗がにじんでいる。これが学生たちの一日の開始である。

新兵としての訓練はまず体力作りから始まった。次いで通信訓練、コンパスや磁石を使用しての山中の探索訓練、自動小銃、背嚢を背負い完全武装での四〇キロ行軍、匍匐訓練などさまざまだった。

わけても非常呼集は真夜中をねらって突然かかるから辛い。これには服装を整えたうえ五分以内に集合しなければいけない。

三島は一ヵ月間のうち前後二週間を学生たちと起居を共にした。もちろん待遇は学生たちとまったく同様だった。三島といえども特例はない。だから行軍にも参加すれば非常呼集にも遅れない。

「若い者を引っ張っていくならむしろ自分から率先してやらなきゃいかん。ソファーに座って命令だけするなら誰にだってできることだ。一緒に汗を流してこそ人はついてくるもんなんだ」

学生たちと隊内生活を共にするということで三島はこの姿勢を終始くずさなかった。であればこそ学生たちも三島を信頼できたのだ。

このような隊内生活を通してであった、森田が、それまでの三島評に転換をはかったのは。それまで森田が抱いていた三島観といえば、「あのキザな三島が――」「〝私兵〟をつくるなんてヘミングウェーみたいだ」ともらしたその言葉以上のものではなかった。

三島が民族運動のためかけがえのない大切な人物と思ったからこそ引き受けた体験入隊であったが、じつは初めから乗り気で参加したわけではなかった。一ヵ月ものあいだ日学同を留守にするとなればそちらの活動に穴をあける、足も骨折している、などの理由もあった。がそれだけではなく、つまり三島という人間をまだ理解できていなかったのだ。

だがこのときの体験入隊はその森田に帰京後三島に礼状をしたため、そのなかで「先生のためにはいつでも自分は命を捨てます」ときっぱり言いきらせ、全幅の信頼をおいてなお惜しまぬほど、それまでの三島観に一八〇度の転換を加えたのだった。

何が、では森田をそうさせたのか。ひとつには双方ともほとんど丸刈りにちかい坊主頭だったことが親近感を呼んだ、ということだろう。三島は短髪に長揉上げというスタイルが気に入っていた。それが父親（平岡梓）の顰蹙を買う因にもなったが、とくに長揉上げは楯の会のあの派手な制服にはよく似合うといってしごく満悦だった。そして、社会的にはすでにひとかどの地位も名誉も築き上げ、今やノーベル賞も獲得しようかという高名な作家がそれをおくびにも出さぬばかりか学生たちとまったく同じに行動するその飾らぬ態度から、彼が推進しようとしている民防構想がただの遊びでないことを森田は知るのである。だからこそ先のような礼状も書けたのだ。

一方、三島も、骨折が原因で右足が不自由にもかかわらずそれを理由にしないばかりか、むしろ率先して訓練に励む森田のその真摯な態度に心を打たれたのだ。実際森田の頑張り様には学生たちはもちろん、当の自衛隊員でさえ脱帽するほどだった。森田は理論家肌ではないかわり行動派だった。こうした森田のひたむきな姿に三島は感動し、以来森田には一目置くようになる。

日学同の〝特使〟としての役割を見事に果たしたのみかこの体験入隊は森田と三島が以来紐帯関係で結ばれる契機にもなった。三島にすれば、このうえさらに収穫だったのはわずかに一名の落伍者こそ出たもののその外は全員が無事に一ヵ月間の厳しい訓練を全うしたことだった。これでひとまず第一期の将校団は誕生したことになる。祖国防衛隊構想にもいよいよ自信が深まった。

じつは持丸も、三島同様学生たちの目ざましい成果にひそかに喝采を送っていた。当初の見込みではこれほどの成果をあげるなどまったく期待しなかったからだ。学生たちと事務所階下の喫茶店で面接したときも、とにかく体力の有無と左翼でさえなければよいという以外採用の条件は設けず、それぐらいだから当然祖国防衛隊構想の存在など一言半句も触れなかった。自分と個人的につながりの深い者をのぞけばしたがってその存在を知る者はほとんどいないはずである。体験入隊での成果は持丸にとっても嬉しい誤算だった。

祖国防衛隊構想の存在を知らぬ者には〝祖国防衛隊の歌〟があるということも驚きだったに違いない。

「おい、あの歌をうたってみろ」

強く正しく剛くあれ／文武の道にいそしみて／正大の気の凝るところ／萬朶の花と咲き競う／日本男子の朝ぼらけ／われら祖国防衛隊

三島に命ぜられ、宮沢章友が歌い出したことで一同は、「へぇ……そんな歌があったんですか」とあらためて驚くのだ。

このとき、連日汗みずくになりながら厳しい訓練に奮戦している三島ら一団を遠目にみつめる人物がいた。山本舜勝一等陸佐であった。彼こそ、盟友として決行時には共に決起を約し、三島が全幅の信頼を置いた人物であった。

山本一佐が三島と初めて出会ったのは前年（一九六七年）の十二月であった。このときの出会いはけれど印象に残るほどではなかったため実質的な対面は翌年正月、藤原陸将、小冊子をくれた平原一佐に同道して三島家を訪問したそのときといえた。

交流は始まったばかりであり、したがって親密度という点でいえばまだ浅かった。作家として高名なところはつとに知っていた。けれど知っていたといってもその域を脱するものでもなかった。体験入隊の模様を週刊誌で読んだときも案の定文士が文学上の興味から自衛隊や民兵組織に関心を示したのだな、という以外ことさら感慨もなかった。

その山本の三島に対する認識を変えたのが小冊子だった。

山本は旧陸軍中野学校卒業後、一時期戦車隊要員として共産軍を追って広大な中国大陸を疾駆したがほとんど一貫して情報畑に勤務し、このころも自衛隊調査学校情報教育課課長として若い学生を相手に将来の情報部員養成に教鞭をとっていた。そうした関係から山本は、これからのあるべき戦争の形態にも一家言をもっていた。つまり従来の重厚長大な武器がモノをいった物量戦争ではなく情報戦争である、というものだ。

山本にとっても生涯の懸案であるほど民防構想は重大関心事であった。三島の小冊子にはその懸案を見事に解決するようなことが盛り込まれていた。ここに、いわば山本は我が意を得たのである。

直《じか》に対面しなければならない、そこでいくつかの疑問について小冊子を起草した三島本人に質さなければならないことがある。いくつかの質問事項をメモし、三島との対面の機会を山本は待った。

その機会は三島家訪問というかたちで実現はした。ところが酒席ということもあってか月並みな話題で終始し、時間だけが無為に過ぎた。

「私にできることがありましたらお役に立ちましょう。なにか間接侵略に対処する訓練面で、お役に立てることもあろうかと思いますので……」

と言ったのがせめてもだった。結局期待どおりに事は運ばず、山本は半ば肩透かしを食った思いでその場を辞去する。


体験入隊だからといって手加減はない。訓練はプロの隊員とまったく同じだった。厳しい訓練にもめげず黙々と励む学生たちのひたむきな姿、三島のそのフェアな態度。山本はそれらを遠目にみることで小冊子に対する質問を撤回してもよいと思った。彼らの真摯で一途な行動の一つ一つが疑問にすべてを答えていたからだ。むしろ山本は彼らの訓練ぶりから熱い共感を覚えるほどだった。

このとき山本が富士学校にいたのは、調査学校の新校舎の建設にあたって新しい訓練施設を設置するためその資料収集でここに出張していたからだ。その足で滝ヶ原普通科教育隊にも立ち寄ったというわけである。

山本は、三島とそれに連隊長をまじえて三人だけの昼食をとり、久しぶりのひとときを過ごす。このとき山本は「学生諸君にぜひ一言挨拶をさせてほしい」と三島に依頼する。どのような質を持った学生たちか一度この目で確かめておきたいという動機が山本にそう言わせたのだ。

即座に一七名の学生たちが一階の広い部屋に集合した。どの学生も日焼けし、その顔は精悍でさえあり、きびきびした行動には訓練での疲労などまったく皆無だった。山本は型どおりの挨拶をした。

「これからは、この山本一佐殿も我々の訓練に対して力を貸してくださるだろう」

三島は、こう山本の紹介と挨拶を結んだ。

一ヵ月にわたった体験入隊は学生たちの精神、肉体の両面に、ひとことでは表現しえない大きなそして貴重な変革を確実にもたらした。過酷な訓練を見事にやり抜いたという実感は学生たちに自信と誇りを与え、同時にいかなる逆境に遭遇しようと克服するという不屈の精神をも植えつけた。そうした変化は顔つきまで変えてしまうのか、どの顔も入隊前とは比べようもないほど逞しく、精悍になった。いかにも〝青年将校〟らしい面魂になった。

一ヵ月の体験入隊も、いざ〝除隊〟になって家路についてみると感慨ひとしおのものがあった。学生のなかには目頭に熱いものをにじませる者さえいた。

とはいえそこは学生である、最後には全員で合唱がはじまった。「サウンド・オブ・ミュージック」のドレミの歌の替え歌で彼らは三島を大いにからかったのである。つまりそれは、

「ドはドスケベのド／レはレスビアンのレ／ミはミシマのミ／ファはファナティックのファ――」というものだった。

この体験入隊が終わった直後一期生たちに制服が支給され、四月二十九日麻布のプリンスホテルで文芸評論家の村松剛に披露される。けれどじつはこれより以前に制服のお披露目はなされていた。三島と論争ジャーナルとのあいだで制服の披露と着用した姿の写真撮影会をとの話が持ち上がり、場所を探したところ万代が青梅市郊外の吉川英治文学記念館に隣接する愛宕神社を見つけるのだった。

早朝、万代が運転するレンタカーのマイクロバスに三島のほか一一名が同乗し愛宕神社に向かった。境内はちょうど桜が満開の時期だった。鳥居の前に一二名の男たちが横列で勢ぞろいする。

二　決死行

一ヵ月間の体験入隊で失われた組織活動の空白を埋めるため森田の行動は訓練での疲労ものせず早々に開始されていた。なにしろ五月の連休を利用しての理論合宿を目前にし、各大学の日学同支部とのスケジュールの調整、カリキュラム作成、講師の依頼、講演内容など片付けなければならない作業は手つかずのまま山積していたのだ。

このうえさらに森田には斎藤英俊の後任として早大国防部の代表を引き継いでいたため、六月中旬に計画されている「全日本学生国防会議」の初開催の準備も差し迫っていた。

「学生文化フォーラム」と銘打って初の民族派学生活動家による理論合宿が八王子の大学セミナーハウスを会場に、五月三日から三日間の日程で行なわれた。北は北海道から南は九州までほぼ全国から七〇名の同志が参集したが、民族派学生が理論合宿を催すこと自体初めての試みならば一堂に会することすらも前例がなかった。何もかも初めてづくしのなかでしかし講師陣だけは豪華だった。村松剛、林房雄、三島由紀夫といった当代の右派勢力を代表する一級のイデオローグをそろえた。

それにしてさえ森田のエネルギッシュなオルグ活動のたまものだった。とくに三島の場合、森田がいたればこそできた講師依頼だった。

体験入隊を通して森田は、日学同と三島とのあいだにあったある種のわだかまりの除去に成功したうえ依頼もかち取った。帰京後ただちに感謝の意をこめた礼状をしたためれば、「どんな美辞麗句をならべた御礼よりも、この一言で参った」と三島に言わしめる返事を森田は受け取るのである。この体験入隊はまた、「俺と森田は同じ猪突猛進型の人間だよ」と言わせるように、三島に森田の性格を強く印象づけることにもなった。

テキストには林房雄の『大東亜戦争肯定論』『緑の日本列島』、村松剛の『ド・ゴール』などが用いられた。

右翼は一般に実際行動を重視するという傾向が強い。そのため理論をまず行動より先に置く左翼とその辺でもよく対比される。この差異は、左翼が行動原理にもつマルクス・レーニン主義に匹敵するそれを右翼は持たぬところに生じる。明確な組織論、運動論を持てないのもここに起因する。

左翼の理論に対しそれに匹敵するものが右翼にもあるとすればそれは〝情念〟であろう。左翼の〝智〟に対し右翼の〝情〟という構図はこれを指す。

だがこれは弱点でもあった。〝情念〟とは個人ないし小集団のみに通用する〝論理〟だからである。組織の拡大化、普遍化を目指そうとする者の前にはこの論理は見事に破綻するだろう。情念なる概念が道義的、倫理的でありすぎるからだ。

その反面しかし長所もある。理論に拘束されない行動の〝自由〟である。学生たちが難解な林の著作物で退屈するより、「右翼は理論じゃない、心情だ。心情こそあればよい」と、半袖のポロシャツにサングラスというラフな姿でこのフォーラムに出席した三島の単純で明快な講演に耳を欹《そばだ》てるのは必然だった。

ここでのシンポジウムは文化フォーラムなどといういかめしさより実質的には全国にちらばる民族派学生活動家の顔見世という点にあった。この席でだった、森田が田中健一や小川正洋と出会うのは。

田中健一は亜細亜大学法学部に在籍し日学同国防研究会に所属していた。すでに中学高校時代から社会や政治に対して懐疑的となり、深く政治思想に関心を示していた。この点では、小川正洋が母親からきかされた、「死んでもラッパは放さない」で修身の教材にもなったラッパ手の木口小平や広瀬中佐の精神訓話が下地になっていたのに対し、田中は身内に昭和維新運動に挺身し、二・二六事件等にも連座した薩摩雄次がおり、田中家はその血統を受け継いでいるという違いをのぞけばおおむね共通していた。

もっとも田中や小川に限らない、中学高校時代にはすでに政治的発言を持つ者なら河野一郎に憧れ、末は総理大臣を目指した森田をはじめ、組織や集団の力を頼みとせず、むしろそれらに対して単身で立ち向かった山口二矢あるいは塩谷功和たちの人間像に共感を抱いたところに右傾化の一端があったという持丸博、元憲兵将校であった父の影響から平和憲法についての疑問、天皇への素朴な忠誠心というものがそなわったという倉持清、生長の家に所属し、そこで天皇教育を洗脳された古賀浩靖や小賀正義にしろ大方は共通していた。

ここでの出会いは森田、小川、田中ら三人を固い同志的結合で結びつける契機になった。以来小川は森田に兄事し、羽田闘争、相次ぐ学園紛争等で見せた左翼学生に対する義憤から日学同に入会したが、その日学同が文化人や著名人を講師に招いて啓蒙主義、組織運動優先主義に陥ったことから限界性を見てとり、森田が楯の会に専念するため日学同を退会するのと歩調を合わせて彼も日学同と袂を分かった。そして一九六九年二月、森田が隊長となって祖国防衛隊を結成すると副隊長に小川は就くのである。とくに田中の場合は、森田が自決をとげるその当日まで、約二年半の同居生活を送った人物として彼との公私にわたる結びつきは他のメンバーの比較ではない。

持丸や阿部のアパート、あるいは日学同本部（あばら屋ながら二階建てのため部屋数はあった）に居候していた森田は部屋代折半を条件に田中健一と共同生活をはじめる。場所は新宿区十二社であった。近くには新宿中央公園があり、十二社通りからちょっと路地を入ったラブホテルやスナックが立て込んだ一角で、アパートの名は小林荘といった。ここを探したのは小川だがそのアパートの二階八号室、西側に面した六畳間が彼らの部屋だった。

日学同本部に転がりこんだとき無一物なのを宮崎正弘にうそぶいてみせたがこのときもやはりセンベイ布団一組のほか荷物らしい荷物はなかった。だからナベ、茶椀、箸までも田中のそれを拝借していた。それぐらいだから食事もほとんど田中がまかなっていた。もっともアパートの名義人も田中がなっていた。森田は単なる同居人だったから家賃を払いに行くのも田中だった。森田の場合、経済面での一部援助を三島から受けていたという説もある。同居前までは新聞配達や土方、ガードマンなどのアルバイトをしていたがそれも田中との同居をさかいにまったくしなくなった。

ともあれ森田の何事にもこだわらない奔放な性格とは逆に潔癖で、細部にまで気が付き面倒な雑用もいとわない、さながら世話女房のような田中との共同生活がかくして始まった。一九六八年春ごろである。

楯の会のメンバーで森田らのようなケースはこのほかにも鶴見友昭と藤井雅紹、持丸博と会沢康文らがあった。

スナックや飲み屋が軒をならべるという場所柄のせいか、アパートの住人も水商売風の人が多かった。学生というのは森田ぐらいだった。しかし、それを大家が知るのはずっと後になってからだった。というのも入居当時は学生であることを隠し田中はサラリーマンと偽っていたからだ。

とはいえ大家にとって田中らは決して悪い入居者ではなかった。アパートは一階が貴金属加工、いわゆるカザリ職をなりわいにする大家の住居、二階が貸し室という半下宿屋形式になっていたが二年半の入居中一度の滞納もなく、月末には必ず一万二〇〇〇円の部屋代は納められていた。ただ、彼らの仲間が無造作に脱いだ下足が玄関を占拠して困るという苦情が他の入居者から一、二度舞い込んだことはある。それにしてさえトラブルというほど大袈裟なものではなかった。

小林荘はたちまち同志たちのアジトになった。なにしろ世帯主の田中や森田がいなくても留守居役には事欠かないというようにそこにはかならず誰かがいた。

アジトとはいってもしかし陰気な雰囲気はない。むしろ反対だった。仲間同士で激論をたたかわしたり熱弁を披露するなどなかったかわり彼らはマージャンあるいは将棋に熱中した。そこで彼らはいくばくかの金を賭けていた。儲かればその金は森田のタバコや酒代にかわった。森田がマージャンを覚えたのは浪人中だが、彼のマージャン好きは「あのジャラジャラというパイの音をきいただけで身震いしてくる」と白状するほどだから仲間うちでも定評があった。

とはいうもののアジトであることにかわりはない。室内の雰囲気はそれをよく伝えていた。ドアを開け、一歩部屋に足を踏み入れたと同時に神棚、そして正面の壁に掛かる日章旗は誰の目にもとまる。しかもその日章旗には「尊皇討奸」と毛筆の文字が入っている。それが何を意味するか、右翼ならよく知っている。〝決起部隊〟からやがて〝反乱軍〟と汚名を着せられ、そのうえついには刑死するかの二・二六事件に決起した青年将校らの旗じるしであったからだ。

壁にはこのほか折りたたみ式の警棒、鉄製のヘルメット、木銃等が掛けてあった。そして書架には『文化防衛論』『英霊の声』など三島由紀夫の著書のほか右翼民族派関係、皇室、天皇問題関係など一五〇冊余の書籍が整然と並んでいた。

「どの関係の本はどこにあるかひと目でわかるように分類してありました。これは本だけではなく他のものにしてもそうでした。容易に手の届くところにきちっと並べてありました」

田中は、部屋の見取り図を訊く筆者にこう応えながらなお、「たいして勉学につとめたわけではありません……」とはにかんでみせた。

その本のほとんどはしかし田中の所有だった。そこに森田のは見当たらない。かつて高校時代は彼も日記とは別に「読書ノート」を作るほど文学少年であったにもかかわらず、である。

読書ノートを開いてみると彼の愛読書が川端康成、太宰治、谷崎潤一郎、島崎藤村などもっぱら純文学に偏っていたのがわかる。読書ノートには、たとえば谷崎の『刺青』なら「女の描写がうまい。文がきれい。妖しさ、このいれずみ師の気持ちが判る気がする」といい、『伊豆の踊り子』では「実にいい。きれいだ。俺達にはこういう感情が欠けているように思う。踊り子の学生に対する感情が実によく描かれている」と絶賛する。太宰の『ヴィヨンの妻』には「実にいい妻だ」と登場人物を称えたうえで、「本当にこの世の人間はみな悪の仮面をかぶっている奴ばかりだ。私欲のために右左と動き、すぐ快楽に走り、醜くてきたない」と自戒をこめた読後感をのべている。

でありながら、大学を期して森田の傾向は文学少年から政治青年へと急速に変貌する。この変貌はさらに彼の政治志向そのものにもインパクトを与えずにおかなかった。つまり彼の年来の願望は総理大臣への道であったはずである。ところが民族派学生運動に没頭する度合いとちょうど反比例するかのようにそうした願望もいつしか潰え、民族主義運動に彼の政治志向はとってかわるのである。

とはいえその変わり方に後悔はなかったろう。政治家志望が国家と国民の幸福を願ってのことであるならば民族主義運動も究極においてそうであるからだ。違いがあるとすれば議員バッジをつけている者とつけていない者、野にある者とそうでない者、ということか。

同志らの出入りは頻繁だった。けれど同志の訪問は日時をはっきりさせるなど厳格にし、警戒心は怠らなかった。鍵も田中が管理していた。なにしろ森田はアパート、日学同、のちの楯の会、この連環のなかで行動していたから外出の時こそ多かった。それに引き換え田中はたまに催される「郷有連」や「靖国会」に出席するのを楽しみにする程度でほとんど部屋にこもり、好きな読書に費やしていた。

たとえば〝防衛研〟〝国策研究会〟〝国防部〟等々と、各大学によって名称もまちまちなら防衛問題についての解釈にしても一様ではない。したがってそれぞれの活動状況には隔たりがあった。これを名称的にまず統一し、単一組織として内容的にも整備を図ることは民族派学生運動の一枚岩を望むうえからも迫られた問題だった。そうした要望に応えて結成されたのが「全日本学生国防会議」である。

「全日本学生国防会議」初代議長に森田必勝が選出された。演壇に立った森田はこの日、つまり一九六八年六月十五日、市ヶ谷私学会館ホールを埋めた全国の各大学から駆けつけた五〇〇名の同志を前にして、

「――本日、我々同志が一堂に会したことは意義あることとしなければならない。この大会は我々の知識を空理空論に終わることなく、体をもって国防につくすのが目的である。国防の根底には自主独立の目的があり、我々はそれを克ちとらなければならない。そのためにはまず祖国愛と認識に目覚めた者でなければならない。明治維新の志士達のように、純粋な学生だけで国防にあたることである」

と、熱情をこめた挨拶を送った。

だがなぜ今それが彼らにとって迫られた問題なのか。この問題に答えたのが結成大会に先立って森田が日本学生新聞に発表した、「『全日本学生国防会議』の結成と意義」と題する論文だ。

すなわち戦後二三年、日本は驚異的な経済発展を遂げ今や経済大国として国際的にもゆるぎない地位を獲得した。ところがその反面、経済の発展は物質的繁栄にのみ関心を引きつけ

たかわりに人々を政治的、社会的関心からますます離反させ、いわゆる〝マイホーム主義〟へと埋没する層の限りない増殖をいっそう助長させた。そうした社会状況を名付けて「大衆社会化状態」と森田は呼び、その〝無責任〟で〝陳腐〟な〝没個性〟的でありながらそこから連想される不可思議なイメージに自らの幻想をダブらせようとするマイホーム主義者に対し、今こそ民族派学生は戦いを敢然と挑まなければならないと森田は訴え、さらにその拠って立つところをこういう言葉で結ぶ。

「このこと（マイホーム主義に象徴される大衆化現象――筆者註）はまず我々自身の民族的自覚にもとづいた思考を必要とする。（略）我々自身が民族の文化的伝統の連続性をになった存在であることを確認することである。そして各々民族的に目ざめた同志が相互の連帯を勝ち取り、質的な力を得て量的な勢力に転化させることにより戦後を支配した諸々の諸方面に対して民族的に戦いを挑み、社会を健全な方向に導くべく高尚な作業を開始せねばならない」

旧軍人を代表して今村均元陸軍大将の祝辞があり、高坂正堯、若泉敬らの記念講演があった。講演のほかに万歳三唱の音頭まで買って出た三島はさらに大会終了後学生たちが靖国神社へ参拝し、〝同期の桜〟を高らかに斉唱しながら米・ソ両大使館、国会議事堂へと展開したデモ行進にもタクシーで同行し、隊列の先頭に立つ森田に声援を送った。

議長のポストに就く前後の森田は多忙をきわめた。なにしろ大きな行事だけでも初の自衛隊体験入隊、五月の連休を利用しての理論合宿、そして全日本学生国防会議の結成大会と連続した。森田にとってじつに目まぐるしい毎日であった。しかもこの間には山本一等陸佐による「ゲリラ戦略」についての集中講義、それに次ぐ街頭へ出ての実地訓練を受けていた。

三島の招きで同僚と自宅を訪問したとき、山本は「私にできることがありましたらお役に立ちましょう。なにか間接侵略対処の訓練面でお役に立てることもあると思いますので」と三島に約束した。

初対面でありながら山本にそこまで言い切らせたのは、三島がまさに着手しようとしている祖国防衛隊構想にひそかなる賛意を示していたからだった。『祖国防衛隊はなぜ必要か』を一読し、山本は三島が描いた民防構想のあるべき姿ないし質というものが間接侵略に対する治安出動に主要な任務があることを理解した。それは、自分がかねてから模索していたこととぴったり符合するものであった。山本も三島同様、自衛隊の治安出動を必要とする時期とはすなわち左翼勢力の実力行動が警察力の限界を超えた時点であり、国家権力と反権力側との物理的力関係に危機的様相を呈したとき、と理解していたのだ。そうした事態にそなえての自衛策として山本は大衆に依拠し、理解される民間人を主体とした民間防衛構想に早くから着目し、その機会をねらっていた。

山本のこの申し出に三島も大いに期待をかけた。「これからはこの山本一佐殿も我々に力を貸してくださるだろう」と学生らを前にこう言ったのもそれを裏書きするものだ。

山本が祖国防衛隊の中核要員に実施した訓練の第一歩はわが国における間接侵略、そしてそれを想定した場合にとるべき治安出動の基本戦略は対ゲリラ戦略であるという認識に基づいた〝ゲリラ戦略〟の基礎概念を教えることから始まった。

ゲリラ戦略の主体となるべき要員を山本は蠅の卵に見立てた。この卵の孵化しやすい土壌を相手国、つまり敵地に見つけ、そこにその卵を産み落とす。これが潜入段階である。次に卵はかえって蛆となる。その蛆は養分を摂取しつつ蠅となって再び卵を産みつけてゆくという組織段階に達する。こうして拡大再生産をくり返す蠅の組織ないし集団がゲリラの核となって敵中に寄生し、その内側で潜行しながらやがて浮上を期し一定の地域を寡占、占領し一気に顕在化してゆく。この間にも卵の自己増殖は間断なく続けられる。戦闘要員であるゲリラ戦士の増大化にともなって内外の武力勢力との連帯を強めながら戦闘組織を蠅たちは形成する。

このゲリラ戦士たちは戦場という実際訓練を通じて戦闘の基礎知識を身につけ、地域から社会へ、社会から国家へと軍事目標をしだいに拡大していく。広汎な大衆に依拠してこそゲリラ勢力の能力は発揮される。こうしたなかからさらに機動力をそなえ持った正規軍がうまれる。彼らは内外の武力勢力とたがいに呼応しつつそれまでの戦略的守勢から戦略的攻勢へと転じ、ついには敵陣に対し正面決戦を挑む、というのが山本流ゲリラ戦略についての基礎概念である。

このことは市街地における実習というかたちでより具体的に学生たちには教えられていった。つまり山本はゲリラ戦略の〝いろは〟を体験的に学ばせようというのだ。

正規部隊は同じ制服を着用させて統一し、互いによく顔を知り合った者同士が集団で行動する武装勢力とすれば、ゲリラ部隊はまさにこれとは対極をなす。決して自身の本姿を見せず、状況や地域にも無抵抗に溶け込む作業がまず課せられる。だから学生街なら学生か学者らしく、ビジネス街なら実直なサラリーマン風に、下町なら中小企業の社長か工員風にといううように敵の目をあざむくための偽装も必要欠くべからざる戦術なのである。

演劇や映画出演の経験をもつ三島はこのテの変装ならお手のものだった。さっそく得意のメーキャップをほどこして街頭に出た。「あなた、三島さんじゃないですか?」電車の中で不意に学生からそう声をかけられあやうく変装を見破られそうになった場面にも遭遇したが、この三島の変装はおおむね成功した。

尾行と追尾行、連絡と監視、情報収集と伝達。中核要員たる学生たちの理解に合わせて山本は難度を上げていった。

自衛隊高級幹部自らの指導ということもあり三島や学生たちの訓練態度はあくまで真摯であった。指揮者としての山本も、マスコミが三島の動静を嗅ぎつけそれを世間に暴露でもされたら事は自分と三島との関係が絶たれるのみか国会問題にも発展しかねない、そうでもなった日にはもはや民間防衛構想の話どころではない、という一抹の不安を一方では抱きながらも熱が入った。

山本の、しかし熱意をかたむけた理由が単に学生たちの真面目さに触発されたからではない。民間防衛隊の出動も決して机上の計画ではない、いやむしろ差し迫ったものとして状況がそこまで緊迫しつつあるのをひしひしと感じていたからである。

一九六八年はアメリカ原子力空母エンタープライズの佐世保寄港に反対する反日共系三派全学連と、これを阻止する機動隊との激突で幕を開けた。次いで三月、成田新空港建設に反対する学生・農民らが警官隊と衝突し、投石、角材、催涙弾が入り乱れての攻防戦が激しく展開された。一方東京・王子ではベトナム戦傷兵を入院させる米軍野戦病院にデモをかけていた。大学紛争もエスカレートしていた。東大医学部紛争では三月二十八日の卒業式を目前にして全共闘系学生はついに式場である安田講堂を占拠し、そのままそこに籠城した。

まさに山本の眼にはこうした状況こそ左翼勢力による間接侵略の脅威を感じさせる以外のなにものでもなく映じた。

活動家に安息の日はない。全日本学生国防会議議長に推された森田の次なるターゲットは、「北方領土視察団」を編制し、その団長となって北海道に乗り込むことだった。

アメリカに依存している日本の防衛の現状に憤る森田は自主防衛、日本の核武装等を容認する論文を矢継ぎ早に発表するとともに返す刀で日米安保体制にも打破の刃を突きつけた。それまで右翼陣営にとって安保問題はまさにタブーであった。ところが森田ら民族派はこのタブーにあえて挑戦するように真正面から取り組もうとしていたのだ。が、それ以上に森田が関心を示していたのは北方領土問題であった。

いわゆる「北方領土」とは南千島列島、つまりクナシリ、エトロフ、ハボマイ、シコタンの四島をいう。この領土をめぐる日ソ間の協議はくり返し行なわれてきた。にもかかわらず暗礁に乗り上げたまままいまだに進展は見られなかった。というのも両国の領土解釈には甚だしい隔たりがあったからだった。

日本側が南千島は固有の領土であることを歴史的事実や物件で説明し、千島列島のソ連への引き渡しを決めたヤルタ協定には非当事国として拘束されないと主張すれば、ソ連は、領土問題は国際協定等によってすでに解決済みである。ポツダム宣言が日本の領土を本州、北海道、四国、九州ならびに若干の小島に限定し、千島列島はそのなかから除外されたなどを楯に一歩もゆずらない、というのが両国の解釈の違いと隔たりである。

森田らには、ソ連側のそのような主張は法的根拠、歴史的根拠がなく正当性をもつものではなかった。

連日のように森田の北方領土返還の抗議行動はくり返された。街頭でのビラ撒き、マイクでの情宣、学内での講演会、シンポジウム。あらゆる手段と機会をとらえ北方領土問題への国民の関心の喚起に奔走した。その一環であった、北方領土視察団を現地に送り込む計画が立てられたのは。

日学同メンバー全員は横須賀港から海上自衛隊の潜水艦に乗り函館に上陸した。この現地視察に際してじつは森田にはひとつの腹案が秘められていた。それを〝秘中の戦術〟と彼は銘打ったが、腹案とは貝殻島上陸敢行というものだった。

根室半島の最先端に立てばハボマイ諸島は手を伸ばせば容易に届く距離にあった。

「北方領土を返せ！」

日学同のスローガンを掲げた白い横断幕は潮風にはげしく翻った。

私たちはよくこのスローガンを掲げた標柱に出会うことがある。じつはこれも現地視察に際して森田が初めて考案したのだという。森田が貝殻島上陸を思い立ったのは北海道入りを前にして早大国防部メンバーで逗子海岸へ海水浴に行ったそのとき、メンバーのひとりが「ノサップ岬から貝殻島まであれぐらいの距離だろうな」といった言葉に触発されたからだ。そのとき彼らは沖の島までの競泳で六キロほど泳いでいた。

ノサップ岬の先端からなら貝殻島は実際それぐらいの距離である。でありながらすでにそこは〝外国〟なのだ。その厳然たる事実を前にして一種奇妙な感情にかられるのは森田ひとりに限らなかったろう。

貝殻島に上陸しそこに日の丸の旗を掲げる。これが森田のいう〝秘中の戦術〟であった。森田にとってしかしそれは「決死行」になるかもしれなかった。ソ連の監視兵に発見され逮捕、ついには銃殺ということもあり得なくはない。いやその前に海流に呑まれてあえなく海の藻くずと化すことも考えられる。

「どうせ国に捧げた命だ。少しでも祖国の歴史の先鋭的役割が担えるなら本望だ」

森田はさらにこの行動によって眠れる日本国民もかならず北方領土問題に関心を向けるに違いない、とつけ加え、同志の鶴見友昭と決死隊を組む。

八月といえば夏のまっ盛りのはずである。が海霧が深くたちこめるノサップ岬は肌寒くさえあった。

「あとのことはよろしく頼む」

宮崎正弘に後事を託し、水盃を交わした。鶴見とともに森田は岬の岩場に舫《もや》ってあった伝馬船に乗り移った。

死は恐るに足りなかった。むしろ森田が恐れるのは自国の領土が理不尽にも外国勢力によって侵されているという事実があるにもかかわらずそれに対し抗議の声どころか疑問の声すら発しないという国民の、民族心の喪失である。

民族心の喪失は日本の伝統、歴史、文化の喪失にも繋がる。それはそして現実に日本を覆い、至るところですでにむしばみはじめている。つまり〝自由〟と〝平和〟という名で呼びならされているところの西欧型文化の蔓延である。それを享受する者にしてみれば、だから政治も思想もただの風俗と化してしまう。森田はしかしそのことを声で叫ぶ者ではなかった。行動をもって諫言にかえようとする者だった。

ところが直前になってこの決死行は未完に終わる。前日から森田らの行動を警戒していた付近の漁民たちに、「激しい潮流の中を伝馬船で渡るなんて無謀もいいところだ」「向こうにつくまでに、転覆するのが関の山だ」と阻止された。

この決死行の不発こそ森田のその後の命運を決したといっても過言ではない。もし漁民の説得をあえて振り切って決行していたならあるいはおそらくシベリアに抑留され、重労働に服す義務は強制されこそすれ三島とともに憂国の諫死を遂げることだけはなかったからだ。

三　「楯の会」結成へ

第一回体験入隊は当の学生はもちろん三島にも今後の祖国防衛隊の方向性、目的性を見極めるうえで見逃せない貴重な教訓をさまざまに与えた。

防衛問題の専門家は高邁な理論をかざしこそすれ所詮は机上の空論に終始していること、「自らの手で国を守る気概」とはすなわち第三次防衛計画を着実に達成させることとする政府自民党の政治スローガンが国防論議をまたしても経済主義で糊塗したこと、現下二五万の勢力を有していながらこと憲法九条問題になると途端に口をかたく閉ざしてしまう等々を、滝ヶ原教育隊の隊舎で若い自衛官たちと寝食を共にするなかで三島はそれらを肌身で感じるのだった。

この教訓からそして結論として三島が得たのは、一般自衛隊員とともに土に汚れ汗にまみれてこそ防衛論議の本質が語れるということ、自分たちが目指そうとする間接侵略に対してその防波堤となる役割がパリの五月革命（一九六八年五月から六月にかけてフランスのパリを中心に、反ド・ゴール体制を掲げて展開された労働者、学生、市民によるゼネスト、デモ等）を目の当たりに見たことでいよいよ重要性を帯びつつあるということ、全学連等左翼勢力が数を頼みとするのに対し道義心と魂による、つまり陽明学の「知行一致」の精神と「文武両道」の精神で統一された戦士集団の出現は今こそ時代の要求するところである、ということだった。

ほかにこの体験入隊は体力、気力がなかった者、志操面で動揺をきたした者はおのずから落伍者にならざるを得ないという教訓も残した。

こうしたかずかずの教訓は隊員募集を実質的に負託されていた持丸にはとくに心すべきところであった。二期生募集に着手するにあたってとりわけ志操面に力点をおいたというのもその辺を踏まえたためだった。

採用を決定する第一条件はまず学生であるということだ。学生は暇があり、時間的融通はどのようにでもつくというのがその理由だ。そして第二の条件は体力・気力の充実である。一ヵ月間にわたる過酷な訓練に耐えぬくには何はともあれ体力がものをいう。気力は、規律と統制による集団行動が強いられる隊内生活ではつねに自分の精神的バランスの保持が問われる。その平衡感覚を正常に保ち得るかどうかは当人のこの気力の充実度に比例する。そして第三の条件は志操堅固である。つまり天皇および天皇制を認めるかどうかが基準になる。とはいえこれにはそれほどの厳密さはなく要するに左翼でさえなければよいという程度のものだったと持丸は言う。

こうした一定の選考基準を設けて持丸の二期生募集は開始された。早大国防部が募集の窓口になった。そこを通じて他大学の民族派学生組織にPRされていった。しかしなかには憧れの作家三島由紀夫と親しく接することができる、制服のカッコ良さに魅せられてなど、およそ〝国防意識〟とは無縁な動機から応募してくる学生も少なくなかった。

なにしろ彼らの制服は派手さのうえでこれほど人目を引くものもなかった。色といいデザインといい見事にファッション化された彼らの制服にはそこにつきまとう制服としての堅苦しいイメージはほとんど消えていた。そこがまた折から流行っていたミリタリールック・ブームにも乗って彼らの制服スタイルは若者の話題の中心になった。このような〝ミーハー〟的学生は、しかし初めからふるい落とされていった。

応募した学生は銀座の『論争ジャーナル』事務所を訪れる。そこで持丸の面接を受けるためだ。面接といっても言葉ほどの窮屈さはない。時間もせいぜい一時間程度だった。面接場所も学生の緊張をすこしでもやわらげるという配慮から階下の喫茶店を選んだ。

時には雑談をまじえながら社会や時事問題に対する関心度、将来的な希望、尊敬する歴史上の人物など彼らの興味の範囲をさぐった。これだけのことがわかれば相手の知的レベルはつかめ、思想性、人間性のだいたいは判断がつく。そこで先の基準に照らし彼らがそれに達していれば持丸は採用した。採用された者は次に三島の自宅へ赴くことになる。

このようなシステムが導入されたのは第二期生からだった。一期生はほとんど早大生で占められていた。ところが二期生からは他大学へ応募を呼びかけたせいもあり持丸の知る学生ばかりとは限らない。まして応募者は日学同ばかりか全国学協、生学連のような宗教団体を母体にした右翼民族派から参加する者もいた。たとえば伊藤邦典、古賀浩靖、小賀正義、重光伸二らはそうだった。彼らは神奈川大学学協に所属していた。

馬込の三島の自宅に赴いた彼らは三階の書斎に通されそこで三島の歓待を受けるのだが、世界的にも高名な作家といえば雲上人にも等しく、さぞかし高潔な、近づき難い人間というのが学生が一様に抱いていた三島のイメージだった。そんな人物と親しく話ができる、思っただけでも緊張する。

はたせるかな実際対面してそれがまったく誤解であったことを知るのだった。小賀正義はその誤解を釈明するかたちでのちにこう述べている。

「――ポロシャツ姿の先生は気取りなく、声高に笑って話しかけられるので、それまで持っていた固いイメージが消え、体験入隊での生活内容を話される先生がじつに楽しそうに見受けられた。その隔たりを感じなくさせる話しぶりが、私にはいつまでも深く印象づけられた」

持丸が早大国防部とのコンタクトで応募者を募れば三島は若者に人気のある週刊誌『平凡パンチ』に体験入隊での模様やエピソードを書き、ときには自分たちの行動の一端をグラビアに飾るなどし、若者の心情に訴えかけるような評論活動を意識的に進めていた。

もっとも三島の評論活動はすでに『葉隠入門』を執筆したころより活発になっていた。「武士道といふは、死ぬ事と見付けたり」の名文句でつとに知られた『葉隠』は、佐賀鍋島藩士山本常朝の閑話を同藩の後輩田代陣基が七年間にわたって筆録した秘本だが、そこには封建制度を絶対的なものと肯定し、そのなかで主（君）に対する従（家臣）の忠誠心、死生観とはかくあるべしという精神が貫かれている。戦時中、多くの兵士を死地にかりたてるプロパガンダとして悪用されるという悲劇を負うが三島も戦時中これを耽読し、そして戦後ふたたび読み返す。そこで彼はいよいよそこに込められた精神の〝奥儀〟に開眼するのであった。

思想家、行動家として三島が立ち返るとき立脚点はこの『葉隠』にあった。すなわち三島が終生の命題として模索しつづけてきたものは「文」と「武」、この対極的なものの緊張と調和、対立と統一というものであった。換言すれば「文武両道」となるが、そうした考え方の底流には『葉隠』があった。あえていえば、三島の全生活はこの葉隠精神を太平ムードに酔い痴れる戦後二十数年後の昭和にどう再現するかにあったといえなくもない。さらにいえば、三島の眼には人命尊重の名のもとに〝生命の尊厳〟こそ謳われていながら、一方では今ほど道義心（魂）の欠如が甚だしい時代もない、と映った。故にいまこそ〝葉隠精神〟の再来を希求し、文（天皇）と武（軍）の統一された理想社会の実現をはかろうと試みたのである。

それはしかし、時代に対する反時代としてのアイロニーにこそなったが、時代錯誤の誹りはついにまぬがれなかった。もっとも三島はそれすらもすでに承知のうえでなおつかみどころのない、得体も知れぬ化け物のような、おまけに饒舌と駄弁がまかり通る退屈な〝時代〟に斬り死にすることで叛逆したのだが。

ともあれ三島の思想と行動を理解するとき『葉隠』をぬきにそれは理解できないが、では「文武両道」とはなにか、という問いが次に発せられよう。これには「太陽と鉄」が答えている。

「――死に対する燃えるような希求が（略）充溢した力や生の絶頂の花々しさや戦いの意

志と結びつくところに『武』の原理があるとすれば（略）『文』の原理とは、死は抑圧され つつ秘かに動力として利用され、力はひたすら虚妄の構築に捧げられ、生はつねに保留され（略）むしろこう言ったらよかろう。『武』とは花と散ることであり、『文』とは不朽の花を育てることだ、と。そして不朽の花とはすなわち造花である」

花としていさぎよく散ることこそ〝武〟。深紅の、赫奕たる大輪の花を永遠に咲き誇らせることこそ〝文〟という、ともに相容れざるこの二つながらの矛盾を、ではどうすれば秩序あるまでに調和できるというのだろうか。三島にはそれは死であった。血みどろの壮絶な死であった。

〝文〟と〝武〟の統一観をビビッドに述べたのが「文化防衛論」である。この論文は『葉隠入門』からほぼ一年後の一九六八年七月、『中央公論』誌上に発表されたが、その論旨こそ先の論文で展開した主張をさらに一歩進め、〝菊と刀〟という比喩を用いながら〝文化〟と〝暴力〟の止揚を鮮明に謳うものだ。

のちに三島は「政治的言語で書かれている」と言明するがじっさい政治的主張のトーンの高さは矯激な字句、論旨のファナティックな傾向からわかると同時に読者は、これを一読することで三島はすでに政治的には右翼民族派陣営に立つ人間であることを知る。

ともあれその論旨を端的にいえば、日本民族および民族文化を共産革命の脅威から救出する唯一の方法は、戦後の「文化史」のなかで完全に断ち切られた「菊」（文化）と「刀」（暴力）を一つのものとして本来あるべき包括された姿にもどすことである。具体的には、文化概念としての〝天皇〟とそこから栄誉の絆で結ばれた〝軍隊〟の復活がそれである、と三島はいう。

エッセー「若きサムライのための精神講話」「戦後のデモクラシーと反抗する世代」などの連載開始や座談会、あるいは「日本文化会議」の理事としての職務と多忙な合間をぬって空手、剣道と武闘訓練にも汗を流していた。武闘訓練も隊員になった者の必須科目だった。

空手初段、剣道五段というのが三島の段位だったが、家紋入り黒革貼りの胴はとりわけ三島の自慢だった。それを身につけ神田、碑文谷、板橋と各警察署の道場に出向いては毎週のように手合わせをしていた。このときは世事の煩いなどすべて忘れあたかも二葉龍胆の家紋が金色に輝く胴衣姿の『剣』の主人公・国分次郎のようにひたすら華麗な剣の舞を演じていたに違いない。

こうした格闘技やボディービルで肉体の鍛錬に精出すのも、三島にとって強靱な肉体自身も確固たる〝思想〟だからだ。

体験入隊の引率も三島の重要な仕事だった。隊内生活を実際面で教えるのは前期を終えた先輩格の者三、四名が必ず同行するため彼らにまかされるが、期間中の前後二週間は三島も行動を一にする。

持丸の審査をパスしたとはいえそれだけで祖国防衛隊の中核隊員になれたわけではない。それには一ヵ月間の体験入隊を経てはじめて下される推挙を待たなければならない。反共の防波堤となり得べき祖国防衛隊は志操堅固にして運命共同体たる戦士軍団だからだ。その中核を担いたいのならまず体験入隊という〝通過儀礼〟をクリアすることだ。

持丸の眼で選りすぐられた第二次体験入隊者数は三三名。この学生たちが無事体験入隊を完了すれば隊員は第一期生と合わせて五〇名になる。この数は一〇〇名程度の中核的幹部要員（民間将校団）を養成すると「祖国防衛隊基本綱領（案）」で謳った半数に達する。

この数はそして、祖国防衛隊構想を一般公募段階と法制化段階の二つに大別したがその前者（これは準備と実施の二段構え）の条件、すなわち「――一種の民間将校団として暗々裡に養成する」目途をたたせるものだった。こうした条件の結果である、三島の胸中に期するものが芽生えはじめたのは。

第二次体験入隊者の壮行会を兼ねた会合を一期生をまじえて市ヶ谷会館で開いたのは、その期するところに一歩踏み出したものであった。

昼食をはさみながら学生や自衛隊幹部ＯＢの同席するまえで三島は今後の活動方針、会の名称、会の基本的立場ないし姿勢等についての説明と質疑を行なう。

結局出席を断わるがじつは山本一佐もこのとき出席の要請を三島から受けていた。現役の自衛隊幹部が訓練や活動面でバックアップしていることがマスコミに漏れる危険を懸念したからだ。協力関係が世間に露見したときこそ破局、という認識では双方とも一致していた。

だがむしろ山本の欠席の理由は、祖国防衛隊をどのように位置づけようとしているのかの認識で少なからずのギャップを三島に抱いていた、というほうにあった。しっくりせぬものを残しておきながら体面だけつくろうことに忸怩たるものもあった。

三島の小冊子を一読し、即座に共感をおぼえつつも反面いくつかの疑問ももった。その一つは、〝志操堅固な者たちにのみ武器をとらせ〟〝自衛隊から独立した民衆の戦士集団〟を目指し〝民族資本による資金調達〟を期待して民防構想の実現をはかろうとする意図への疑問だった。

自衛隊から独立した戦士集団の存在にはまず母体となるべき政党政治集団が必要、というのが山本の持論だった。生活条件、生活環境、生活の利害、思想信条その他さまざまな条件を異にする雑多な民衆をその政治目標に沿って組織していくには主体的党の存在が必須条件、という理由でだ。資金面を財界に求めることに対しても自主的・主体的姿勢を堅持する方針からすれば逸脱することになり、それ自体すでに政治的中立を保つことはおろか資本家の走狗といった批判は免れまいという杞憂がつきまとう。

疑問の二つめは、「志操堅固な者たちにのみ武器を携行させる」点についてだ。

これを字義どおりに解釈すれば秀吉の刀狩り、ないしは明治の廃刀令以来の、民衆の武器携行は認めないという時の権力者の強力な地殻に変動を加えることになりはしないか。つまり現体制と真向から対立することになりはしないかというそれだ。

予断を許さない、容易ならざらん困難さを〝三島私案〟にみた山本は総論で一致しつつも各論でまだ詰めるべき議論の余地があることを三島に感じていた。

第二次訓練の終了を待って会の今後の方針が討議されようとする矢先であった。三島はいわれなき中傷に激昂するのである。

「先日、私は藤原さんの案内で日経連会長の桜田武氏のところへ相談に行ったんです。その際、桜田氏は私に三〇〇万円の援助を切り出し、『君、私兵なんぞ作ってはいかんよ』といったんです！」

目黒区八雲の自宅に山本をブラリと訪ねたとき、かつて初の体験入隊で世話になった藤原岩市陸将が政界入りの準備をはじめていること、その根回しで全国各地を講演行脚していることなどとりとめもない雑談のなかでしかし憮然と三島は言った。

一般公募段階で企業から中・高卒の若い社員を受け入れ、そこで一定期間軍事教育を実施することと併《あわ》せて資金面を民間企業からの援助に仰ぐと綱領のなかで明記している。桜田日経連会長を訪問したのはおそらくそのことの打診だったに違いない。そしてそこで三島は金も出すが口も出すという、財界人特有の横柄で無神経な態度を桜田にみたに違いない。

無論この桜田の申し出を三島はきっぱりと辞退している。とはいえこのときの三島の悲痛を思うと、その無念さには慮ってなおまた余りあるものがある。ともあれ以来会の財政はすべて三島の収入から捻出され、あとにもさきにも〝企業回り〟をするのはこのときかぎりであった。

財界トップの皮肉とも忠告ともとれる一言はだが三島の決断を加速させるにはかえって役立った。民防構想では会員の裾野を企業社員にまで拡大するとなっているが、桜田の一言はもはやそれさえ不可能たらしめたことを悟らせるものだったからだ。ことここに至れば民族資本の援助のみか企業社員との連繫についても再考は必至だった。〝横〟への拡大は断念しなければならない。かわって三島は〝縦〟への深化を選択した。

三島のこの決断は会員相互の結束をより増進させ、そしてそれはそれまでの〝名もなき会〟にそれなりに相応しい名を付けようという気運をも盛り上げた。

第二期生誕生で民間将校団は予定の半数に達した。ある程度の地歩も固まり、今後の運動方針にも見通しがついた。このうえ会の輪郭をいっそう鮮明にさせるにはそれまでの〝名もなき会〟に正式な称号を与えることだ。

名称を会員に募った。そこで候補に挙がったのは一期生の金子弘道が提案した〝御楯隊〟だった。

この名の出典は、江戸末期の歌人である橘曙覧《あけみ》の「大皇の　醜の御楯といふものは　ここなるものぞと　進め真前に」により、それは防人のいさおしさをたたえた歌だ。間接侵略にそなえての〝楯〟になろうという会の理念にその名はもっとも相応しい。全員これに異議はなかった。

けれどこの名にはそのものずばりといったところがあり、いかにも右翼的といわんばかりである。三島の意見もはさみ、結局あいだに「の」の字を挿入して「楯の会」に落ち着いた。

第二期生にも制服が新調された。それは持丸の手からめいめいに渡されていった。もっとも正確には授与ではなく貸与というのが「楯の会被服貸与規程」に定められている。

それによると、会員になった者には夏冬用制服上下および制帽一式、作業服上下一式ならびに作業帽、半長靴一足、特殊警棒一丁とその覆いが貸与される。ただし脱会または会員としての資格を剝奪された者はこれらをただちに返納しなければならなかった。

「楯の会」は新名称のもと、制服を着用した五〇名の若き会員とともども新たな出発をいま開始しようとしていた。一九六八年十月のことである。

第五章　「反革命宣言」

一　治安出動へ先鞭

「楯の会」結成式は虎ノ門の教育会館で行なわれた。

街頭では「一〇・二一」を闘争の決戦場に、と叫ぶ反日共系全学連の激しいデモやゲリラ戦が都内各所で展開していた。何もかも騒然としていたなかではこの生まれたばかりの赤子があげる産声などたちまちかき消されそうだ。が、それはしかしささやかながらも右翼民族派に新潮流の先鞭をつけようとする者の門出には何かしら暗示めくものがあり、かえって相応しくさえあったろう。

こうした状況下でこの日の訪れを迎えた三島にはあたかも逆風のなかに帆を揚げる感があり、凛々しい制服姿で整列する五〇名の頼もしい会員を前にして行なう訓辞にもさぞかし感激ひとしおのものがあったに違いない。

会員も半数に達した。名称も、漱石の猫のように名もなかったが、これにめでたく「楯の会」という名が付いた。行動理念も共産革命の危機から民族、そして民族文化と国家を防衛することを掲げ、目的も、警察力だけでは阻止し得なくなった左翼勢力による治安攪乱に際し、自衛隊出動までの間隙を埋めることと具体的に示した。「楯の会」のあとに残るは、それをいかに実践するかのみであった。その実践を試すには十月二十一日の国際反戦デーこそタイムリーであった。

既成左翼、とくに新左翼各派セクトが「一〇・二一」を闘争の正念場に位置づけたのにはそれまでとってきたあらゆる闘争の総決算という意味合いがあった。

学費値上げ反対、学内民主化要求で端を発した学園紛争は東大全共闘学生による安田講堂占拠に至ってそれまでの単なる学内闘争から明らかに政治闘争、階級闘争へ転換していった。〝帝大解体〟〝労学共闘〟〝大学を階級的政治闘争の場に〟さらには〝火炎ビン方式をとる〟〝棍棒を小銃、機関銃に変える〟等々の字句が彼らのアジビラには躍り、〝革命〟を公然と叫んだ。この延長上に成田新空港建設反対、沖縄返還要求、米軍のベトナム軍事介入阻止等の示威行動があり、「一〇・二一」はそしてこれら一連の闘争の集約されたところにあった。

「一〇・二一国際反戦デー」。これは総評が他の労働団体に呼びかけ、一九六六年に世界の平和とベトナム戦争反対のためにとった国際統一行動日にちなむものだ。反日共系各セクトはこの日を一大決戦の日としてシンパや活動家の大動員をはかった。もっともすでに前哨戦は十月八日都内各所で展開した機動隊との激しいゲバルトで始まっていた。

この闘争で山手線、中央線、総武線とも終日ダイヤは混乱、デモに巻き込まれて負傷する者約一二〇〇人、デモの逮捕者は早くも一四四名に達した。

前日の十月二十日より都内各拠点に続々と集結しはじめていた新左翼各派は翌日になると機動隊とのあいだで散発的な衝突を起こしていた。時の経過とともに衝突も散発的なものからしだいに全面的なものへと発展してゆく。

デモの渦は新宿周辺へとなだれ込んでいった。黒、白、青、赤。ヘルメットの色の違いはそのままセクトの路線や思想の違いを示すらしい。しかし一般市民にはどのスタイルも同じに見えた。つまり「――国家変革の情熱には燃えているかもしれないが、全学連の諸君のタオルの覆面姿には、青年のいさぎよさは何も感じられず、コソ泥か、よく言っても大掃除の手つだいにゆくようである」と揶揄した三島と同じに、である。

山手線をはじめ都内の国電はほとんどストップ状態に陥り、交通も道路の遮断で大渋滞をきたしていた。新宿周辺はさながら彼らの解放区の様相を呈していた。

一般市民も、遠巻きに学生、機動隊双方の動きを見守っていた。ところがこの市民も衝突のエスカレートにつれ、群集心理にあおられてか学生たちに呼応し、一緒に投石をくり返し、はては機動隊の警備車に火を放つありさまだ。

火炎ビンが飛び交い、催涙弾が容赦なく発射され、放水車がうなりを上げる。激突の場面も国会周辺、神田、お茶の水周辺、銀座、六本木の防衛庁前で展開され首都東京はまさに革命前夜を想起させた。

闘争は新宿駅突入、占拠でピークに達した。駅構内は火炎ビンの炎が飛び散り、油くさい黒煙がいたるところでくすぶっていた。警備当局はこうした最悪の事態をうけて翌二十二日未明、ついに騒乱罪適用という強硬手段に踏み切り全員逮捕に総力を傾けた。この結果七三四人が検挙され、負傷者も双方合わせて一四〇名を出していた。

この渦中にじつは三島や楯の会メンバーもいた。山本の指示に従い彼らはデモの流れを追うように騒乱現場をつぶさに観察して歩いた。実践は試されようとしていたのである。山本の指示どおり実際目と肌でその実態に触れるのだが、三島が〝間接侵略〟のありのままの姿を目の当たりにするのはここでであった。

三島は腕に「新潮社」の腕章をつけ、新潮社の記者になりすまし、黒革ジャンパーにオートバイのヘルメットという出立ちで第四第五機動隊はおろか国会、大臣官邸にまで乗り込んで取材し、さらに神田、銀座、お茶の水、新宿と各派セクトが闘争拠点にした地域に潜入した。

このとき三島には大島加作がボディガードとして傍についていた。これも山本の指示だが、大島は現役の情報部下士官として山本の下で働き、それまでにも羽田闘争、佐世保闘争、成田闘争など主な闘争現場へひそかに潜入しては写真を撮るなど情報収集にあたっていた。山本が〝腕利きの情報マン〟と太鼓判を押したのもそうした修羅場をかいくぐってきた度胸のよさを買っていたからだ。

このときも大島はフリーカメラマンの倉田常仁という偽名をつかい三島の私設秘書になり

すましていた。大畠がファインダーをのぞき、シャッターチャンスを狙っているのにも頓着なく、デモの渦の中にどんどん三島は入っていった。

お茶の水の日本医科歯科大学の現場では足下に降ってきた火炎ビンを手にとり、逆にデモ隊へ投げ返し、頭上で催涙弾が炸裂するお茶の水駅前の市街戦では催涙弾にはレモンが効くといってくれた学生のそれを持って駅の公衆便所にかけこみ、目を洗っていた。

銀座四丁目の凄まじい激突戦の中では突如交番の屋根によじ登り、雨のように飛んでくる投石に身じろぐどころか興奮で体を小刻みに震わせ、目の前でくりひろげられている激闘に目を凝らしていた。

三島がそうなら大畠もあるいは火炎ビンに逃げまどい、あるいは学生のゲバ棒に脳シントウをおこして昏倒していた。

騒擾状況のなかでしかし三島の胸は高鳴り、緊張と心地よい興奮とに陶然としていた。そこにはすでに作家三島の姿はなく、あるのは武人としてのそれであった。

いま眼前で展開している光景こそまさしく内乱であり間接侵略そのものである。楯の会にもし先鞭をつけるときがあるとすればまさにこうした事態に直面したときだ。危機感と焦慮感とが交互に襲う胸をおさえつつ三島はそう自らに問いかけていた。

都市機能は完全にマヒし、群衆はモッブと化し、七三〇名にもおよぶ逮捕者と警官とデモ隊双方に一四〇名もの負傷者を出した〝新宿騒乱〟も、夜更けが近づくころには潮の引いた海面のように、凄惨な戦いの跡だけをむなしく残しながらやがてもとの静寂さをとりもどしていった。

各所に散っていた楯の会メンバーも連絡拠点として構えていた赤坂の国立劇場にふたたび集結していた。全員帰還したところで三島はその場でただちにその日の全行動について総括を行ないたいとの要請を山本に迫った。

その日見たもの聞いたものを披露せずこのまま解散したのでは胸の興奮はおさまらない。第一惜しい。架空の戦場ではない、流血もあり負傷者も出た本物の戦場を実体験してきたのである。楯の会としてもこの際なんらかの意思表示をする必要がある。

こうした思いは三島ばかりではない。伊藤邦典にしろ金子弘道にしろそれは同じだった。なにしろこの日二人とも群衆のなかにいて〝新宿騒乱〟の一部始終を目撃していたのだ。

一人の青年が群衆のなかから飛び出し、警備車輌を左右にゆすり始めるとヤジ馬がそれにたちまち同調しエンジン部から火の手が上がるや狂喜の歓声でどよめいた。群衆の渦の中で伊藤は、同様のモッブが都内数ヵ所で同時発生したら、と仮定しそれに備える警備体制の脆弱さと自由主義体制の危機を深刻に受けとめた。

学生たちの行動を戦後の泰平ムードに絶望し、自己疎外に苦悩し、戦後の、神話化された平和主義、民主主義はもはや清算されるべき時期にきているのではないかという認識で新左翼と一致する金子には理解できるとしながらも、それが日本の文化、伝統と相容れざるものであるかぎり容赦せぬと決意する。

二人の感慨はすなわち会員全体のそれでもあったろう。だから、山本にそそがれた眼差しのうちには、当然三島の要請を受諾せよという無言の圧力がともなっていた。にもかかわらずあえてこれを拒否したうえなおかつただちに解散することを逆に進言したのは、楯の会にこの日実施させた行動はあくまでも訓練の一環にすぎなかったからだ。現実の騒乱現場を戦場と見立て、そのなかで指揮系統が混乱した場合、あるいはスムーズに伝達が行き届かない場合、ないしはその指揮自体に過誤があった場合などを想定し、それに直面したとき中核隊員として自己の判断を適切に下せるにはどうすべきか、それを実体験を通して会員に学ばせるために「一〇・二一」はあったのであり、山本にすればそれ以上ではなかった。

それよりなにより、楯の会の目的が治安出動の先駆とするなら当然〝敵〟がそこにいなければならない。ところが肝心の敵はまだ本性をみせたわけではなかった。都市機能はマヒし、群衆はモッブと化し、多くの激突場面では流血もみた。〝革命〟を本気で想起した者も少なくなかった。でありながら彼らの目的は未完に帰した。大衆を動かしているやに見えてもやはり共感を得てのことではない。このときの大衆といえども翌日には生活者として市民生活に確実に還っていく人たちである。この限りでは決定的破壊とはいい得ず、敵の本性が現われないのもまたしかりである。であればあるほど実戦と訓練を履き違えてはならないのだ。

『論争ジャーナル』は、〝新宿騒動＝私はこう見た〟という見出しで各界の有識者を対象にしたアンケート調査の結果をさっそく掲載した。

㈠十月二十一日夜の新宿における学生の行動をどう感じたか。㈡一六年ぶりに騒乱罪が適用されたが適用は妥当か。㈢㋑警備側の当夜の規制態度について、㋺今後の警備体制はどうあるべきか。㈣当夜のモッブ化をどうみるか。㈤革命を招来するうえで当事件はその役割を果たしたか。等の設問をたて、対象者はこれに一つずつ答える仕組みになっている。結果は、学生たちを〝狂乱〟〝暴徒〟のレッテルでひと括りにしたうえ決まり文句で非難するという点で、どの識者も似たようなものだった。たとえば木下半治は㈠について非常に行き過ぎと言い、竹山道雄は言語道断と決めつけ、平林たい子は「気狂いという他はない」と断言し、さらに警備の一層強化をのぞむと注文している。そして村上兵衛やミッキー安川は、革命にとってかえってマイナスにこそなれなんの効果も与えない、アメリカで同様のことが起こればとうに銃殺ものだ、とまでいう。

ただし三島は、㈤の設問に対し革命側警備側双方にとってプラスと答え、さすが凡百な識者とは違った視点から一定の評価を下している。死守せんとする大義のためには体を張るか張らぬか、命を賭けるか賭けぬかで革命の道義を問おうとする三島なればこその、それは答えでもあった。ある意味で三島は、その姑息さ、狡猾さのゆえに民青は徹底的に嫌悪したが三派には、もっとも恐るべき敵でありながら心情的に親近感を持っていた。

「反革命宣言」は事実上、十月二十一日の〝新宿騒乱〟で体験し、そこで得たさまざまな教訓から浮かび上がった思想を簡潔に、そしてより体系的に組み上げ、楯の会の〝行動原理〟へとアプローチする「綱領」的文書だった。その意味でこの論文は楯の会のアイデンティティーを問うものといってよい。実際「青年たちの要望に応えて」この論文を書いたことを三島も隠していない。

〝新宿騒乱〟からこの論文が公表されるまでの期間には、三島と会員とのあいだでいく度もの協議が重ねられたことは想像に難くない。協議は会員が五〇名に達した楯の会の今後はどうあるべきかに費やされたが、当然そのなかではこの「一〇・二一」も討議の対象になったのは予想できる。

「われわれは新宿動乱で、モッブ化がどのような働きをするかつぶさに見た。あのモッブ化は日本の何物かを象徴している。あのモッブ化こそは、日本の、自分の生活を大切にしながら刺激を期待し、変化を期待する民衆の何物かを象徴している。

あのモッブ化によって反革命がどのような攻撃にあったかは目に見えているけれども、それに立ち向うには、われわれは自分の中の少数者の誇りと、自信と、孤立感にめげないエリート意識を保持しなければいけない」（「反革命宣言補註」）

この一文こそしたがって討議の末に得た楯の会と会員の決意の一端を示したものだ。

「反革命宣言」が『論争ジャーナル』誌上に載ったのは一九六九年二月号であった。五項目からなる宣言文は、その名が示すように革命に対する反革命、換言すれば共産主義に対して反共産の姿勢を堅持することを内外に宣言するものである。

まず第一項で、「われわれはあらゆる革命に反対するものではない」と前置きしたうえで、自分たちの立場を「共産主義を行政権と連結せしめようとするあらゆる企図、あらゆる行動に反対」する者であると規定する。その理由は、「共産党宣言」は「一切の社会秩序を転覆することによってのみ自己の目的が達成される」と公言している、がしかしその「社会秩序」の中に「わが国の文化・歴史・伝統」が包含されているからだ。

第二項では、守るべき日本の文化・伝統・歴史の保持者として最終の代表者と自らを任じ、神風特攻隊の行動原理の如く自らを最後の者として「よりよき未来社会」を標榜する左翼勢力に対峙するという。

第三項はこの宣言の真骨頂を示したものだ。すなわち戦後の革命思想がすべて弱者の集団原理によって動いてきたのに対し、「われわれは強者の立場をとり、少数者から出発する」ことを公然と打ち出し、弱者の論理、多数決の論理から出発した戦後民主主義を欺瞞と断定してこれに挑戦している。

第四項は、「なぜわれわれは共産主義に反対するか」という設問を立て、その一つの理由にわが国の文化・歴史・伝統およびそれを象徴する天皇と天皇制にそれらは相容れざる存在をおく。カリスマ的ないしファッショ的政治支配体制を念頭におく三島にとって天皇は、「われわれの歴史的連続性、文化的統一性、民族的同一性」の唯一の象徴であった。第二の理由に、言論の自由をおいた。

第五項では、〝有効性〟を度外視したところに「日本の美の伝統を体現するわれわれ」があり、「千万人といえども我往かんの気概」をもって蝕まれた日本精神の覚醒に臨む精神の在処を宣言している。

これには「反革命宣言補註」が同時に発表されているが、この論文を要約するなら、革命勢力に対して強者の論理で武装した少数者の反革命集団による、その目的性も「よりよき未来社会」構築のためにではない、わが国の文化・歴史・伝統とその象徴たる天皇を護持するためにあり、反革命はその前衛としてある、ということになろうか。

天皇護持のためにはテロリズムも辞さずというこの論文は共産主義に敵対するのみか、民主主義の前にも立ちはだかるものとして、そのショッキングさのゆえにたちまち読者の反響を呼び起こした。

反共一辺倒、資本主義経済機構の矛盾について言及されていない等々の批判のほか、二十三歳のある青年からは、三島論文に否定的でありながらもなおかつ右翼側左翼側を問わず必読の論文であることを認める声、あるいは皇学館大学三年という学生のように、舌足らずさにかえって歯がゆさは禁じ得ないという叱咤の声などじつにさまざまな反応が編集部デスクに寄せられた。

そして八月五日発行の夏季特別号ではついに「三島理論に対する共産主義者の反論」と題する、北村耕（民主文学同盟員）の批判文が五ページにわたって掲載された。

北村は、「反革命宣言」の根底をなすものは、民主主義社会を守るために闘うのではなく、「天皇護持であり、その天皇を終局的に否定するような政治勢力を粉砕し、撃破し去る」ことにあると規定したうえで、民主主義を衆愚思想と決めつけてはばからない三島の唯我独尊的なその独善性、国士的ポーズを痛罵した。

一方、執筆者の三島本人も論文をめぐっての論戦を挑まれていた。相手は山本一佐の知人だが、第二項目の、とりわけ「あとにつづく者あるを信ず」の思想と、「有効性は問題ではない」という部分に批判が集中した。

「行動する以上勝たなければ意味がない。であれば有効性は問われ、それを無視した運動などあり得ず、もしあり得たとしてもそれは思想をもてあそんでいるにすぎず、空想に等しい」

相手がこう詰問すれば三島は、

「いやそれは違うんだ。言葉の遊戯や思想云々じゃないんだ。実際に自らの生命を賭けて斬り死にすること、そのことによってあとにつづく者をまた作り出すんだ。武器はだから日本刀で充分なんだ」と防戦する。

さまざまな波紋を投げかけた「反革命宣言」も、しかし「文化防衛論」と対で読めばなんら理論的矛盾はなく、むしろ三島理論の一貫性を読者はじきに理解するはずである。

二　日学同脱退

『森田必勝・わが思想と行動』では、日学同脱退の理由を「一身上の理由」としかのべていない。したがってその一身上とは具体的に何かというと不明だ。けれど森田が日学同を脱退した時期には他の日学同出身の楯の会メンバー多数が同時に脱退している。そのため一身上の理由とした森田の脱退の動機を明らかにするなら、彼らの脱退の弁が手がかりになるであろう。なにしろ彼らは一様に同志的絆で結束し、とくに小川などは森田を兄とも慕い一心同体の間柄とまでいう仲だった。

たとえば日学同の創立メンバーの伊藤好雄は、「日学同の文化サークル的、サロン的雰囲気にあき足らず、自分の思想なり行動をもっと直接的にぶつけられる方向を模索していた」と言い、持丸博は「学生運動の限界性を日学同に見てしまったため、クーデターを志向していた自分にはもはや楯の会しかない」という理由から日学同を脱退している。

羽田闘争や学園紛争でみた全共闘学生の傍若無人な行動から、これに対抗できる学生組織はないものかと物色していた矢先に日学同と遭遇し、森田の強い勧誘もあって入会にはまったく躊躇しなかったという小川正洋でさえも、「文化人を呼んでの講演会や街頭のビラ配りをしたが、大衆は動かない。やっているうちに組織絶対主義に陥って、活動に疑問をもち、森田さんらとともに退会した」のである。

けれど彼らの主張も日学同のなかでは少数派だった。全学連との抗争や全国学協など民族派同士の内ゲバが一段とエスカレートするという困難な局面のなかで、組織防衛をまず優先しようとする主流派からすれば、小川らの言動は組織の弱体化を招きこそすれプラスにはならず、黙視できないに違いない。しかも彼らは日学同と楯の会と二重加盟をしている。そのことも組織の維持発展を望むうえでは妨げになる。そこであえて彼らに宮崎正弘は〝除名〟を宣告した。

この除名という名の制裁を用いたのは長い民族派運動史の中で初の行為であったが、そのとき除名にあたって宮崎は、「共産主義者に魂を売った」という理由を彼らに添えている。日学同を裏切った者はすなわち共産主義者の利敵行為に通ずる容共分子、といういわばセクト主義の論理のまえに脱退組は除名されたことになる。もっとも、日学同の〝粛清〟の歴史はこれにとどまらなかった。国家社会主義者、ヒトラー主義者、新左翼カブレなどと決めつけ、左翼ばりに不満分子、批判分子を容赦なく切り捨てていった。

両者の対立はしこりとなって現在に至ってもなお尾を引いている。つまり、日学同系の「憂国忌」と「野分祭」の相克である。前者には楯の会の元メンバーの出席はまったくない。ともあれ日学同の論理が大衆運動、学生運動、政治運動（政界への進出）へと偏向していくのとは別の地点に脱退組は立とうとしていた。数を頼みとし、個人の意志より先に組織の論理を優先させようとする組織運動に限界性を見てしまった彼らは、その逆を行くことで活路を見出そうとしたのだった。

日学同のこの脱退騒動はじつは全国学協運動にも飛び火していた。結局それが原因で古賀らは学協と絶縁した。

古賀、小賀ともに神奈川大学協に所属していた。全国学協は生学連（生長の家学生会全国総連合）を母体に一九六九年五月に結成されたものだが、二人とも両親が生長の家の信者であったことから錬成場や学生道場に出入りし、そこで皇国観念、尊皇教育、反共教育などさまざまな洗脳教育を受けた。

なにしろ先輩からは、「われわれ愛国者は、今こそ共産革命から国を守るのだっ」「共産主義者を撲滅せよ」「共産革命から国家と国民を守れっ」とハッパをかけられていた。そのうえ身近には〝神誌〟と信者は称する『白鳩』『理想世界』『生長の家』等の機関誌があり、そのなかでは憲法改正も堂々と唱えている。国体観念や改憲論にも関心を示し、やがて自己の生命と国家の生命が一体化された、つまり天皇を中心とした天皇制国家の復活を標榜する古賀たちであれば、日本文化研究会を結成するのも、在学する神奈川大学に反帝学評など新左翼系学生によってもたらされた学園紛争はまさに共産革命の前兆であり、それに対抗する神大学協に入会するのも当然の成り行きだった。

ところが実際学協に入ってみれば全学連と何ら変わらず、「学園正常化」「自治会回復」など本来の目的などどこへやら、内部抗争に血道をあげているではないか。

民族派学生組織には学純同、新日本協議会、靖国学生連盟など合わせて九〇団体約一万二九〇〇人（一九七四年末現在、警察庁調べ）の陣容を擁するが、組織力、動員力という点で日学同と全国学協が双璧をなしていた。民族派学生運動はこの二派に収斂されていたといってよい。

当初は自治会に共同で候補者を擁立したり全学連との抗争にも統一戦線を張るなど、ともに友好関係を保っていた。ところが組織拡大から互いに全国制覇を競い、さらに「民族派全学連の結成を」などと学協側が声高に叫びはじめると、両者はライバルとしてはっきりと対立するようになる。

対立の構図は、全共闘の東大安田講堂陥落と同時に全学連パワーが下火になっていくのとは逆にいよいよ険悪の度合いを深めていく。全国学協運動は民族派全学連、あるいは都学協結成へと着実に地歩を固めつつあった。これに嫉妬したのか日学同はさまざまな妨害を加え、ついにはなぐり込みの大乱闘を演じもする。

「いがみ合わなければならないのが組織の宿命かと疑問を持った。あれでは全学連の裏返しに近づいているという感じだった。全学連は戦後の長い歴史がある。全国学協が誕生二年ぐらいでこうなっては、全学連と同じような道をたどるのではないかと思った」

公判の席上でこう小賀正義は陳述したが、彼にすればそうした内ゲバに堕した民族派運動はもはや自分たちが目指しているものとは別物であった。やがて見限りをつけ、組織とも疎遠になった。もっとも全国学協自体もその後内部抗争の激しさから分裂解体という転落の道筋をたどる。

森田が日学同を脱退した理由は二重加盟をきらった三島の意向や運動の比重を楯の会に移したなどもあったろう。だが、真意は他の脱退者同様、やはり内部抗争や組織絶対主義に陥ったところに限界を嗅ぎとったからに相違ない。

日学同からの脱退は全日本学生国防会議議長、日学同中央執行委員などの役職から離れることをも意味した。ところで森田は日学同脱退を決意する直前に、〝除名〟という汚名をのち森田に着せることになる宮崎正弘と一緒に、東大安田講堂での攻防戦を見に行っている。

医師法改正反対の医学部ストに端を発した東大紛争は反日共系学生による医学部卒業式阻

止、安田講堂占拠（一九六八年三月二十七日）という事態に至ってついに予断を許さない局面を迎えた。そのときの模様を三月二十八日付朝日新聞夕刊からみると、「二十八日の卒業式を前に全学共闘委員会の学生ら約百人が、式場の安田講堂ポーチに二十七日夜から座り込んだ。卒業式を実力によって阻止しようとの意図である。大学側は同日早朝、講堂の正面入口を板で閉鎖した。

東大医学部、付属病院の学生、医局員らは登録医制度と呼ばれる新制度に反対、この一月以来、授業、卒業試験、研修をすべてボイコットしてきた。大学側が十七人を処分したためいっそうこじれた。

二十七日は午後から三派全学連系の医学部学生が中心の全学共闘委員会と、民青系の東大自治会中央委員会が中心の七者連絡協議会が講堂前で別々に大学側への抗議集会をひらいた。『不当処分撤回』では両者の目的は一致しているが、三派系が卒業式の阻止、民青系は実力阻止が警官隊の導入を招き、大学自治の破壊につながると反対を呼びかけていた。民青系のすぐわきを三派系のデモが激しい勢いでかけ抜けるなどの情景もあり、大学側の警備員は両者の激突をしきりに案じていた。

安田講堂ポーチでの三派系集会は学外からの参加者を含め約二百人、背中合わせの民青系集会には三百人ほど集まり、さらにその横では白ヘルメットの革マル派学生約二十人が別の集会をひらいていた。午後三時すぎ、有志教官三百人ほどが出てきて学生たちを説得しようとしたがいずれも効果はなかった。民青系の学生達は午後八時ごろに集会を終り、約百人はそのまま教室などに泊まった。

三派系は同じ時刻ごろから講堂ポーチに布団や毛布を運び、黄や赤のヘルメットをかぶったままごろ寝していた。春には寒すぎる夜に備え、焚火も徹夜の構えだった」

卒業式はおろか入学式も混乱した。とはいえ当初は社学同を主流としてラジカルな闘争が展開されてはいたものの医学部にそれは限定され、泥沼化というにははるかに遠かった。しかし六月十七日の機動隊導入はこれを一転させ、全学的闘争への端緒をつくった。

大河内学長のこの措置に日共系、反日共系ともに弾劾声明を出した。もっとも民青の場合糾弾の鉾先は、安田講堂占拠が機動隊導入の口実を与えたとしてももっぱら全学連に向けられていた。とはいえわずかに教養、医学、文学の三学部にしか基盤をもたないにもかかわらず、東大紛争で終始ヘゲモニーを掌握していたのはどこかといえば三派系全学連であった。他の工学、農学、法学、経済学などことごとくは民青系に牛耳られていた。

権謀術数を弄し、巧妙な戦術で常に危機を回避しようとする民青の老獪さに嫌悪をおぼえるのは全学連だけではなかった。三島由紀夫もじつはその一人だった。彼は「民青の力こそ恐るべきものだ」のなかで、「共闘会議派の力は攻撃力としての力しか持たず、自治権というものの幻の破壊に急で、その隠微な利用方法については考えることをいさぎよしとしなかった。しかるに、民青系全学連はその力をうまく配分し、かつ自由に機能させた。その攻撃力としての力は機動隊には直接ぶつからず、内部ゲバルトで、ライバルの共闘会議派だけに向けられ」ていったといっている。

闘わぬ民青にはだからこんな替え歌も似合うのだろう。

「民コロ　民コロ　民コロロ　お石にあたってさぁ大変　学校出てきてどうするの　坊っちゃん一緒に守りましょ」

いったんは機動隊に排除されるが七月二日には再び占拠され、十一月一日には大河内総長辞任、かわって加藤一郎法学部長が学長を代行する。

長引く紛争に厭戦気分もあってか一様に及び腰の教授連のなかで林健太郎文学部長は安田講堂に軟禁されながらも九日間にわたった学生たちとの団交にも一歩もひるまぬという硬骨ぶりをみせた。じつはこのとき三島は林救出と称し、鉄扇を携えて東大に乗り込んでいた。

東大紛争のピークは翌年一月十八日、安田講堂を占拠籠城していた学生排除のため三たび警視庁第四機動隊が構内に突入したときである。

バリケード、火炎ビン、投石で激しく抵抗する学生はさらに工学部列品館、法学部研究室等にガソリンを撒いて放火し、警官隊の進入を阻止した。これに対し催涙弾、催涙液入り放水で警察側は応戦した。一方占拠学生の行動に呼応する別の全学連学生は神田駿河台から湯島一帯にかけてバリケードを築き、ここでも機動隊と攻防戦を展開していた。

安田講堂の模様は各テレビ局も生中継で全国に放映し、国民は画面の前にしばし釘づけにされた。このときNHKは四六・六パーセントというじつに驚異的な視聴率を記録したという。

瓦礫と化したバリケード、旗竿、ゲバ棒などが〝安田城塞〟の凄絶な激闘のあとを物語っている。まさに「つわものどもが夢のあと」の言葉が当てはまる。公務執行妨害罪、不退去罪等で逮捕されたもの二五〇名以上にも及んだこの攻防戦も、一夜明けた翌十九日には、大学正門の石柱に白ペンキで書かれた「造反有理」「帝大解体」のスローガンだけをむなしく残して終息した。

終息はそして戦後民主主義という欺瞞に糊塗された〝自由と平和〟に投げつけたこれら学生たちの疑問に、政党もマスコミも社会もなんら答えようとはしなかったそれであった。本郷通りに立ち、炸裂する催涙弾に目をこすりながら森田は眼前で展開されている激戦に目を凝らしていた。眼前の左翼学生たちとはやがて自分たちと生命を賭けた激突の日が遠くないことをそこで彼はますます意識するのだった。すなわち、共産主義革命に対し民族主義革命で抗しようというのだ。傍の宮崎への不意の呟きは、その思いのあらわれだったに違いない。

「俺の大学三年間の青春はといえば、まさに日学同幹部として民族派学生運動だけにあったようなものだ。運動を通じて三島先生を知り、大恩を受けた。今の自分はもう何も思い残すことはない。民族主義運動に殉じられる」

ガス弾の白い煙が激しく立ちこめるなか、学生機動隊双方の怒号、絶叫を耳に聞きながら森田は、そこに自分の軌跡をダブらせていた。そして、そこで見たものは足早に過ぎた三年間の大学生活と民族派学生運動に奔走する自分の二つの姿であった。そこには若者としてむしろあって当たり前の恋愛、流行、趣味を追う姿はほとんど欠落していた。だからといってしかし悔いはなかった。「我事に於いて悔いず」。これが彼の生涯の信条であった。

「組織に生きる男はお互いつらいなぁ……」

別れぎわ、さらにこう宮崎に呟くがこの直後であった、森田が日学同を脱退し、運動の主軸を楯の会に移すようになるのは。

十月二十一日国際反戦デーでみた新宿騒乱を契機として楯の会運動を量質両面から強化しようという動きが生まれた。一九六九年度の運動方針決定はそのあらわれを具体的に示したものだ。

この運動方針の決定は、六八年度の反省会を兼ねて持丸学生長以下楯の会の主要メンバーが、年の暮れ三島宅に参集した際なされたものだ。その内容は以下のとおりだった。
一、すでに会員となった五〇名の会員に対し、七月から始めていた市ヶ谷会館での月例会議を継続する。
一、自衛隊有志幹部による戦術教育の強化徹底。基礎体力維持のため新たに月二、三回日曜日ごとの体育訓練。
一、毎週一回面会日を定め、三島と会員との意志疎通をはかる。
一、第三期生の増加後、七名単位三箇をもって一隊を編制し、一〇〇名の隊員を四隊と予備の直轄グループとに分け、本部には自衛隊の幕僚組織に準じた執行部を編成し、随時動員、随時行動が可能な体制をつくる。

一、山本一佐による指導訓練を継続する。

一、一〇〇名の会員結成後は、富士滝ヶ原分屯地においてリフレッシャー（再教育）コースを開設する。

一、以上の活動を通じ、各自は軍人精神の涵養、軍事知識の体得、軍事技術の錬磨の三つのスローガンを徹底させ、「楯の会」結成一周年の記念行事を九月もしくは十一月に実施する。

この方針にもとづいて班長制度が導入された。班は憲法研究班、OB班を含めて一〇班に分割された。だいたいは一班当たり八名、多いところで一〇名が単位だった。第一班長森田必勝、第二班長倉持清、第三班長伊藤好雄、第四班長小賀正義、第五班長下山芳行、以下第六第七とつづくが、月一回の定例会のほか毎週木・火曜日それぞれを班長副班長会議の日とすることも合意された。もっとも副班長会議に限っては三島の出席はなかった。

楯の会の自主訓練として警備会社との連繋が計画されたのもこの一環であった。山本もこの案に、三島の補佐役として有能な指導者が必要という見地から大いに賛成した。じつはこの計画を打診されたとき三島からさらに実弾射撃訓練を実施したい、陸幕を通じ、今その方法を模索中であるなど具体的計画まで山本は打ち明けられた。

だがこの計画はあまりに大胆すぎた。山本は婉曲な言い回しでこれを拒否した。ガードマンとの連繋も、やはり所詮先方は営利を目的とする企業ということで期待するほどの成果もないまま長続きはしなかった。

持続しなかったことといえば機関誌発行もそうだった。平山芳信の発案で「『楯』——変革をめざす若者の軍団——」が創刊された。体裁はワラ半紙にガリ版刷りという同人誌にいくらか毛のはえたものだ。

この案に三島は、楯の会は行動が主体であり言論が目的ではないという理由からあまり乗り気ではなかった。だから創刊号でつぶれたときも嬉しそうに笑いこそすれ継続の意志などまったくみせなかった。それでも三島は創刊号に「『楯の会』の決意」という一文を、二〇〇字足らずの短い文章だが載せている。

「いよいよ今年は『楯の会』もすごいことになりさうである。第一、会員が九月には百名になる予定。第二、時代の嵐の呼び声がだんだん近くなってゐることである。自衛隊の羨望の的となるこの典雅な軍服を血で染めて闘う日が来るかも知れない。期して待つべし。そのためには、もう少し、諸君のピリッとしたところが見たい。例会集合時の厳守や、動議、提案に対する活発な反応など」

例会での活発な論議のなさに憤慨しているが、議題はそのつど三島の恣意で進行するというのが常であり、そのうえ会員には質問したくても、訊けばかえって恥をかくだけではないかという思いが先に立ち気おくれしてしまうことが多かった。それが結果として例会をお座なりなものにしていた。

じつは森田もこの創刊号に「永遠の恋人」と題して、「楯の会の会員諸君！　ぼくは二十三年の間、ただ一人の女性に恋をしている。彼女はぼくが生まれ落ちると同時に、あたかも天の摂理でもあるかのようにぼくの永遠の恋人としてぼくを育み、愛してきた。ぼくはその愛に応えようと一心に努力している。愛するということは非常に新鮮なものであり、魅力あるものである。恋愛そのものに没頭し、全てを忘れてしまうこともある。そしてそれ以上に愛することには必ず苦悩が伴うことも知ってきた。この苦悩をのりこえ、この恋愛に真剣に取りくもうと思っている」と書いている。

ここでの恋人とは比喩であろう。ただしその比喩がなんであるか、それには答えていない。日本国か、天皇か……。

ただ森田は、かつて先輩の矢野潤と人生論をめぐる議論のなかできいた、徳富蘇峰の歌だという「俺の恋人　誰れかと思う　神のつくりた日本国」がよほど気に入ったらしくよく口にしてはいた。

三　十二社グループ

日学同脱退が小川や田中らを合流させ、そのうえ〝十二社グループ〟の結成に走らせる動機になったかどうかは知らない。けれど、脱退直後に彼らは森田を中心に「祖国防衛隊」を創設したことを重ね合わせてみればこの〝因果関係〟もあながち否定できまい。

「祖国防衛隊」が結成されたのは、荒れに荒れた東大紛争もようやく沈静化されようとしていた一九六九年二月であった。森田必勝を隊長、小川正洋および野田隆史を副隊長、このほか事務局長田中健一、情宣局長鶴見友昭、組織局長西尾俊一らがそれぞれ担当し事務局は新宿区十二社の小林荘内に置かれた。

「祖国防衛隊」のメンバーを別に〝十二社グループ〟とも称した。リーダーの森田がそこに居住していた関係から自然その名が付いたのだが、〝十二社グループ〟と「祖国防衛隊」はだから同義語といってよい。

「我々は、祖国日本をあらゆる侵略から守るため、行動・理論・精神を一体として、真に皇国日本に殉じる活動を行ないうる人間を造るため、日常の心身鍛練をする。毎日の基礎体力づくりと学習会、年二度以上の軍事教練、講演会、理論合宿をもってこれを養成する」

これらを基本方針として活動を進めようというのだが、結成時に決められた活動方針のあらましを挙げてみると以下のようになる。

一年を前半期（四月〜九月）と後半期（十月〜三月）に分けたうえで、四月末から五日間富士滝ヶ原駐屯地にて軍事教練合宿。五月、三日間の理論合宿。六月、講演会および各団体の公開国防討論会の開催。七月、一週間の、韓国における軍事視察ならびに反共運動の視察。八月、一ヵ月間の自衛隊体験入隊。後半期は十月、伊豆諸島での野戦訓練合宿。十一月はなくて十二月、理論合宿。一月、軍事評論家、作家、大学教授との懇親会。二月、紀元節奉祝国民大会参加。三月、軍事、理論合宿、自衛隊体験入隊。このほか毎週土日曜の理論学習と軍事教練が必須になっていた。

小川の提案から言論面での活動にも着目し、「あかつき社」という名の機関誌発行も同時に検討された。けれど規約第一条でも謳っているようにこの組織は純然たる行動部隊と規定し発足していることから行動にこそ比重を置いている。そのため機関誌発行はどうやらそのまま沙汰止みになったらしい。もっとも、田中もそれを否定しなかったが十二社グループは一般に〝武闘派〟と理解され、これに対極する〝尚史会グループ〟と比較される。

じつは楯の会には森田派の十二社グループと阿部、本多が率いる尚史会グループの二大派閥が存在していた。もともと楯の会は日学同、全国学協、尚史会出身等の学生がそれぞれ出身母体をそのままにしながら参加してできたいわば寄り合い世帯だった。そのため意識の面でもずれがあり、必ずしも一枚岩で統一された組織とはいえなかった。

たとえば「天皇観」を一例として挙げても、「天皇は歴史的連続性、文化的統一性、民族的同一性の唯一の象徴」と評し、「文化概念としての天皇」観が三島のそれとすれば、これとは異なった位相からの天皇観をもつ皇学館大学田中卓派の「国史研究会」に属する学生のような会員も楯の会にはいた。

ともあれ十二社グループが「行」を代弁するタイプの集団だとするなら尚史会グループは明らかにこれとは異なる「知」の集団といえる。

このメンバーには本多、阿部のほか勝又武校、金森俊文、伊藤好雄、下山芳行らがいた。

名称こそ「日本の歴史を尚《たっと》ぶ」という意味から尚史会と変更したが、その精神は持丸が主宰していた日本文化研究会を継承したものだった。彼らの活動は単に内輪だけのサークル活動にとどまらず、たとえば大隈講堂に三島由紀夫を講師として招き、学生とのティーチ・インを開催するなど対外的にも活発なアプローチを試みていた。とはいえその活動は総じてプロパガンダに終わっていたのはいなめない。

武闘派をもって任じたのが十二社グループだとすれば、それは森田自身の人間性がそうさせたに違いない。

森田はけっして能弁家ではない。それを如実に物語るエピソードがある。それは事件直前のことだ。憲法研究会が市ヶ谷の私学会館で持たれたとき森田もそこに同席したのをみたある会員が、「学生長もなにか一言喋ってください」と水を向けた。ところがこれに森田は大笑いし、「俺は単細胞なので憲法のことなどまるでチンプンカンプンだ。勘弁してくれ」と謝るのである。

むしろ朴訥としたタイプであった。それだけに理論を弁証法的に積み上げ、検証しつつ行動の選択肢を選ぶという点では欠ける。そこでは理論は軽視され行動こそ絶対とする先験論が支配的となる。

けれど反面、〝はじめに行動ありき〟という論理の単純明快さは小川や田中の心を捉えたのも事実であったように、まず行動への渇望があり、そののち、余人にはその行動をもって語らしめるという点ではラジカリストにはない別な魅力がある。これこそ直情径行型の長所である。

　国家のために命を賭け、民族のために殉ずるという前提がまずはじめにある森田にすれば、それを表現するには実践以外方法はない。どのような高邁な真理を説こうとも、言論や言葉で命を賭けた者もいなければ命を奪われたとされる者もいないからだ。

　理論を軽視するといえば、事実二年間の共同生活のなかで白熱した理論闘争を森田とやり合った記憶はあったろうか、と田中はのち筆者に述懐した。あったとすれば「テロル」を肯定するかしないかをめぐっての一回だけだったという。しかもそれにしてさえ肯定的な田中に対し森田は否定的な態度をみせたにすぎず、それ以上の進展もないまま話はしり切れトンボに終わってしまったという。

　このとき田中になぜ森田は否定的だったのかは知らない。けれど実際は森田もテロルをあながち否定していたとは思えない。なぜならかつて彼は、山本一佐を講師にゲリラ戦略についての座学が行なわれた席で、

「人の殺し方を教えて下さい。刀をどう使えば失敗なく人を殺せるのですか」

「日本でいちばん悪い奴は誰ですか。誰を殺せば日本のためにもっともいいのでしょうか」

という質問をぶつけたことがあったからだ。

　あまりの唐突さに山本は一瞬うろたえたが、「死ぬ覚悟がなければ人は殺せない」「私にはまだ真の敵が見えてない」とこのとき答えたという。山本はしかしのちになって森田のこの質問の真意を質さなかったばかりか質問をはぐらかし、回避してしまったことを悔いている。

テロリズム否定の立場に立つならこのような質問を山本にぶつける道理がない。とすれば森田も結局田中と同じ地点に立つ同志だったのだ。

活動は方針どおり進められていった。毎週日曜日ともなると彼らは新宿中央公園を舞台に軍事訓練を行なった。ただし訓練はもっぱら夜間、人通りの少ない時間を選んだ。中央公園はアパートのじき近くであり、広いうえ地形的にも起伏に富み、草叢があり、建造物があり、樹木があり、と、訓練には恰好な場所だった。そうした地の利を得て彼らは木銃を携え、鉄カブトに戦闘服で身をつつみ、自衛隊の体験入隊で得た戦闘技術を再現してみせた。森田は銃剣術三段の腕前だった。理論学習も日本史や皇国日本を記した古典文献をテキストに続けられた。

韓国へ軍事および反共運動の実態調査という名目の視察旅行も実施された。軍事施設、士官学校、情報局などを見学し、三八度線にも足を運んだ。今なおつづく南北対立の緊迫した情勢を肌で実感するのである。そして彼らは日本の現状をそこに対比させ、韓国は軍事優先、日本は経済優先、言論統制のつづく韓国、言論の自由が保障されている日本、戦時下にある韓国、平和時にある日本等々、国情のあまりの違いや隔たりを痛感するのだった。

軍事教練は富士滝ヶ原駐屯地でのリフレッシャーコース、習志野空挺部隊での落下傘降下訓練以外でも筑波山、伊豆諸島での自主訓練を実施していた。とりわけ伊豆諸島を舞台に一週間にわたる野戦訓練は、それまで行なったどの訓練よりも実効あるものとして充実していた。

メンバーは森田以下一五名がこれに参加した。船で上陸した彼らはまず三宅島で訓練を開始している。次いで式根島、神津島と渡るのだが、木銃、鉄カブト、背嚢のかわりにナップザックを背負い、戦闘服の〝完全武装〟で敵味方の二手に分かれた。一方の指揮官は田中健一、さらに一方は小川正洋が指揮をとった。敵は共産軍と見立て中・ソを仮想したものだ。実際上の戦闘は武器が木銃ということもあり、白兵戦がもっぱらだった。それでも実戦さながらの訓練には緊迫したものがあった。

彼らは海岸に野営した。だが野営も訓練中は両軍別々にテントを張り、一切の交流を禁じた。自軍の作戦が敵に漏洩するのを避けるためだ。食料は自炊でしかも乾パン、牛乳、缶詰、梅干しといった野戦食の本格ぶりであった。

小林荘の二階西側に面した六畳一間の森田の部屋は、十二社グループのたまり場にもなっていた。狭い部屋はしかも自分たちの私物よりも多い隊員用の木銃、鉄カブト、特殊警棒などで占拠されていた。そこにはだから仲間の出入りも頻繁だった。ときには、森田とは幼友達の塩竹政之のように長期の居候を決め込む者もいた。しかしいかにも物騒な雰囲気とは裏腹に、彼らはそこでタバコを喫い、酒を酌みかわし、あるいはマージャンや将棋に興じ、部屋にいるかぎりはごくありふれた平凡な学生にすぎなかった。

このアパートは小川が手配したものだった。十二社通りから細い路地を入り、部屋の真向かいには「折鶴」という名のパーマ屋、あるいは八百屋、惣菜屋、薬局、タバコ屋が並ぶというようにしもた屋が立て込む一角にあった。田中などはそうした店に行っては自炊の材料を求めていた。森田も事件の数日前には八百屋に行ってダンボールの空き箱を二つもらっていた。

ドアを開けると正面吊り棚に祭壇が奉ってあるのが目に入る。そしてその右横の壁には額入りの、「武」という掛け軸がかけてあった。それは三島から森田に贈られたものだ。このほか森田には日本刀一振りもゆずられている。

同じく田中も形見として「大志」という掛け軸を三島から事件の直前に贈られている。こうしたものは鶴見や小川にも贈られていた。持丸博などは「雪中松相愈青々」という軸一幅を、二度目の自衛隊体験入隊のとき滝ヶ原駐屯地でもらい受けていた。西尾は、だが刀や掛け軸など物でもらわなかったかわりに言葉を、それを三島が自分に遺した遺言として深く心に刻み込んでいた。「十年一剣をみがくも、そうじん未だかつて試さず」というものだ。

この言葉の真意を西尾が理解するのは、事件後しばらくたってからであった。「自分の信念を行動で裏付けた。おまえもそのようにしろ」というように。

尚史会と対極をなす十二社グループが武闘派として行動一辺倒に傾斜していった背景には、運動方針で掲げているように「祖国日本をあらゆる侵略から守る」ためという使命感と、「あらゆる侵略」とはすなわちここでは共産主義革命を想定しているため、それに対抗するという危機意識とが作用していたとみていい。

なにしろ左翼陣営の勢力拡大化は大学を飛び越えて今や高校中学にまで浸透し、全学連の予備軍化はますます顕著になっていた。さらに国外に目を転じればソ連軍のチェコ侵攻、中国の文化大革命、フランスの五月革命、ベトナム戦争の激化等々、歴史はあたかも自由主義体制の危機を思わせる方向に拍車がかかっているかのようであった。

まさしく内憂外患である。森田ら十二社グループの面々に、それはもはや言論や大衆PRなどで抗しきれる程度のものではなくなったことを悟らせるのに充分だった。行動、すなわち共産革命に対し、民族主義をもって逆の武力革命を十二社グループは志向しようというのだ。

四　『論争ジャーナル』グループとの訣別

三月一日から二十九日まで第三回の体験入隊が富士学校滝ヶ原教育隊で実施された。この体験入隊には第一期生、第二期生も共に参加し、後輩たちの指導にあたる一方自分たちもリフレッシャーコース（再体験）を受け、汗をかいていた。

彼らは楯の会の中枢を担い、三島に倣って剣道、銃剣術、空手などを体得し、軍事教練でも自衛隊の現役将校の指導のもとでゲリラ戦略にもとづいた街頭訓練、あるいは座学など経験を積んでいた。軍人精神も高度に磨かれ、すでに軍人としてもプロの自衛隊員も及ばぬほどの、遜色ない能力をそなえていた。

新たに第三期生の加入により楯の会は七〇名に育った。量的にも質的にも、もはや「三島私兵」の域をはるかに超え、銃器こそ持たぬが実態は軍隊と寸分違うところがない。「玩具の兵隊さん」「宝塚少女歌劇団」「資生堂の花椿会と同じ、ただの仲良しクラブ」「三島のファンクラブ」などとあからさまに揶揄されもした。かと思えば、ある避妊具メーカーのCMをもじって「立て立て立てタテの会、使命感などさらになし」。あるいは機動隊に追われるヘルメット姿の全共闘学生に対比して、ミニやパンタロン姿のギャルの「カッコイイー」という黄色い声に追いかけられる制服姿の楯の会会員の姿を戯画化した漫画が週刊誌に載ったりし、随分コケにもされた。

会員に対する眼も、それぐらいだからいたって冷ややかなものだった。しかもそれは同じ民族派を志向するいわば〝身内〟から注がれていた。しかしその眼は反発というよりむしろ嫉妬からきたもののようである。なにしろ派手な制服、作家としての三島の知名度の高さ、自衛隊体験入隊等々どれもがマスコミ受けするような、しかも若者を引きつけずにはおかない条件が楯の会にはそなわっている。これと同様のことがはたして他の民族派で可能だったかどうか。だから彼らは歯嚙みしながら、「あんなところに入りたいなんて……しょうがない。ミーハーめっ」と唾棄してみせるのが精一杯だったに違いない。

けれどこの指摘は決して誤りではない。なかには明らかにミーハーと思われる者もいた。政治意識などまるでなく、最初から三島と親しくできることや制服のカッコよさだけを目当てに応募する者もいたからだ。いかに志操堅固を、といっても確固たる基準が選ぶ側にさえあるわけではない。チェック漏れということだってある。

だが、一ヵ月間における自衛隊体験入隊での訓練はそうした〝軟弱者〟をも許容するほど生やさしくはない。訓練はついていける者といけない者とをおのずとセレクトする。ミーハーはまずここで脱落する。したがって、この過酷な試練にみごと勝ち残ったものこそが戦士の称号を授与される。楯の会はそんな粒よりの隊員が参集して結成された戦士集団だった。

世間の風評など気に病むに足りない。それどころか楯の会への期待は会員増というかたちで一層高まってすらいる。訓練もそれに準じて強化されていった。二月には山本一佐ほか六名の教官団による寒中合宿が三島家の菩提寺である芝・青松寺で実施された。暖房もない、食事も缶詰が主体の粗食でおまけに就寝も吹きっさらしの本堂ときている。ここで二八名の会員は都市における遊撃戦の研究、地域戦の研究等を学んだ。三月には自衛隊体験入隊である。五月には新宿の淀橋浄水場、変電所、ガスタンクを舞台にした張り込み、尾行、街頭連絡等についての実地訓練である。このようにして会員たちは日毎に逞しく育っていった。

三島にしてみれば、そうあってくれと願っていたことでもあり、それはもとより望ましいことであった。でありながら杞憂に顔をくもらせるのは、会員の増加、訓練の強化にともなってかさむ経済的重圧に、徐々に圧迫されはじめてきたからだった。

かつて三島は「J・N・G仮案」で、中・高卒者を一定期間体験入隊させ、心身の鍛錬に具したのち模範社員となるべく青年として企業に還元するといい、ひいてはこのことはわが国の基幹産業ないし企業防衛にも繋がるのだから企業はこの間の旅費、滞在費、食費等を負担するということを盛り込んだ規約を作成した。

民族資本から資金援助を仰ぐべく日経連会長桜田武を訪問したのもこの延長であった。そのとき桜田は三〇〇万円の援助を約束したという。ところが桜田はいかにも財界人らしく、「私兵などつくっちゃいかんよ」との諫言を呈することも忘れなかった。三島はこれに憤慨した。そのためこのほうの望みはもろくも潰えた。

期待した助力は絶たれた。しかし思想上、路線上の違いから分裂したというならともかくも、経済的理由で楯の会が崩壊したとあっては三島の自尊心がまず許すまい。それこそ風評の思うつぼだ。だからといって資金援助を先方から申し出てくるような企業や財界からの、そんな手垢にまみれた金にも頼りたくなかった。もしそうしたものに甘んじれば既成右翼となんら変わるところがない。

三島は「『楯の会』のこと」のなかで、「運動のモラルは金に帰着することを知った。『楯の会』について、私は誰からも一銭も補助を受けたことはない。資金はすべて私の印税から出ている。百名以上に会員をふやせない経済上の理由はそこにある」と述べている。

三島にとって財政難から会や会員のモラルが低下するようなことだけは断じてあってはならなかった。とはいうものの一着三万円はするという制服の新調から例会ごとの食事代、あるいは体験入隊での旅費やら食費一切合財を独力でまかなうには、いかに超売れっ子の作家とはいえ限界がある。しかも会員を一〇〇名とするにはまだ相当数ある。

「この一〇〇名の会員を維持したいんですが、資金的に、どうもねぇ……」

こうした弱音を思わず山本に漏らすのもゆえなきことではなかったろう。だから、金になりさえすれば雑文も書きまくらねばならず、会員のあいだからは「出るのはやめろ」とまでいわれ、顰蹙も買わなければならない「資生堂」の化粧品のテレビコマーシャルにもあえて出演するようにもなるのであろう。あるいは、『三島由紀夫VS東大全共闘』の本が、東大全共闘との討論一ヵ月後に新潮社から刊行されたが、異例とも思える早さは財政上の苦悩がそれだけ深刻だったことを物語っている。このときの印税は双方が半々に受け取り、全共闘はそれを闘争資金に充当し楯の会は制服を誂えた。

楯の会を、少数の精鋭分子による短期決戦へと駆り立てた理由の一端にはこうした財政上の問題もあるいはなきにしもあらずであったろう。

あれほどあってはならぬと危惧した「運動のモラルの低下」は皮肉にも身内から綻びだしていた。『論争ジャーナル』の中辻、万代らの離反である。しかも三島との相克を生んだ要因はといえば金銭上のトラブルときている。

『論争ジャーナル』は中辻和彦を編集長に一九六七年一月創刊号を出した。彼らの意図はこの雑誌を舞台に戦前戦中派に対するありのままの懐疑をぶつけ、現代社会に対するアンチテーゼを組み、言論界に一石を投じ、それによって論争が巻き起こることを期待したのである。

旗色を鮮明にしたという意味でも既成の商業雑誌やマスコミ界にはない斬新さがこの雑誌にはあった。高邁な理想や精神と売り上げの良さはけれど必ずしも直結しない。当初一万部を目標にスタートしたが実際にはその半数にも達せず、早くも資金繰りに苦しんだ。窮余の策として特集号や合併号でそのつど切り抜けたもののそれさえ継続の手立てにはならず、ついに一九六九年秋季号をもって廃刊の止むなきにいたった。

この間、中辻らは資金援助をもとめて〝企業回り〟に奔走していた。そのときおまけに彼らは三島の名を勝手に語り、資金があたかも楯の会の運営を意味するような印象を与えていたともいう。

ともあれ彼らは御手洗辰雄、田中清玄らを資金提供者に当て、賛助者といってこの外に村尾次郎、林房雄らを立てた。けれどこうした財界や、黒幕として政財界に暗躍するような人物からのバックアップには当然それ相応のリスクがともなう。「自分は三島と楯の会のパトロンだ」、とある財界の要人が公の場でもらし、それが噂となってたちまち巷間に広まったというのもそのリスクのひとつであったろう。

この噂は三島の耳にも達した。聞きようによっては楯の会はまるで財界の〝用心棒〟でもあるかのようにも解釈できる。このことは、財界からビタ一文といえども援助を受けず、楯の会はすべて自己資金で運営されているという三島の自負心を損ねるのみか、楯の会の名誉をも穢さずにおかないきわめて由々しきものだった。三島は激昂した。破局は決定的だった。

彼らに対する信頼は厚かった。民族派青年運動を掲げ、それをもって言論界に一石を投じようという崇高な彼らの精神にもだから共鳴し、そこへ書く原稿はすべて無償という約束までするのだ。それればかりではない、「祖国防衛隊」結成では中軸をなした主要メンバーであり、血判を捺し、盟約を誓ったほどの同志でもあったのだ。

青年とは、「高い道義性」と盲目的といわれるほどの「純粋性」とを兼ねそなえた者をいう。

二・二六事件で刑死した栗原中尉の、アル中の自分の部下が演習中に酒屋へ飛び込んだところを大隊長に見咎められ、それがもとで重営倉送りになった。その責任を痛感した栗原は部下が解放される三晩のあいだ一睡もせず、軍服のまま香を焚き、板の間に端座し、夜を徹したという姿勢に「道義性」を見、ボリビアの密林で戦死したチェ・ゲバラの、姦淫を犯した愛すべき部下をあえて銃殺刑に処した彼のストイシズムに「純粋性」を三島は見るのである。

青年とはかくあるべき、と三島はそれを信じて疑わず、そうした青年像を中辻らに発見した。ところが結局その信頼は一方的な横恋慕であったことを三島は知るのである。中辻らの無節操ぶりはだが金銭面にとどまらず、私生活や女性関係でもトラブルは絶えず、不評を買っていた。

中辻らの行動は不快以上のあきらかな裏切りであり、もはや許容範囲をはるかに超えていた。それは「楯の会規約」第八条に抵触し、規約違反は明白だった。つまり彼らの一連の行為は、「本会の品位を著しく傷つける言動のあった場合は、定例会に於て除名に処する」とする規則に該当した。

信頼が裏切りとなって返ってきたのである。三島の悲嘆はいかばかりであったか。しかし、楯の会の尊厳を保つには黙視は許されない。除名というもっとも重い制裁措置を三島は執行した。涙をのみ、あえて部下を斬るのも〝武士の情〟であったかもしれない。

一方中辻、万代らは「楯の会」除名、さらに『論争ジャーナル』廃刊と二つのものを同時に失うこととなった。

五「皇居突入！　死守」

保利茂官房長官との会談に、三島がなぜ現役の自衛官である自分を同席させようとするのか、山本はその意図を訝ったという。日経連の桜田会長との連繋が失敗に帰したため、今度は直接政府要人に渡りをつけ、それを梃子にかねて腹案の民防構想を国会に具申しようとし、防衛問題の専門家である自分をそこに同行させることで一挙に実現化を迫ろうという腹づもりなのかどうか。あれこれ思案をめぐらしたのはそのためだったという。

三島・保利会談の実現には、政界に広く人脈をもつ伊沢甲子麿の仲介があったからだが、一抹のわだかまりは解けずにあったものの山本はこの誘いを受けていた。もっともこの会談に際して山本にも期するところがあったという。現役の情報将校として都市の治安維持に無関心でいられない。都市の保安上不可欠なのは電力問題と交通の確保であることを痛感していた。都市機能をマヒさせるのも維持させるのも、この二点にどう対処するかにかかっていると山本は確信していた。

山本の確信を支えていたのは、左翼勢力のゲリラ戦略によってこれらが攻撃目標にされ、市民生活に不便が生じたと仮定した場合、不便は即不満や不安に転化し、ひいては内乱にも発展しかねない。それを水際で阻止するには自衛隊の治安出動とあわせてマスコミや各種情報機関との連繋による心理作戦を用い、硬軟両面からの心理誘導が何よりも不可欠であり、それは平時においてさえ同様であるという考えが根底にあったからだ。それを進言したく、山本は同行に及んだという具合である。

会談は赤坂の料亭で持たれた。ここでどのような話が交わされたかは正確には知らない。そしてけれどこの後も保利・三島会談は、場所を銀座に移すなどして数回行なわれている。そして数度目の会談を銀座の「吉兆」で開いたとき三島は、保利の要請に応じてかねて持論の「武士道と軍国主義」についての献言を行なったというから両者の会談はおおむねこうした話題に費やされたことは推察できる。

三島はこのとき端座し、三〇分間瞑目した状態で武士道をもって軍国主義を克服すべき必要性を熱っぽく説き、保利も「なにかの形で残しておきたい」ということからこの口述をカセットテープに録音していた。

じつは三島はこの口述したものが保利の手を通じて佐藤首相に達し、さらに閣僚会議に諮問されたうえ「国防の基本方針」改定に反映されるものと期待し、またそれを強く望んでいたふしがある。というのも、自決を三ヵ月後にした一九七〇年八月、三島は滞在先の伊豆下田東急ホテルから山本宛に政府への〝建白書〟と書簡を同封した速達便を郵送していたが、その書簡で、「七月上旬保利官房長官に防衛に関する意見を求められこれを口述した。総理と長官が目を通し、閣僚会議に出すということだった」と記しているから。

　さらに三島はこの書簡で、「中曽根氏が長文の手紙を保利氏に寄せ、それを阻止した」とも書いている。つまり三島は、自分の意見具申は当然政府部内でも通り、国防政策にも充分反映されるものと確信していた。ところがそれが日の目を見なかった原因は中曽根防衛庁長官の横ヤリが入ったからだ、と解釈した。

　だがこれはどうやら三島のひとり合点であったようだ。なぜなら、三島が自決してから八年後の一九七八年六月、山本はそれまでその存在すら一般には知られていなかった建白書と書簡の存在を朝日新聞に初めて公表した。同紙のなかで保利は、テープは確かに佐藤首相の手元に届いたことは認めたもののそれを首相が聴いたかどうかまでは確認していないといい、「中曽根氏から私に手紙がきたとか、閣僚会議にかけるはずだったとか、そのような話は誤りだ。内容からみても、そのような性質のものではない」と打ち消している。中曽根も、「〝献言〟といった話はきいたこともない。だから保利さんに手紙を出して妨害したなどということがあるはずもない。三島氏の個人的意見を閣僚会議に出すなど荒唐無稽な話で、三島氏の抱いた幻影というほかはない」と保利以上の強さで否定している。

　保利に「そのような性質のものではない」と一蹴され、中曽根には「荒唐無稽な話」と否定された三島の「武士道と軍国主義」は、だが当時国会内で論議を呼んでいた「国防の基本方針」改定に照準を合わせて打ち出されたものであったことはいうまでもない。

　それまでのわが国の国防政策は岸、池田内閣下での第一次、第二次防衛力整備計画が示すように、正面装備面での実質増長にしぼられてきた。だが佐藤内閣が示した第三第四次防では「国を守る気概」、「自主防衛」といった精神面が強調され、論調も専守防衛の名のもとで通常兵力による自衛に徹し、「その足りない部分を米軍に依存する」というような様変わりをみせている。

とはいえ中曽根防衛庁長官は、わが国初の『防衛白書』のなかで、非核三原則の立場は堅持すると言いつつも「小型の核兵器が、自衛のため必要最小限度の実力以内のものであって、他国に侵略的脅威を与えないようなものであれば、これを保有することは法理論上可能ということができるが、政府はたとえ憲法上可能なものであっても、政策として核装備をしない方針をとっている」と述べ、「法理論上」は核武装に疑義はないのだから近い将来はその方向で防衛政策は見直されていこうとのニュアンスを示した。

これには国内外からたちまち「日本軍国主義復活」への疑心暗鬼の声があがった。

ともあれ従来の防衛政策が転換期にさしかかった点を計算に入れながらしかも三島は、違った角度から、つまり武士道という角度から軍国主義を批判した。

ではその「武士道と軍国主義」とはどのようなものか。全文は別章にゆずるとして、要点を挙げると次の五つにしぼられよう。㈠核兵器は使用できぬから戦争は限定戦争、代理戦争になる。㈡こうした戦争では総力戦と異なり、国論は二分するが、日本には精神的、民族的統一体としての天皇がある。㈢国防の根本に日本刀の原理を復活させなければならない。㈣武士道精神を忘却した自衛隊は官僚化、宣伝機関化、技術者集団化する。㈤武士道は自尊、責任感、自己犠牲の精神であり、軍国主義とは無縁。

軍国主義とは力と力、物と物による対決という西欧流の戦略であるとすれば、武士道とは日本古来の伝統に裏打ちされた文化としての戦略であり、武士道と軍国主義はしたがって根本的に違うのだと説く三島は、さらにこの違いは力による西欧の軍国主義に対してとる日本の文化としての武士道の止揚だと強調している。

三島に同行したその席で山本は実際持論を保利に披瀝したかどうかは知らない。もっとも山本は後日、今度は単独で直接保利に会い、そこで間接侵略に対処するにはまず情報機能強化が緊要というかねての持論を展開していた。

ところで山本は間接侵略、治安出動の問題が楯の会会員のあいだでさかんに話題になったある席に立ち会ったとき、

「民防の目的は日本の文化、民族の名誉を守ることだなどといっているわけだが、ではその守るべきギリギリの状況とは一体なんだろう」

と三島に問われた。もっともこれは会員に発せられたものだが、それまでの喧しさとは打って変わって答えられる者は誰ひとりいなかった。そのため鉾先が山本のところに向けられたというものであった。

いや、勘ぐれば、会員たちが答えられないぐらいは見越していたから質問は最初から山本に向けられたものと見てもいい。というのも、直接行動を再三促すのに対し山本はいつの場

合でも止め役となってこれを牽制していた。しかもそのようなときの山本は、心の通じ合った、それまでの同志的関係というものから一転して老獪な、まさしく現体制に連なる一自衛官官僚としての態度に豹変し、彼らの前に立ち塞がるのだった。

一〇・二一のときがそうだった。赤坂の拠点に楯の会メンバーが帰還し、その日の全行動について総括しさらに今後の方針を模索したいと提案したのに対し、「直ちに解散すべし」として山本に反対された。楯の会会員の自主的訓練の一環として実弾射撃訓練を実施したいとの申し入れにも、「そのような訓練を自衛隊の公的体験訓練と結びつけたら政治問題化し、たちまち大騒ぎになりますよ。それは慎重に考えなければなりません」と言われ、ぴしゃりと抑えられた。

一事が万事そうであった。だから山本の楯の会との接し方にもそれは当然現われた。つまり、自分の立場や身分を脅かさない限度内において、あるいは自衛隊という公的機関と一民間人との関係が政治問題に発展するおそれのない範囲内においての関係という、いわば不即不離の態度で接触は保たれた。それぐらいだから三島との私的な関係にしても、「できる立場でも、またすべき立場にもない。すべては国事と考えていた」から極力避けていた。

と言いながら、その一方で山本は、三島の誘いのまえに日本文化会議に出席したり、国立劇場に出かけては舞台風景を見学したり、保利会談にも同行している。食事もしていれば酒を酌みかわしてもいるのだ。こした行動もはたして国事だったのかどうか。

信頼には信頼で応え、道義心には道義心で報い、そこには一片の打算も駆け引きもない、意気と意気で結ばれた盟友とはそのようなものをいう。このようにして全幅の信頼を山本においていた。それだけに三島にすれば山本のそのような姑息な態度に憤慨して当然だったろうし、山本も人として自責の念にかられるならば、「軍人は外からの命令によって血を流すが、自己内部からの使命感や義務感から血を流すことはあり得ないのか」、「起つといっていながら、あなたはいったいいつになったら起つのか」という自問自答をくり返しても、それはむしろ当然というべきだろう。

じつは自衛隊の腑甲斐なさに辟易していたのは三島ひとりにかぎらなかった。たとえば小賀正義は公判廷の場で、酒井弁護士の「自衛隊の印象は」との問いに、「自衛隊員が自分の生活をかけて行動することはあり得ないと思った。天皇や憲法のことを話すと左遷されたり、昇給に関係するといった考えがあるようで、自分の生活に汲々としているような自衛隊員が、生命をかけて行動するようなことはあり得ないと思った」と答えている。

小川正洋も同様の印象をもっている。「隊員はガラス鉢の金魚のように、隊にいると元気ですばらしいが、外に出ると小さくなってしまうのがわかった」のである。

三島の質問に話はもどす。それに対し山本は、おもむろにこう答えている。

「そうですなぁ……暴徒が皇居に押し入って、天皇を辱しめるような状況を黙って見ているようなわけにはいきませんでしょうなぁ」

わが意を得たりと思ったに違いない。それゆえ山本のこの返答に三島はたちまち破顔一笑

した。そればかりか三島はこれを受けて、
「そのときは、私はあなたのもとで中隊長をやらしてもらいますよ」
と返している。冗談とも本心ともつかぬ二人のこのやりとりにしかしそれまでの緊張感がほぐれてか会員たちもくちぐちに、「そうだそうだ」「それじゃ僕はその下の隊員というわけだ」などと言い合いながら、まるで今にも決起するような雰囲気に早くも顔を紅潮させる者さえいた。

そうした言質をほのめかしておきながら、いつでも決起するような印象すら与えておきながら、またしても山本は三島の先を急ごうとするその足を掬い、機先を殺《そ》ぐことで三島の前に立ちはだかろうとした。それは、楯の会の当面の行動目標を目の前に突きつけられたときだ。

山本の意に従い、ここは時節の到来を待ち満を持して打って出る持久戦をとるか、それともこちらから果敢に挑み、局面打開を突破口に一気に事を運ぶか、この狭間のなかでどちらとも決しかねながら三島の考えはいきつもどりつしていた。

情勢はしかし三島の迷いとは無関係にますます緊迫していた。東大安田講堂の攻防戦こそ終息したものの大学紛争はそれで完全に衰えたわけではない。封鎖解除に突入する機動隊、それを実力で阻止しようとする全共闘学生、双方のにらみ合いは中央大、日大、電気通信大でなお続いていた。

さらに新左翼各セクトは次の闘争目標にいよいよ政治日程にのぼった沖縄返還問題を掲げ、

大量動員にむけ、活動家の結集をはかった。そしてついに五月三十一日、沖縄返還交渉の愛知揆一外相訪米反対デモをくりひろげ三五〇名におよぶ逮捕者を出した。

この反対闘争は秋の佐藤総理訪米にいたって一段とエスカレートする。銀座、品川、蒲田周辺では火炎ビン闘争が展開し、交番、警察署が襲撃のまとになった。街頭ではジグザグデモがくり返され、機動隊、過激派学生双方の市街戦が演じられた。ついに佐藤総理は官邸中庭からヘリコプターに搭乗して羽田に向かい、ワシントンに出発するという破目におちいった。

このようにして客観的状況はもはや饒舌に時を費やしてよいほど悠長でないことを三島に教えた。そしてついに三島は決断したのである。〝皇居突入、死守〟と。

それを突きつけられたとき山本はまたしても三島流の〝ハッタリ〟かと訝った。まさか本心とまでは思わなかった、というのが率直な感想だった。ところが三島の次の言葉は山本のそのような安易さを打ち砕いた。

「すでに決死隊も組んだ。九名の者には日本刀も渡してあるのです」

かつて山本は三島から、「私も含めて一〇名のものに日本刀を渡すつもりなのです」ということをきいている。しかもそれをきいて即座に、楯の会の性格が急進的方向へと止めどもなく傾斜するのも察知していた。

三島が渡したという九人とは、福田俊作、勝又武校、原昭弘、森田必勝、小川正洋、倉持清、福田敏夫、小賀正義、それに、彼らより一足早く、「斎寧館」という皇宮警察道場へ居合抜きの稽古に行ったそのとき、三島からじかに拝領していた持丸博が加わっていた。

寸刻の沈黙ののち、

「この状況下でそれはまだあり得ません。それよりまず私たちは白兵戦の訓練を徹底し、その日のために備えるべきと思います。それも自ら突入するのではなく、暴徒乱入を阻止することが前提です」

またも忠告であった。山本が、しかしいかに諫言めいたことをくり返そうともすでに動きはじめていた三島たち楯の会の〝反革命決起〟への助走は食い止めようがなかった。もはや彼らにとって饒舌のときは過ぎ、実践あるのみであった。

第六章　反革命決起

一　学生長の交代

『論争ジャーナル』グループとの絶縁は持丸博の立場も微妙にした。

それまで楯の会事務所は銀座の『論争ジャーナル』編集部内に置かれ、そこで持丸は体験入隊者の募集、会員の選考、制服の支給、名簿作成、班の割り当てなど煩雑な事務手続きを三島にかわって仕切っていた。第四期生まで、そうして自分の手で送り出している。けれどそれをそのまま継続するにはもはや『論争ジャーナル』の廃刊、三島との訣別というダブルアクシデントで事務所そのものの明け渡しが迫られている状態のなかでは不可能であった。

中辻兄弟が去り、渡辺、万代も去った。ひとり持丸だけが進退を容易に決めあぐねていた。

そのような彼に三島はひとつの条件を切り出した。

「『論争ジャーナル』を退《や》めて、楯の会活動に専従するつもりはないか」

条件とはつまり『論争ジャーナル』をとるか楯の会をとるかの二者択一を迫るものだった。三島とすれば、持丸の今後を考えればそうすることが最善と思ったからに違いない。だがそれはかえって持丸の気持ちを複雑にし、窮地に追い込むことになった。

金銭感覚のルーズさ、経営の杜撰さ、人間性のだらしなさが雑誌を廃刊に追い込み、三島の顰蹙を買い、楯の会除名のもとになった。とかく物議をかもす問題の絶えぬ人物であった。とはいえ中辻とは楯の会結成以前からの旧知の仲であり、平泉学派を現代に甦らせ、その継承と復活の目的を同じくする同志でもあった。いつの日か雑誌の復刊も夢みていた。

持丸にすれば『論争ジャーナル』は短期間とはいうもののまぎれもなく青春の一時期を賭け、燃焼させたところであった。してみればそう簡単に捨て切れるものではなく、条件を受け入れるにためらいがあった理由もそこにある。

漠然としたものだが楯の会の将来に一抹の不安を抱いてもいた。楯の会の将来にははたして展望はあるか、と問うたとき、明確な答えが持丸には見つからなかったのだ。

自衛隊の体験入隊、自衛隊幹部を招いての座学、街頭訓練、空手や剣道、銃剣術といった武闘訓練。楯の会の存在をあらしめるためにそれらは絶対必要条件だった。他の右翼団体と一線を画せるのもこの条件がそなわっているからこそだった。楯の会の存在意義も、〈楯の会の根本理念は、ひとへに自衛隊が目ざめる時、自衛隊が国軍、名誉ある国軍とするために、命を捨てようという決心にあった。憲法改正がもはや議会制度下ではむづかしければ、治安出動こその唯一の好機であり、われわれは治安出動の前衛となって命を捨て、国軍の礎石たらんとした〉（檄文）ところにあることは充分認識もしている。でなくとも持丸は、顔とひざを突き合わせ、三島とは連日連夜のように熱い議論を交わし、創立メンバーのひとりとして「祖国防衛隊」創設に直接関与した者である。しかもそのうえ〝血判〟まで捺し、一度は生死を共にしようとまで誓ったのだ。

でありながら、この不安はどこからくるのか、と持丸はふたたび自問する。その結果、楯の会には〝生活観念〟というものが欠落しているという点に彼はようやく気付いた。

理念や思想を絶対視するあまり肝心の生活、つまり食うか食えるかとう、通俗的なことだがしかしおろそかにはできぬきわめて切実な事柄が、ここではまったく抜け落ちているのだ。もともと生活実体をともなわない学生ならまだしも持丸は社会人であり、社会人としての自分の生活がある。その半面会員としての自分もあった。だから悩むのだが、この二つのあいだに生じるズレ、落差を埋めるのが〝生活観念〟だとするならば、それらをむしろ忌避してやまぬ楯の会の将来は望むべくもなかった。

この辺の不安を見越してかどうか三島は持丸に、「生活の面倒なら私が全面的に見ようじゃないか」と申し出たという。

むろん持丸が拒否したのはいうまでもない。もしそれを甘受すれば、あたかも下僕のように三島の隷属下におかれ、追随しなければならないのは目に見えているからだ。三島とはあくまで同志的関係であって〝主従〟関係ではないのだ。

まず生活人として社会に身を置き、余剰時間を楯の会活動にまわす。生活実体がともなわぬところに楯の会の存在はあり得ず、地についた活動の持続ものぞめない、というのが持丸の生活信条であった。であれば、どのようなかたちであるにせよ生活、すなわち金と引き換えに全人格を相手に委ねるようなまねはできない。

三島にとって持丸を失うことは楯の会の打撃でもある。彼の、人をたばね、リードする統率力、ラジカリストとしての理論、組織者としての手腕、理智的で沈着な頭脳。楯の会にとってどれが欠けていいというものでもないそれを持丸はそなえている。だからこそ学生長というナンバー2のポストも与えられている。

また、超然としたところも持丸を得難い人物にしている。持丸の敬慕する人物に石田三成がいた。豊臣家の衰亡を知り、加藤清正や福島正則ら腹心が次々と敵方に寝返りをうつという苦境にありながらなお志を高く、高潔に、そして忠節を曲げず決然と、勝敗はすでに明らかな徳川方との決戦に臨む姿勢のいさぎよさに胸打たれるものがある、と持丸はいうのだ。勝敗を超えたところに自らの信念を貫こうとする石田三成の生き様に自分の生き様を重ねようともした。

持丸のそうした信念は高い道義心、純粋さを重んじる三島の気に入るところだった。それだけに手放すには惜しい人材だった。持丸を失うことは片腕を失うにひとしかった。なんとしてでも引きとめておきたかった。そのためでもある、生活援助を申し出たのは。

銀座の事務所で、ときには三島の自宅で、ほとんど毎日のように善後策を話し合った。にもかかわらず話し合えば合うほどかえって三島との距離感が広がるのを感じぬわけにはいかなかった。

話は楯の会をどう位置づけるかにも及んだ。専従員になるならないはともかく、この先も楯の会とかかわるかぎり将来に期待がもてるか否かは避けて通れぬ問題であり、それを知っておくのは会員の一人として当然のことと考えたから。

客観的状況との相関関係のなかに楯の会を位置づけるというのが持丸の考えだった。すなわち左翼勢力とのバランス、均衡というものをたえず保持しながらそれでいて革命に対する反革命の態勢はいつでも整えておく。こうした考え方は、左翼勢力との対決はかならずしも力と力のみに限定されるものではない、政治の有効性もあながち軽視できないという考え方に通ずる。議会制度を最大限に利用すれば有効な武器になり得るというのだ。楯の会の将来を展望するとき、この両面の有機的結合を無視したところにはないというのが持丸の信念だった。

三島はしかし持丸の折衷論とは明らかに異なる地点に立っていた。左翼勢力のなんたるかは、ひとりぐらい討ち死にする者がいて当然のはずがそれどころか白旗をおし立てておめおめと敵の縛についた東大全共闘の不様さ、あるいは五月の、東大全共闘学生とのティーチ・インでは胴巻きに匕首《あいくち》をひそかにしのばせて臨み、「三島を論破して立ち往生させ、舞台の上で切腹させてみせる」と豪語してはばからぬ学生を、むしろ期待して迎え撃ったにもかかわらず肩すかしをくわされたあげく、「だめだよ、あいつらは」と、嘆息を吐かせるしかできなかった彼らの姿から見すぎるぐらい見てきていた。そんな左翼ならもはや勢力のバランスも、現状との相関関係も意味をなさないのだ。

政治の有効性にしてもそうだった。三島には、期待するのは幻想以上に馬鹿げたことに等しかった。「自主防衛とは三次防計画を承認すること」だぐらいの認識しかもたない政府に、真の国防とは、と意をつくして説いたところで所詮話がかみ合わぬのはわかりきっていたからである。

三島との小さな亀裂がしだいに不協和音へと拡大するにつれ持丸と他の会員との関係もギクシャクしたものになった。端的な例が新宿での街頭PRのときだ。

制服姿の会員が歌舞伎町など新宿の繁華街にくり出し、通行人にパンフレットを配ったりアンケート調査を行なうなどして楯の会のイメージアップを図る情宣活動を展開した。制服姿の会員にはつねに私服の会員数名がサポートしていた。楯の会を目の仇にしているのは左翼ばかりか同じ民族派内部にも多い。それらとの不測の事態に備えての防御措置であった。

「蠍座」を拠点に、そこから三島は彼らを指揮した。新宿文化（現・新宿文化シネマ）の裏手のせまい階段を下りた地下に「蠍座」はあったが、三島は以前にもそのうす暗い地下劇場を日本が左翼統一戦線の支配下に置かれた場合を想定して都市での反革命勢力のゲリラ戦略を訓練したとき、拠点として使用していた。

実質的な采配は森田が振っていた。本来なら学生長の持丸がすべきはずである。にもかかわらず彼は歩道に腰を下ろしたまま動こうともしないうえ冷ややかな目で傍観しているだけだった。

三島とのたび重なる話し合いもついに妥協点を見出すにはいたらなかった。三島の条件も翻意には功を奏しなかった。

『論争ジャーナル』も退めるかわりに楯の会からも身を引く、そう持丸は決意した。九月の、市ヶ谷会館での定例会は持丸の退会の挨拶になった。

「年齢も年齢であり、私も結婚することになった。これを機会に学生長を森田必勝君にゆずり、第一線をしりぞくことに決心しました」

じつは結婚問題も楯の会を去る理由とからんでいた。結婚、新生活、楯の会退会。持丸にとって今までの生活にピリオドをうち、心機一転をはかろうとするならこの時をおいてなかった。

だが、三島の価値観からすれば、こうした考えこそもっとも嫌悪すべきものであった。

「家庭の幸福は男をダメにする」。これは三島の口ぐせであった。はじめから家庭というものに価値を認めない三島には、退会の理由に結婚をおくような持丸に失望も禁じ得なかった。

「男はやっぱり女によってかわるもんなんですねぇ」

三島はつぶやくような口調でこう山本舜勝にもらしたという。

三島との経緯があったことなど持丸は一切語らなかった。これは三島との約束でもあった。だからなぜ彼が脱退するのか正確に知る会員はいなかった。

三島の失望も大きかったが、会員の動揺も隠せなかった。とくに倉持清の場合、持丸と共通するものがあるだけに彼の退会は他人事ではなかった。というのも倉持も楯の会の将来には不安を抱いていた。さらには大学卒業と同時に結婚を約束している許婚者もいた。結婚し、新しい生活をはじめれば持丸のようになる自分は予想できた。持丸の退会に、社会人ともなれば仕方がない、むしろそうなって当然だ、と理解を示せたのも近い将来自分もそうなる可能性が倉持にはあったからだ。

持丸博から森田必勝に学生長は引き継がれた。楯の会事務所も育誠社から新宿十二社の森田のアパートに移された。学成長という肩書が持丸に与えられたのは第二回体験入隊の時だった。これまでどのような経緯でだれが肩書をつけたのか注目されることもなく素通りされてきた。じつは学生長の肩書は自衛隊がつけたものだ。持丸が学生を統括していた関係から点呼のさいなど自衛官が、「持丸学生長以下何名……」と呼んだのが始まりだった。

『論争ジャーナル』グループが去り、今また持丸も去った。〝腹心〟を三島は同時に失った。その失望感はいかばかりであったか。心の空洞感は察してあまりある。

「一人息子を失ったようなふさぎようだった」

三島の憔悴ぶりをこうある友人は言っていたがそれもむべなるかなであったろう。

ともあれ、片腕と頼んだ持丸の退会、山本舜勝の相も変わらぬ煮え切らない態度、左翼勢力の高揚、政治問題の先鋭化。これらは三島の焦燥感をいよいよ煽らずにはおかなかった。

のだ。

二　絶望と退潮のなかでの活路

『行動学入門』の連載五回目の「行動の効果」のなかで、「またしてもデモ狂の私はヘルメットをかぶって夕方から新宿へ出かけた」ことを三島は告白している。そこで彼は楯の会メンバーとともに一〇・二一国際反戦デーの新宿周辺での騒乱の模様をつぶさに観察していたのだ。

『行動学入門』は一九六九年九月から七〇年八月、一年間にわたって『ポケットパンチOh!』に連載されたエッセーである。これははじめから若い読者を意識して、ときにはアイロニカルに、あるいはパラドックスをまじえながら〈軽く書かれたもの〉、と三島はあらかじめ前置きしているが、事件一ヵ月前に単行本化された「あとがき」を一読すれば、自決を目前にした者の辞世のような、遺言のような言葉がほのみえてけっして〝軽く〟ないのに気付く。

「この本は、私の著書の中でも、軽く書かれたものに属する。いわゆる重評論ではない。しかしこういう軽い形で自分の考えを語って、人は案外本音に達していることが多いものだ。注意深い読者は、これらの中に、私自身の体験や吐息や胸中の悶々の情や告白や予言をきいてくれるであろう。いつか又時を経て、『あいつはあんな形で、こういうことを言いたかったんだな』という、暗喩をさとってくれるかもしれない」

若者に向けたメッセージといいながらじつは自分自身をさり気なく語っているこの〝遺言の書〟は一二章からなり、全編を通して底に貫流するものは〈至純の行動〉、〈最も純粋な行動〉、〈人間の生きる価値〉、〈人間性の永遠の問題〉というきわめてシビアな問いかけであった。

「行動の効果」は十月二十一日国際反戦デーでみせた新左翼各派のゲリラ戦、機動隊との市街戦を至近距離から見たのをもとに書いたものだが、一進一退を演じる双方のはげしい攻防戦の渦中にいて三島は、〈行動の効果〉〈群れの行動と個人の行動〉とは何かということをしきりに考えていた。

「群集心理は一個人のリードによってふだんの力の数倍の力をふるうこともあると同時に、指導力がないところでは核心のない世にもみじめな散り方をした。群集の行動の核心には個人の指導力がなければならぬことは、言うまでもないこと」であり、さらに欠かせぬのが「ゲリラ戦は不撓不屈の命を惜しまない個人の指導者が一つの中核にあって、本質的に勇気のない群集を引きずっていき、彼らに自信を持たせ、勇気を持たせて、一定の政治目的に向かって最大限の力を発揮させるところにある」ことは言うまでもなく、「もし個人の指導力が分散してしまった場合には群集の力もまた分散するであろう。ゲリラ自体が個々人の強靱な意志力を要求しながらも、あくまで群集の支持にささえられなければならないことは、古今のゲリラ戦の歴史が教えるとおりである」。

こうした教訓をもとに、いつ果てるとも知れぬ双方の激突を三島は見つめていたが、この日展開した新左翼各派の行動は三島が期待したとおりの、命を惜しまぬ不撓不屈の精神と強力な指導力とを二つながらにそなえた指導者のもとで果敢に戦いぬかれたものであったかどうか。

激化の一途をたどる大学紛争、過激派学生の対策として佐藤内閣は坂田文相を中心に「大学臨時措置法案」を立案し、大学教授、野党各党が猛反対するなか強行採決した。この法案は国・公立大学の紛争が長期化した場合は教職員の給与が削減されるというものだ。法案成立によって京都大、九州大など次々と事態収拾に向かう大学があらわれた。

闘争拠点を失っていく反日共系各派は十月二十一日国際反戦デーを次なる闘争目標にして失地回復をはかった。この日「安保廃棄、沖縄即時返還、ベトナム侵略戦争反対」の決議が採択され、労働団体、民主団体、社会党、共産党、反日共系が計画した集会には約八〇万人が参加し、全国八百数十ヵ所で開かれた。

「十月決戦」「東京で武装蜂起」を呼号する反日共系各派は都内数ヵ所で戦闘的な街頭デモ、ゲリラ戦をくり広げ、昨年の「新宿騒乱事件」の記憶をまたしても市民に甦らすような「革命前夜的状況」を現出した。

この夜、群衆にまぎれ込むように三島は騒乱の渦の中に立っていた。ただし単なる野次馬とか傍観者としてではない。その胸中には自衛隊の治安出動、反革命の前衛としての楯の会の出撃、それらの期待感がよぎっていた。三島はかねてから左翼勢力とはげしく斬りむすび、壮絶に「斬り死に」することを公言し、そうした状況の現われんことを早期に待望していた。この夜の騒乱こそまさしくその意味でまたとないチャンスであったのだ。

冷たい秋雨がそぼ降る。夜ともなればたちまち紅灯の街に変貌する新宿の街も早々とシャッターがしまり、ゴーストタウンと化していた。人々は一様に息を殺し、不安な面持ちで事態の推移を見つめていた。

催涙ガスでやられた目をこすりながらなお騒乱のなかに立ちつくす三島は、「不撓不屈の命を惜しまない個人の指導者」に指導された強力な中核部隊の出現を期待しながら火炎ビン、投石、ゲバ棒で機動隊に立ち向かう彼らの行動をじっと観察していた。

ところがこの期待は見事に裏切られた。あれほど期待し、少しは骨がある連中と共感も抱き、五月の東大でのティーチ・インでは、「ひとこと『天皇陛下万歳』といえば、君たちとも共闘できる」と熱いエールを送った新左翼だったにもかかわらず散発的な反撃が精一杯で、機動隊の強固な警備体制のまえに次々と撃破されていった。三島は、彼らのこの体たらくにひとり憤慨していた。

「だめだよ。これでは。まったくだめだよ」

次のような印象を三島はのちに父の平岡梓に語っているが、そのときおそらく三島の脳裏には、機動隊にクモの子のように蹴散らされ敗走する彼らの後ろ姿がうかんでいたに違いない。

「外国の革命戦士が逃亡したり脱獄したりするのは、自分の燃えるような信念を何としてでも終局には遂行しようとする目途で常に体を張っていて、ただ一時の便法としてこれをあえてするのですが、日本の現在の過激派の連中は、同じ逃げるのでもただ保身のためにやるので、場合によっては何時でも命を捨てると体を張っているものとは思えません。つまり体を張っての上の逃亡か、体を張るまでの強い精神力もなく、ただ保身のための逃亡か、換言すれば、言葉と行動とを一つのものと考えているか、あるいは別々のものと考えているかの相違があります」と。

全国で約一五〇〇名、東京だけでも一〇〇〇名以上の逮捕者が出たものの午後九時ごろには騒乱もすっかり鎮圧され、午前零時すぎには警視庁の最高警備本部も解散された。一〇・二一の騒乱はかくして三島に深い失望感と憤りを残し、自衛隊の治安出動を期待し、それを機に憲法改正をはかり、自衛隊を国軍とすることを最終目標とする彼の年来の夢はあえなく潰えた。

単なる「ゲリラごっこ」を見せつけられただけで三島にとってじつに歯切れのわるい新宿騒乱だった。が、一人として命を賭けて闘争を貫徹しようとする者のないことに落胆したのは三島だけではなかった。小賀正義も同感だった。行動とは自らの生命を賭けることと信じている彼の眼に映った一〇・二一での過激派の姿は、はじめから戦う意志などない者が恒例行事だから仕方なくやったにすぎず、その演技にしろまるで茶番だった。

だから公判においても、荒木裁判官の「君が目指していたのは」という質問に、「生命を賭けて行動することです」と答え、さらに「(君たちが考えたことは) 国会を占拠し、力の威圧のもとで憲法を改正しようというのではないか。ゲバ学生も騒乱を起こして革命を成就しようとしているが」と質したのにも、「爆弾事件でもわかるように、彼らは自分の責任をとらない。ぼくらは違う」と述べている。

さらにたたみ込むように荒木裁判官は、「自己犠牲の精神が違うというのか。自己犠牲の精神さえあれば、思想信条のいかんを問わないでいいのか」と訊ねている。それにも小賀の答えは明快だった。「つきつめればそうなるが、ぼくらは自負をもっている」。

三島、小賀たちの失望はイコール楯の会メンバー全員のそれでもあったろう。とりわけ三島の失望は深刻であったらしい。なにしろ市ヶ谷での自決の檄文でいう〈十月二十一日という日は、自衛隊にとっては悲劇の日だった〉と同時に楯の会の出陣もない、なにもかも番狂わせの連続だったのだ。三島の沈痛ぶりはそれこそ楯の会結成一周年記念式典を機に解散か、という印象を会員に与えるほどだったという。

第一五回公判の酒井弁護人の質問に、小賀正義はその辺のいきさつを答えている。

「四十四年十月か十一月ごろ、楯の会のパレードをやるというので班長が集まったとき、三島先生が『一〇・二一も不発に終わり、彼ら（過激派学生）の行動に対する治安出動もなくなった。楯の会はどうすべきか』と言った。そのとき森田さんは『楯の会と自衛隊で国会を包囲し、憲法改正を発議させたらどうだろうか』と言った。それについて三島先生は『武器の問題のほか、国会の会期中はむずかしい』と言われた」

目標を絶たれた楯の会にとって結成一周年記念式典ははたして再スタートの場になったか、

それとも、それまでの待機の態勢から脱却し、〝反転攻勢〟へと打って出る出陣式であったか。

十一月三日赤坂の国立劇場屋上で楯の会結成一周年の記念パレードが盛大にくり広げられた。テント張りの来賓席にはこの日招待をうけた倍償美津子、堤清二、村松英子、林房雄、中村メイ子、村松剛、近衛忠輝といったタレント、作家、政財界関係者が着席し、富士学校音楽隊が演奏する勇壮な行進曲に合わせ、整然と行進する楯の会会員に拍手を送った。

このなかに川端康成はいなかった。招待状は郵送したが断わられたのである。じつはこの式典に批判的な報道が伝えられたせいもあって出席を見送る者も少なくなかった。川端もその一人だが、すでに文壇との交流をほとんど絶っていた三島にすれば恩師のこの欠席は無念であったに違いない。

もっとも彼はもはや文士ではなくなっていた。というのもかつて彼は山本舜勝に、あなたは文士なのだから書くことを通して目的を達成されたらよいだろうと問われたことがあった。けれどこれに、「もう書くことは捨てました。ノーベル賞なんかにこれっぱかりの興味もありません」ときっぱり言い切ったという。

観閲台に立ち〝閲兵〟する三島の姿はすでに〝軍人〟になり切っていた。

そして行進は先頭に指揮刀を携えた森田学生長、つづいて白い絹地に赤く兜を染めぬいた隊旗を掲げる小川正洋が、さらにそのあとを八〇名の会員が四列縦隊でつづく。

行進はこの夏から朝霞駐屯地などで訓練していた。縦隊を閉じたり開いたり、あるいは交差させたり、カーキ色の制服に身を包んだ会員たちの一糸乱れぬ華麗な動きは、秋晴れの下にさまざまなコントラストを描き、訓練の成果が存分に発揮された。

パレードの終了後招待者は階下の宴会場へ導かれパーティーに臨んだ。会員たちはカーキ色の制服から純白の清楚な夏服に着替え、会場を埋めた招待者のあいだにまじりホスト役を演じた。

夏服はこのとき初めて披露された。冬期用の制服はすでに「祖国防衛隊」の結成時につくられている。五個の金釦が二列に配され、その釦には兜が刻印されている。色はカーキ色。サイドベンツで、切り込みの部分には紅いふちどり、そして襟カラーと袖口には鮮やかなグリーンのふちどりがほどこされている。

軍服というといかめしいイメージとはおよそかけ離れ、いかにもファッショナブルである。三島は、自衛隊のパレードを観覧して制服のあまりの野暮ったさにあきれ、その反省から楯の会の制服には思いきり見映えのするデザインを、と考えていた。そこでド・ゴールの軍服をデザインした名デザイナーの五十嵐九十九に製作を依頼した。

軍服にも三島独特の美意識があった。

「本来、赤・金・緑などの派手な色調は、ピーコック・ルックを待つまでもなく、男の服飾の色彩である。しかしそれには条件がある。闘牛士の派手な服装が、もし彼らの男らしい死の職業という裏付けがなかったら、たちまち世にもニヤけたものになるように、男が男本来の派手な色彩を身につけるには、それなりの条件や覚悟がある筈である……そしてそれを着る条件とは、仕立のよい軍服のなかにギッチリ詰った、鍛えぬいた筋肉質の肉体であり、それを着る覚悟とは、まさかのときには命を捨てる覚悟である」(「軍服を着る男の条件」)。

森田はこの席で、林房雄から、「君はこんど隊長になったそうだね」と声をかけられ、「いやぁ……」とはにかみながら照れ笑いをうかべたという。そうしたやわらいだ雰囲気につつまれた秋の日のひとときに三島も束の間の安らぎをおぼえたに違いない。

だが一〇〇名を超える各界名士を招いて催された楯の会結成一周年記念式典とははたしてなんであったろう。一〇・二一が不発に帰したなかで味わった失望、新左翼勢力の、それをさかいとして急速にはじまる退潮、これら絶望的状況のなかでなお楯の会の活路を見出さんとするセレモニーであっただろうか。

会員全員による「起て！　紅の若き獅子たち」という楯の会の歌が初めて披露され、つづいて招待者めいめいに美装の「『楯の会』のこと」のパンフレットが配られた。そこには楯の会の性格の一端が示されていた。

「『楯の会』はつねにStand byの軍隊である。いつLet's goになるかわからない。永久にLet's goは来ないかもしれない。しかし明日にもくるかもしれない。それまで楯の会は、表立って何もしない。(略)最後のギリギリの戦い以外の何ものにも参加しない。それは、武器なき、鍛え上げられた筋肉を持った、世界最小の、怠け者の、精神的な軍隊である。人々はわれわれを『玩具の兵隊さん』と呼んで嗤っている」

世間からオモチャの兵隊と揶揄された世界最小の軍隊が出陣する「ギリギリの戦い」とはいったいいかなる局面をいい、そしてそれはいつ到来するのか。永久に来ないかもしれないといっているが、しかし三島にはそれもこれもすでに計算ずみではなかったのか。

三　決起への助走

十月二十一日国際反戦デーは反代々木系左翼陣営にとって〝革命前夜的状況〟の設定とならなければならなかった。一方三島たち楯の会のほうもこれらを迎え撃つかたちで反革命の前衛に立ち、自衛隊の治安出動に先鞭をつけ、そしてさらにその延長線上に憲法改正の断行を政府に迫るという設定に到達しなければならなかった。そうあってくれてこそ楯の会の「最後のギリギリの戦い」が華々しく演じられるのだった。

にもかかわらず強固な警察力の前に新左翼は各派ともなす術もないままことごとく撃破されていった。事態は三島の期待をみごとに覆してくれた。そして十月二十一日という日は自衛隊の治安出動が必要ないことを意味づけ、憲法改正がまたしても遠のいたということを三島に強く印象づけてくれた。

自衛隊の治安出動の機会は絶たれ、憲法改正の道も閉ざされた。会員たちが今日まで積んできたあらゆる努力や訓練はこの二つの目的達成のためにあった。楯の会の存在意義もそこにこそあった。しかしいずれの目的も絶たれた今、活路を見出さんとするにはどの方向に楯の会の進路をとればいいのか。

「楯の会と自衛隊で国会を包囲し、憲法改正を発議させたらどうだろう」。森田のこうした意見も、岐路に立つ楯の会の局面をなんとか打開しようとする焦慮のあらわれであったろう。〝決起〟〝クーデター〟。会員のあいだからはこうした生々しい言葉もポンポン飛び出すほどだった。もはや活路はそこにしかないというのか。だが、それは三島にしてもすでにタブーではなくなっていたろう。このままいつ来るともわからぬ「最後のギリギリの戦い」の日を果てしなく待ち、そのときの備えといってただ訓練と座学にのみ時間を空費していてよいものかどうか。三島にも焦燥感はぬぐえなかった。

『行動学入門』の第六章で三島は、「待機は一点の凝縮へ向かって時間を煮つめていくようなものである」と書き、それをたとえていえば「台所で豆を煮ている女のように、鍋のふたがグツグツ言い出しても、豆が煮えるまでふたを開けてはならず、ある一定時間じっくりと煮詰めて、うまい料理をつくろうとするのと同じ」ようなものと言っている。そしてさらに三島は、「われわれは行動しているときには勇気を持つことができるが……死と不安の闇の中で待ち続ける勇気こそ、行動にとって最も本質的な勇気なのである」とも言っている。「待機」が〝機〟と〝間〟、すなわちチャンスとタイミングが究極のところで嚙み合った地点をさすならば、その到達点をひとたび逃せばそれはもはや「待機」ではなくただの待ちぼうけにすぎない。そうさせるかさせぬか、しかし答えは決まっている。

山本一佐に提示した「最終的計画案」はさしずめその答えであったろう。なぜなら、それまでの〝待機〟の状態を脱却し、〝決起〟へと楯の会が独自の歩みを徐々に開始しようとする、まずその第一歩であったからだ。

「最終的計画案の討議を行ないたい」との三島からの連絡を山本が受けとったのは、楯の会結成一周年記念式典後の十一月二十八日だったという。

ところで、この三島からの連絡は山本をひどく憂鬱にさせるものであったらしい。「私にとってこの会合の議題はいささか気の重いものであった」と自著で告白している。

彼をではなぜ憂鬱にさせたのであろう。理由は二つあった。ひとつは警備保障会社との連繋プランが思うように進展していないこと。二つめは、治安情勢も十一月十六日の佐藤訪米阻止闘争以降沈静化の方向に向かいつつあり、こうした平静な状況のなかであえてリアクションを求めること自体困難というのがそれであった。

楯の会の「四十四年度基本構想」の一項に、「ガードマン組織との連繋計画」が付け加えられていた。山本もこの計画には賛意を表したが、その構想に沿って三島は綜合警備保障会社に打診した。計画が軌道にのれば会員の士気高揚につながり、そのうえ楯の会を財政面から補完することも可能になるため一石二鳥の効果が期待できた。

実際この計画は順調にいくかにみえた。森田などガードマンとなって慣れないながらも高速道路の夜間警備に立っていた。けれど会員のなかには不満を抱く者もいて計画は必ずしも好評とはいえなかった。中辻や持丸が脱退した理由のひとつにこうした不満もあった。

山本が危惧したもうひとつは新左翼勢力の急速な沈滞傾向である。

〝十一月決戦〟〝東京で武装蜂起を〟と叫んだのは共産同（ブンド）赤軍派であった。それはとりもなおさず佐藤総理の渡米阻止闘争を意味していた。佐藤は、沖縄返還交渉のため十一月十七日渡米することになっていた。赤軍派はそのスローガンのもとに武力革命を公然と打ち出し、各地で激烈な街頭闘争を展開する一方武力革命を視野にいれた軍事訓練も大菩薩峠を舞台にして行っていた。しかしそれもついには発覚するところとなり、あげくは警察の急襲をうけて五三人全員が一網打尽されるというお粗末さであった。急襲を受けたときの模様を読売新聞はこう報じている。

「警視庁は、山梨県警をはじめ赤軍派拠点大学のある大阪、神奈川、千葉、茨城各県警と共同捜査体制をとり、五日未明三百五十人の制・私服警官を動員、同派が宿泊している同山頂近くの『福ちゃん荘』を急襲、午前六時すぎ泊まっていた五十三人全員（うち女子二人）を凶器準備集合現行犯で逮捕した。室内を捜査したところ、ボストンバッグに入れた鉄パイプ爆弾十五本のほか各部屋から刃渡り一三・五センチのナイフ九本、同一〇センチの新品登山ナイフ三四本、濃硫酸のはいった試験管一五本がみつかった」

このころから爆弾闘争もエスカレートの様相を強めていくのだが、この、軍事訓練というには敵に対する警戒心はおろか見張りすらおかぬ杜撰さのうえに、まんまと寝首をかかれるという失態を演じた赤軍派の不様さに三島は軽侮を隠さなかった。

『行動学入門』第六章の「大菩薩峠における赤軍派の逮捕状況をみると、彼らが軍事用語をあれほど乱発しながら、歩兵の最も普通な、基礎訓練を軽視していたことがわかる。その基礎訓練とは不寝番勤務と、立哨、動哨である。仮りにも、爆発物を屋内に持ち、作戦会議をそこで開く場合に、不寝番勤務もなければ、立哨、動哨もなかったということは、彼らの観念と行動との大きなギャップ、また、ことばと行動とのギャップを如実に感じさせた」という言葉は、まぎれもなく軍事訓練のイロハを知らぬ赤軍派に対するそれであった。

なにしろ軍事訓練にかけてなら楯の会のほうがはるかに先輩格。自衛隊の幹部将校じきじきによる教育を受け、自衛隊から太鼓判を押されるほど今や楯の会は筋金入りのプロの〝戦士共同体〟である。戦術面、規律面、行動面すべてに赤軍派など問題ではないという自負も三島にあって不思議はない。赤軍派がもし楯の会だったならあのようなドジは踏むまいという自信もある。

大菩薩峠の軍事訓練の発覚、佐藤渡米阻止も、佐藤の、総理官邸からヘリコプターで羽田空港へ、さらにそこからワシントンへと飛び立ったことで不発に終わった。そしてそれをさかいに新左翼は各派陣営とも、勢力温存のためかそれとも大きな政治テーマ、闘争目標を失ったためか、いずれにしろ急速に鳴りをひそめむしろ沈滞ムードすらただよわすほどの静けさであった。

三島もそうであったろうが、山本にもこうした事態はまったく予想外だった。それだけに、「最終的計画案」なるものの提示を受けても、それがもし〝決起〟を促すための三島からの最後通牒であったとしても、もはや客観的情勢がそれを要請しなくなった今となれば返答はきまっていた。「それまでやってきた『楯の会』の訓練をさらに体系化し、長期的構想の下にこれを推進する」というのがすなわちそれだ。

山本にとって訓練とは、明日にも起こるやもしれない、あるいは永遠に起こらないかもしれない戦いのための地道な、それこそ気の遠くなりそうな努力と忍耐の積み重ねであり、民防の本義もこの不断の努力と忍耐に耐え抜くことにこそあった。情報勤務者という、同じ自衛隊の戦闘要員でありながら前線に立つ兵士とは違ってもっとも地味で、目立たない役回りを引き受けてきた者の、長い経験から培った、それが山本の信念であった。

とはいうものの三島にそれは通じない。山本の返答に対しても、「目を輝かすことも、頷くことすらなく、その反応は実に冷たいもの」となって跳ね返ってきたというのだ。

三島が示した「最終的計画案」とはいかなるものか具体的資料に欠けるため、それは知らない。けれど計画案には〝最終〟という前提が付けられている点、あるいは自衛隊との馴れ合い関係、「一〇・二一」の不発、ただダラダラと訓練をつづけることへの苛立ちと焦り、新左翼勢力の退潮、それらさまざまな点を考慮すればおよその推測は可能だ。すなわち「最終的計画案」とはまさしく後にも先にも一回限りの、最後の計画であり、それはずばり〝決起〟であり、〝クーデター〟であったろう。それについて討議をしたいということは山本に「やるのか、やらぬのか」を迫るものである。

山本にすればそれはとりもなおさず〝踏み絵〟であったに違いない。それを踏めば「やる側」に立ち、踏まなければすなわち「やらぬ側」に立つ。しかし山本は民防の本義を説いて後者の側に立った。それによって三島との盟友関係に軋みが生じかねぬと知りつつも、である。たとえ「自衛隊のどこからも、『自らを否定する憲法を守れ』という屈辱的な命令に対する、男子の声は聞こえてはこなかった」（檄文）と痛憤の言葉をあびせられようとも、憲法改正のために自衛隊の出動はあり得ぬし、またあってはならぬという考え方は変えようがなかったからだ。

山本からはついに具体的行動への言質は得られなかった。けれど楯の会の今後の方向を定めるうえでそれはむしろ結果的にはよかったに違いない。それまでの曖昧な関係を断ち切り、ケジメをつけ、自衛隊とも一線を画してこそ楯の会独自の行動がとれるというものである。

新左翼勢力の退潮、同志との訣別。こうした四面楚歌のなかでなお活路を見出そうとするならまず楯の会の独自性を打ち出す必要がある。それにはなにかと手枷首枷となっていた自衛隊、つまり山本らとの関係も清算されなければならない。

楯の会の独自性とは何か。一言でいえば反革命の前衛に立つことである。憲法改正をはかったうえで自衛隊を国軍、すなわち天皇の軍隊とし、さらに天皇制国家へと移行させるその前衛に立つことである。

したがってこの独自性がより強調されればされるほど、現憲法を擁護しようとする勢力との衝突は避け得べくもない。〝護憲の軍隊〟であるかぎり自衛隊といえどもそれは同じであった。楯の会にとって自衛隊は育ての親であり紐帯関係で結ばれた仲である。しかし場合によっては子供が親に対し叛旗を翻すことだってなくはないのだ。

「自衛隊に刃をむけることもあり得るでしょうね」

楯の会の一九七〇年の新年の集まりが三島家でもたれた際、不意に漏らしたこの三島の言葉を山本は聞き逃さなかったというが、このつぶやきこそ三島の心中はすでにそこへ達していたことを裏書きするものであろう。

自衛隊との関係に一線をおくことは山本との関係も疎遠にした。それが楯の会の今後を決するために開始された助走とするならば、憲法改正草案作成の着手は〝決起への布石〟といえなくもない。

一九六九年十二月二十四日、楯の会メンバー五〇名は自衛隊習志野駐屯地第一空挺部隊に一日体験入隊を実施し、落下傘による降下訓練を受けていた。会員には一カ月の体験入隊のほか短期特殊訓練と称してリフレッシャーコースが義務づけられている。この降下訓練もその一環であった。

訓練終了後、駐屯地内の教場に帰還した全員を前にして三島は訓辞を行なった。

「憲法改正の緊急性を思う。そこで楯の会としても独自の憲法改正草案を作成しなければならない。そのためにも至急準備にとりかかりたい」

その場でただちに一三名の者からなる「憲法研究会」が組織された。これはのち八班とは別に「憲法研究班」として発足し、班活動ももっぱら憲法問題だけにしぼった。班長には早稲田大学法学部に在籍していた阿部勉がなった。一三名のなかにはのちに三島とともに決起した小賀、古賀らも加わっていた。

翌七〇年一月初頭、三島から三つの「問題提起（日本国憲法）」として、「㈠新憲法に於ける『日本』の欠落」、「㈡『戦争の放棄』について」、「㈢『非常事態法』について」等が示された。憲法研究班はさっそくこれらをタタキ台にしながら改憲案作成の討議に臨んだ。

会合は毎週水曜日午後六時から三時間、市ヶ谷の私学会館会議室で行なわれた。その第一回会合の席上で三島は、「憲法改正を考える場合もっとも肝要なことは、政体と国体の関係状況をどう解釈するかにある」という点をとくに強調したという。現憲法はGHQから押しつけられた〝占領基本法〟であり〝マッカーサー憲法〟であると糾弾する民族派陣営にとって憲法改正、そして自主憲法の制定は民族自立を賭けたいわば積年の悲願であった。

実際森田必勝も現憲法の矛盾点をやり玉にあげて平和憲法と称するものがその実３Ｓ５Ｄ政策なる、つまりスポーツ、セックス、スクリーンといったアメリカナイズによる日本の伝統文化破壊を企図し、非民族化、非集中化、非軍事化、非産業化、民主化によって日本民族の独立性を骨抜きにする目的にあった、と早くから指摘していた。しかもそれらこそまさに戦後民主主義という名でもたらされた〝自由と平和〟の真の姿なのだとも。

ではなぜ今憲法改正なのか。それについて、三島は「一九七〇年というこの時点において、われわれが改憲について根本的思索をめぐらさねばならぬ理は他でもない」として二つあげている。

一つが「自立の論理が左派によって追求されている一方、半恒久政権としての自民党は、ますます福祉価値中心の論理に自己を閉じこめつつ、物理力としての国家権力を強めつつあるという状況下にあるからである」。

そして二つめが、「この半永久政権下における憲法が次第に政体と国体との癒着混淆を強め、現体制としての政体イコール国体という方向へ世論を操作し、かつ大衆社会の発達が、この方向を是認しつつあるからである」、というものだ。国体とはそもそも日本の民族、文化、伝統がひとしなみに拠って立つところに存在し、それは為政者やその時々の政治動向に左右されない恒久性をその本質とするのに対し、政体とは、この国体護持という国家目的のひとつの手段としてあるにすぎず、それ自体自己目的的なものではないというのが三島の国体観、政体観である。

でありながら、なにゆえ本来別物であるべき両者が癒着混淆をきたしたのか。「このことは現憲法自体が、政体と国体についての確たる弁別を定立していないことから起こる必然な結果」と三島は断定し、さらにつづけて「民主主義とは継受された外国の政治制度であり、あくまで政体以上のものを意味しない。これがわれわれの思考の基本的な立場である」と楯の会の拠って立つところをも明らかにしている。

とするならば、つまり国家の体面と政治の体面の相互の関係、本と末の相違を明記せず、矛盾と欺瞞に糊塗されたと断定する現憲法に「問題提起」をなげかけるならば、当然それにとって替わるべき代案が三島の側にも用意されていなければならない。

三島の念頭に明治憲法があったことは明らかである。「旧憲法は国体と法体系の間の相互の投影を完璧にしたが、現憲法は、これを明らかにしていない」ことを彼は認め、現憲法への批判もこの明治憲法を範としたところから開始しているからだ。

㈠では、現憲法の第一条「天皇の地位」と第二条「皇位の継承」の論理的不整合性を指摘している。この不整合性は、「一君万民」という日本古来の国家観念のうえに「主権在民」という外来の西欧民主主義理念を接ぎ木したために生じたものであり、「キリスト教に基づいた西欧の自然法理念を以て、日本の伝来の自然法を裁いたもの」の結果だと三島はいうのだ。

㈡では、「日本国軍の創設」をはっきりと唱え、それを憲法にも明文化せよと訴えている。「日本国軍隊は、天皇を中心とするわが国体、その歴史、伝統、文化を護持することを本義とし、国際社会の信倚と日本国民の依頼の上に建軍される」。

㈢では、「天皇大権」を旧に復することを説いている。

適宜三島の助言をうけながら、そしてようやく憲法研究班は、第一条第一章の改正案として「天皇は国体である」との結論に達するのである。

一九七〇年は三島にとっていよいよ自らの命運を決せねばならない年である。命運を決するとはむろん決起だ。決起とはそして三島にとって〝死〟でもある。「最後のギリギリの戦い」が先方からやって来ないとわかったならその戦場は自らが設定すればいい。

三島はかつていいだ・ももとの対談（一九六九年二月）で、「三島さんは七〇年には死ぬ覚悟ですってね。（笑）ひとつ、七〇年には一乗寺下り松あたりで決闘しますか」といいだに問われている。

これにどう三島が答えたかは対談はここでしめくくられているため知らない。ただしこれだけは言えよう。三島にとって決闘の相手はいいだ・ももだけではなかった、と。

四　反革命決起

一九七〇年三月一日から二十八日まで陸上自衛隊滝ヶ原駐屯地で楯の会第四期生の体験入隊が実施された。後任として持丸から学生長を引き継いだ森田の、これが初仕事であった。行軍、執銃訓練、匍匐訓練など、きびしい軍事訓練に励む新規入隊者の面倒を見る一方、自らも先頭に立って汗を流していた。

持丸が理知的で雄弁家とすれば、森田は逆に寡黙なタイプであった。高みから指導する、いわばカリスマ的タイプと持丸を評する者もいる。これに対し理論の前に実践がある、というのが森田の思想だ。その意味では持丸と森田は明らかにタイプの違う人間であった。三島が決起行動へ傾斜していった背景には森田の〝行動力〟も少なからず影響していたのではないかと見る会員は少なくない。実際、「先生、なにをグズグズしてるんですか。早くやりましょうよ」と決起への指嗾を行っていたのはむしろ森田のほうであったと証言する会員もいる。

森田必勝を決起、そして壮絶な割腹自決に駆り立てたものはいったい何であったか。筆者なりの考えをさまざまにめぐらしてみるとき共産革命に対する民族主義からの反革命、〝自由と平和〟という名による戦後民主主義への挑戦、そしてそこに惰眠を貪る国民への覚醒等々が思い浮かぶ。がはたしてそれだけだったろうかという疑問もある。なぜなら、大義名分にこそなれそれらはやはり建て前ではなかったか、と思うからだ。そして行きついたのが、兄姉こそいるものの彼にはもはや両親はなく、この世に悲しませる者、嘆かせる者のなくなった者がもつ生の執着から解放された境地に至ったからではないか、ということだ。

行動にこそ絶対的な信頼を置こうとする森田の性格は、また三島の信頼にも浴した。かつて森田は第一回体験入隊のとき短髪なところが同じということで三島に気に入られ、「俺と森田は同じ猪突猛進型だよ」という賛辞まで贈られている。行動に賭ける純粋さがあったからこそ三島は森田を信頼し、決起への具体的計画も打ち明けるのであろう。

事件発生のときまで決行者以外決起行動を事前に知る者はいなかった。決起への具体的行動計画は三島と森田で密かに画策され、そしてそれはまず人選から始まった。第四期生の誕生で楯の会会員は八〇名近くになった。そのなかからしかし行動を共にできる人物となるとおのずと限定される。やがて小賀正義と小川正洋の二人の名が挙がった。

帝国ホテルのコーヒーショップで小賀正義は森田と三島に会い、そこで三島から、「何か行動をしなければならないが、一緒にやってくれるか」と打診される。四月五日であった。

そしてその五日後の四月十日、三島の自宅で今度は小川正洋が、「最後まで行動を共にするか」と訊かれる。

二人が受けたショックは相当大きかったに違いない。それが明らかに〝死〟を意味するからである。重大な決意が二人には迫られていた。しばし逡巡した。たとえば小川は、「自分が一番信頼し尊敬している先生と、一番親しかった森田君が一緒にやるといっているのだから間違いはなかろう。そうしなければ先生を裏切ることになる、と思ったり、またいったい自分は本当に死ねるだろうか、これまで自分を育ててくれた両親に済まなくはないか、と思ったり、とつおいつ、あれこれ迷った」（『倅・三島由紀夫』）という。

だが小川は決意した。体験入隊で学生とともに泥まみれになり、汗を流す三島の姿から「先生こそ真の日本人」であることを知り、以来三島を父とも敬慕し、森田を兄とも仰ぐその二人について行けるなら本望であった。

小賀も同様であった。学生とともに重装備で野を駆け、荒野を走る三島の真摯な姿から三島の真実を見た小賀はだから法廷で酒井弁護人から「生命を預けるという気持ちになったのは？」と質されたときも、ただちに「生命は日本と日本民族の源流からわき出た岩清水のようなものです。生命を賭けて行動するのはその源流に戻ること。源流とは天皇だと考えた。先生とともに行動することは、生命を賭けることだった」と答えている。

行動へ向かって四人は結束した。とはいえ決起行動がどのような形を成すか、あるいはどのようなプロセスを踏むかとなると見当もつかず漠然たるものであった。人選のあとに行動が模索された。

「自衛隊の有志と語らって国会を占拠し、憲法改正を発議しよう」。一度は国会会期中は無理と三島にたしなめられてそのままになったが、森田はここで同じことを提案した。けれどこの案もすでに自衛隊には期待を抱かなくなった三島の心を動かすものではなかった。

自衛隊に見限りをつけたということはつまり山本とも、ということになる。三島は二度の出来事のなかで今度こそ山本のなんたるかをはっきりと見てとったのだ。一度は一月下旬である。

韓国から来た元陸軍の将官に引き会わせるという電話を山本に三島はかける。ひととき歓談し将官は宿泊先に帰った。その後である、「やりますか」、と山本の顔を正面に見据え、語気鋭く決起を促したのは。

しかし案の定返事は三島の期待に応えるものではなかった。「やるなら私を斬ってからにして下さい」、というものであった。

二度目は三月下旬ごろ、山本を自宅に訪問したときだ。和服姿の三島はそのとき錦袋に入れた日本刀を携えていた。それを見て山本は咄嗟に、「やるなら私を斬ってからにして下さい」と先日言った自分の言葉、あるいは一月の楯の会の新年会での、「自衛隊に刃を向けることもあるでしょうね」といった三島の言葉を思い出し狼狽した。

会話ははずまずどちらもしごく気まずいものであった。三島は去りぎわに山本の言葉を背後できくのである。

「やるなら制服のうちに頼みますよ」

この言葉をどう三島は解釈したか。しかしこの二度の出来事のなかで山本という人物の本性を垣間見るのである。「護憲の軍隊」として現憲法の下に庇護され、武器を持ち、戦闘服に身を装うてはいるものの死とははるかに無縁なところで市民社会の、マイホーム主義に埋没した姿がまさに今日の自衛隊であり、自衛隊員であり、山本であったのだ。

山本との訣別は自衛隊との連繋を断ち切り、楯の会の、しかもごく少数の限られた者による短期決戦へと三島を決断させた。

四人による決起への黙契が交わされたことによって楯の会にはもうひとつ非公然活動が始まった。公然活動は阿部勉たちの憲法研究会である。

四人だけで会う頻度も多くなる。筆者は取材のため何人かの元楯の会会員に会った。その過程で、「決起行動が事前に漏れなかったというのはなぜか」と訊いた。いかに四人が固く結束していたとはいえ生死を決する重大事を目前にすれば精神的な動揺、行動の不自然さは避けようもないと思うからだ。

その不思議さ、奇異な点というだけならたとえば田中健一は、森田たち三人だけで北海道へ旅行に行ったこと、帰省が多くなったこと、頻繁に会っていることなどから感じたという。荒俣芳樹も同様の経験をしている。事件のほぼ一ヵ月前、古賀のアパートに泊まったとき雑談のなかで、いつになく突っかかってくる彼に訝しく思い、「自分たちの心情を最も純粋に表現する行為はなんだろう」と同宿した小賀のその言葉、また古賀の、「誰かが捨て石にならなければならない」などと、ひどく切迫したような二人の言動から不安な予感を察知したというのである。

けれどそうした不自然さ、奇異というものが辻褄が合ったものとして田中たちに理解されるのは決起事件後であった。不自然さも奇異な行動もつまりは決死行を前にした彼らの心のブレであったのだ。

ともあれそれでもなお決起行動が最後まで発覚しなかった理由は何であったか。持丸博はこう私に説明してくれた。

「三島さんは二・二六事件や五・一五事件などいわゆる昭和維新の失敗例をつぶさに調査していたから、当然それを反面教師として自分たちの行動に吸収していたことは想像できますね。昭和維新がことごとく失敗した原因は、計画の杜撰さや決行者の人間的資質に問題があったでしょうが、根本的には敵側に情報が事前に漏れたという点にあったんです。たとえば料亭などで大言壮語し、無神経にもテロルやクーデターを披瀝する者は少なくなかったですからね」

事実そうした例は多い。たとえば一九三一年の「十月事件」。長勇少佐などはまるで幕末の志士気取りで、待合をねぐらに紅灯の下で連夜女をはべらせ、酔うと「東京の街頭は血の雨が降るぞ」などと怪気炎をあげていたという。その傍若無人な行動が警視庁や憲兵ににらまれ事件発覚の端緒になっている。一九三九年の湯浅内大臣、山本海軍次官の暗殺予備事件、あるいは宇垣一成陸軍大臣暗殺未遂事件も計画の杜撰さや仲間の不和から事件は露見している。

会合は頻繁に行なわれている。特に森田と三島の関係は緊密だった。森田と三島は自分たちの専用コードを池袋の西武デパートのテレホンサービスに設けていた。おそらく外部に漏れてはこまる重要事項や秘密事項はこれを通じてやりとりされていたに違いない。そこで三島は森田に適切な指示を与え、森田はさらにその指示を小川や小賀に伝達していたのだろう。

五月中旬、森田、小川、小賀の三人は三島の呼び出しを受けて馬込の自宅に行っている。そこで、楯の会と自衛隊が共に武装蜂起し、国会を占拠後ただちに憲法改正を断行するというそれまでしばしば伝えていた計画がはっきりと三島から提案された。最終的計画とはすなわちこのことであった。

森田は、それまで自分たちが目指そうとしているものが漠然としもうひとつ方向の不確かさを感じていた。しかしついに三島のこの言葉から実体が見えた。つまり目指すべき方向とは武装蜂起、そして憲法改正の反革命武装蜂起であることを確認するのだ。

最終的計画に向け、三島の行動はあわただしくなる。六月二日から四日まで楯の会会員三五名を引率し滝ヶ原駐屯地でリフレッシャーコースに入って短期特殊訓練を行なっている。このほかにも市ヶ谷会館での毎週木曜日の班長会議、月一回の例会には欠かさず出席している。そこで会員ともどもカレーライスの昼食をとり、食後のコーヒーを飲み、政治問題、時事問題あるいは世相についてうんちくを傾ける。

ところで派手な制服を着込んだうえこうしたサロン的雰囲気のなかで政治を批判し、とくとくとしている三島や楯の会に鼻白む者も少なくなかった。とくに宮崎正弘など日学同の楯の会に向ける批判は辛辣であった。

だがこうした食事にせよ、派手な制服を着せて会員を街に出歩かせるそれにせよじつは三島流の意図が隠されていた、と言うのは持丸である。持丸は学生長として会員たちの面倒をみてきた。新入会員が新たに加わるたびに西武デパートの八階紳士服売り場につれて行き、そこでめいめいの制服をオーダーさせていた。

派手な制服はたちまち人目を引く。それによって右翼というイメージはまず薄められる。さらに〝チンドン屋〟〝おもちゃの兵隊〟のような軽薄さを曝すことで自分たちの政治性をオブラートできる、という意図だ。とはいえ会員の中にも制服についての受け止め方はさまざまだったようだ。どちらかといえば都会育ちの会員のほうがかっこいいといって素直に受け入れていた。逆に地方出身者ほど着用には抵抗感があったらしい。

第二回目の打ち合わせは六月十三日赤坂のホテルオークラ八二一号室でひそかに開かれた。そこで、「もはや自衛隊との連携は期待できなくなった。こうなった以上我々だけで実行するしか方法はないだろう」と三島は自衛隊との決起を否定し、四人だけで事を起こすほうで計画を見直したことを三人に伝えた。山本の態度から自衛隊の決起はあり得ないことがわかった。もう〝待つ〟にも限界に達していたのだ。

次いで三島は具体的な方法として、「自衛隊の弾薬庫を占拠し、そのうえでこれを爆破すると脅すか、それとも東部方面総監を拘束して人質にとる。さらに自衛隊員を集合させ、そこで我々の主張を訴え、それによって共に決起する者があれば国会を占拠して憲法改正を議決させる」というのはどうかと提案する。

この計画に先立って、対象とする基地を練馬にするか朝霞にするかで三島は迷っていたという。それが最終的にはかつての陸軍大本営が置かれた市ヶ谷駐屯地に決定した。

三島の提案は計画の骨格をより具体的に示したものだった。これに対し森田の意見はこうであった。

「弾薬庫を占拠するとしても第一それがどこにあるか場所がわからない。弾薬庫を占拠するのと総監を人質にとるのとを同時にやるというのも力が二分されてしまい、かえって失敗するのではないか」

そこで四人はさらに細部の詰めを行なった。計画を成功させるには一分の隙もあってはならない。そのためには討議を綿密にし、計画を充分把握しておく必要がある。

検討の結果、総監を人質にとるという案で四人の合意は達した。討議はより進んでいつ、どのように、計画を実施するかという点にまでおよんだ。

「十一月の楯の会結成二周年記念パレードを制服で行ない、これを総監に観閲してもらう。そのとき、機をみて総監を拘束する、というのはどうか」

三島の案はしかし各自よく検討するということで結論にはいたらなかった。

六月二十一日、神田駿河台の山の上ホテル二〇六号室にふたたび四人は集まった。だがここで三島は計画の変更を告げている。というのは、楯の会の体育訓練として市ヶ谷基地内のヘリポートの借用は成功したもののそこから総監室までは距離があるため拘束は無理とわかったのである。そこで人質をより近い三二連隊長とし、武器は日本刀、これを小賀が運転する車で基地内に搬入しようということに改め、森田も同意した。

このとき小賀は、「これでは先生には舞台が小さくってわびしいですね」と言い、三島にたしなめられるのである。小賀にすればもっとスリリングでしかもスケールの大きい決起行動こそ三島には相応しいと思ったに違いない。

それにしても計画はかなり杜撰なものであることがわかる。人質にとる相手といい方法といい、きわめて場当たり的である。基地内の様子を充分把握してないにもかかわらず計画だけが先行し、計画と実際が一致しないとわかるとあわてて修正するからだ。

こうした反省のうえに立った行動か、小賀は体育訓練のときランニングをよそおって基地内の地理や建造物の配置を偵察していた。

会合は頻繁に行われ、爆破だ、決起だとさかんに言っていながらしかしまだ〝自決〟という言葉が三島の口からは漏れてこない。

死、を忘れていたわけではない。三島はすでに三月、体験入隊先の滝ヶ原駐屯地から〝遺書〟めいた内容の手紙を林房雄に郵送している。文壇との交流はほとんど絶っていた三島だがそれでも林との交流はつづいていた。けれどそれにしてさえ用件はおもに電話ですましている。だから手紙といえば一九六九年六月、「人斬り」という映画に田中新兵衛役で仲代達矢、勝新太郎、石原裕次郎らと共演したとき、京都のロケ先から送られたものと今度のだけだった。

林への手紙では、全学連が静かになり、本質的なことはなおざりにしたまま、またしても惰眠にふける日本に憤りを露にしている。

これが事件直前、つまり十一月十八日に投函された広島県の清水文雄宛の手紙になると明らかに〝遺書〟であった。清水は、三島の学習院中等、高等科時代の恩師で、このころは広島の比治山女子短大で教授をしていた。

「『豊饒の海』は終りつつありますが、『これが終ったら……』といふ言葉を家族にも出版社にも、禁句にさせてゐます。小生にとっては、これが終ることが世界の終りに他ならないからです」

〝死〟を予告するものといえば久しく疎遠になっていた大岡昇平を対談の相手に指名したこと、六月、弁護士立ち会いで『仮面の告白』『愛の渇き』二作品の著作権および一切の権利を母親倭文重《しずえ》に譲渡するという公正証書による遺言状を作成していること、このほかいく人かの作家、評論家と食事を共にするなどがそうだ。三島はさり気なく永遠の別れを彼らに告げていたのだ。そして長年親交をあたためてきた石原慎太郎とも、「石原慎太郎氏への公開状――士道について」を毎日新聞夕刊紙上に寄稿することで彼の欺瞞的態度に批判を浴びせて訣別にかえている。

サンケイ新聞に寄せた「果たし得てゐない約束——私の中の二十五年」では死を、明瞭に告げている。

「否定により、批判により、私は何事かを約束して来た筈だ。政治家ではないから実際的利益を与へて約束を果たすわけではないが、政治家の与へうるよりも、もっともっと大きな、もっともっと重要な約束を、私はまだ果たしてゐないといふ思ひに日夜責められるのである。（略）それほど否定してきた戦後民主主義の時代二十五年間を、否定しながらそこから利得を得、のうのうと暮らして来たといふことは、私の久しい心の傷になってゐる。（略）

私は人生をほとんど愛さない。いつも風車を相手に戦ってゐるが、一体、人生を愛するといふことであるかどうか。（略）

私はこれからの日本に大して希望をつなぐことができない。このまま行ったら『日本』はなくなってしまふのではないかといふ感を日ましに深くする。日本はなくなって、その代はりに、無機的な、からっぽな、ニュートラルな、中間色の、富裕な、抜目のない、或る経済大国が極東の一角に残るのであらう。それでもいいと思ってゐる人たちと、私は口をきく気にもなれなくなってゐるのである」

こよなく愛した日本である。だがかつて三島がこれほどまでに日本というものに絶望し、憎悪し、悲憤し、怨念をたたきつけたことがあっただろうか。

大学紛争、全学連の騒乱、日本で初めてという赤軍派による「よど号」ハイジャック事件、六〇年安保をはるかに上回る七七万人の反対デモの中で日米安保条約の自動延長。荒廃と殺伐感をぬぐえないながらも一九七〇年という年はしかし、高度経済成長はますます活況の様相を呈し、ついには〝昭和元禄〟というネーミングまで冠された。若者のあいだにエレキブームが到来し、グループサウンズが歌謡界を席捲した。フーテン、ヒッピーといわれる奇妙な若い男女が出現し、そうした若者のあいだではシンナー遊びが流行した。

こうした流行や風俗とは無縁なところに森田はいた。六月には、日本武道館へ三島とともに空手の稽古に通っている。格闘技の練習は楯の会会員の必須科目であった。

紺がすりの袷に黒の剣道袴という出立ちで森田は道場に通い、寒稽古、暑中稽古もいとわなかった。すでにいくつかの形《かた》も修得しときどき三島の相手となって乱取り、約束組手などで稽古をつける。だがその技も、もはや先輩格の三島を凌駕していた。

一方非公然活動も着々と進行していた。七月五日、山の上ホテルでの会合では楯の会メンバーがヘリポートで訓練中に三島は小賀の運転する車に日本刀を積んで三二連隊長室に赴き、そこで連隊長を監禁することが決まり、決行日を十一月の定例会日とした。三島は車の購入資金として二〇万円を小賀に手渡す。武器搬入に使用するためだ。小賀はそれをもとに四一年型白色コロナを購入する。

この会合のあと森田、小川、小賀の三人は三島の勧めもあって北海道へ旅行する。その旅は、三人の結束を確認するそれであったと同時に今生の別れの旅でもあった。

七月下旬から八月下旬にかけて行動計画にもうひとり加えようという案が持ち上がり、人選に入っている。三島と森田のあいだで計画を策定したとき、人選には肉親に累が及ばない点をまず配慮した。とはいえ幼少時に両親を亡くしている森田はまだしも、小賀は母子家庭であり、小川は両親が健在のうえ許婚者もいた。

「自分が信頼できるのは古賀君だけです」小賀のこの言葉で古賀浩靖の名が浮上した。九月一日、森田と小賀は十二社のアパート近くの深夜スナックに古賀浩靖を誘い、行動計画を打ち明け、「三島先生と生死を共にできるか」「市ヶ谷部隊の中で行動する」「浩ちゃん、命をくれないか」と切り出す。

楯の会に参加した動機は日本の覚醒のために命を捨てるというものであった。そのときが来たのである。あえて詳しい話をきくまでもなかった。ひと言「お願いします」と古賀は森田に会釈した。

古賀はこの八日後、今度は三島と銀座の西洋料理店で会い食事をとっている。このとき三島から日本刀で居合抜きを見せるといって連隊長室に赴き、連隊長を二時間監禁して自衛隊員を集合させ、訴えを聞かせる。隊員の中に行動を共にするものがでることは到底不可能だろう、いずれにしても自分は死ななければならない、決行日は十一月二十五日である、という行動内容が詳しく伝えられ、「ここまで来たら地獄の三丁目だよ」とも言われる。

五人のメンバーだけで最初に会うのは九月十五日、千葉県野田市で催された忍者大会を見物しての帰路、浅草のイノシシ料理店に寄ったときである。

三島と会員四人はここで再度結束を固め、決起の意志を確認したに違いない。いかに強固な精神力を持っているにせよ死刑を宣告された死刑囚のように、死が確実に、しかもそれは刻一刻と迫っていることを知ればさまざまな葛藤に苦悶するはずである。森田らもけっして例外ではなかった。「みんな日が近づくにつれてこのこと以外は何も考えることができなくなり、人と話をしていてもなんとなく虚ろな気分になるばかり」（『伜・三島由紀夫』）であったという。

三島もそれは同様だった。「いまのような気持ちを小説に書けないのはまったく残念だ」とくやしがるのだ。

またこのころ十一月例会に招集する楯の会会員について五人は話し合っている。自衛隊に累が及ぶことをおそれてまず自衛隊に親戚があるものが省かれ、次いですでに就職がきまっている者を省いた。招集者は三島が選び、〝招集令状〟には一枚一枚三島がサインするということも決まった。それまでこうした連絡は倉持清がやっていた。それを彼にかわって九、十、十一月だけは三島がやるというのだ。

ところがこれものちには気骨のある者、考えの甘い者とに招集形式は変更する。気骨のある者には自分たちの最期を見てもらい、後者には楯の会の厳しい精神を汲みとってもらうためであった。そうして招集されたのが比較的経験の浅い四期生、五期生であった。それらを引率していたのが田中健一と西尾俊一である。

九月には森田が人選にあたった第五期生の体験入隊が実施されている。このころにはすでに『行動学入門』の連載も終わり、『豊饒の海』第四部「天人五衰」も脱稿されたといわれ、三島は滞在先の伊豆下田東急ホテルから、山本舜勝宛に「建白書」を郵送している。

これまでの計画につけ加えて決起行動が正しく報道されるようにあらかじめ信頼できる新聞記者二名を市ヶ谷駐屯地まで同乗させ、事の顚末を逐一報道してもらうことで計画に一部変更が生じたのは十月二日の、銀座の第一中華楼に集まったときだ。手回しよく三島がこのようにしたというのも、自分たちの行動が歪曲されて伝えられることや自衛隊内部のことしてもみ消されることを極度に警戒したためだ。

この直後に古賀浩靖は、故郷の山河を見ておきたいと北海道へ帰省している。このとき旅費の一部として三島から一万円もらっている。そこで古賀はひそかに両親に告げてこようとしたに違いない。

十月九日、この日は楯の会の定例会であった。市ヶ谷会館には制服制帽姿の会員が三々五々に集合し、いつものようにカレーライスの昼食をとり食後のコーヒーを飲む。無論、このあと東条会館に行き、今生の形見として五人で記念写真を撮るなど露とも感じさせぬいたって屈託ない振舞いだった。彼らにとって休息といえばおそらく多くの仲間とこうして久し振りに会うときがそうだったろう。なにしろ毎日毎日が死と向き合う緊張の連続である。

小川、小賀、古賀に、意外なことが起こる。というのは十一月三日、六本木サウナミステーの休憩室に集まったとき彼らに対し三島は行動の変更を伝えたからだ。

「今まで死ぬ覚悟でやってきてくれた。その気持ちは嬉しく思う。しかし、生きて連隊長を護衛し、連隊長を自決させせないように連れて行く任務も誰かがやらなければならない。その任務を古賀、小賀、小川の三人に頼む。森田は介錯をさっぱりとやってくれ。あまり苦しめるな」

この変更は森田と二人だけの相談でそうなったのだろう。このとき三島は「森田、お前は死ぬな。お前は生きろ」と森田の道行きを引き止めたという。これに対し「親とも思っている三島先生が死ぬときに、自分だけが生き残るわけにはいかない。死への旅路に是非お供させてほしい」と森田は言い、自らすすんで死を選んだと三島とは無二の親友である伊沢甲子麿は証言している。

また森田がなぜ同行したかについて山本舜勝は筆者にこう述べた。

「文学者として死ぬのではない。武に生きた者として死ぬのです。そのためには一緒に死ぬ者がいなければ世にこれを知らしめることにはならんのです。三島が文学者として死ぬならなにも同行者はいらない。こうした三島の心を森田は読みとり、琴線にふれるものがあったからこそ、同行をむしろよろこんで受け入れたのです」

ともあれ森田はこのとき、「俺たちは生きても死んでも一緒。またどこかで会えるんだ」と言い、どこまでも一蓮托生、一心同体であることを告げて複雑な気持ちに狼狽する三人を慰めたという。このとき三島は、割腹自決を遂げることや介錯を森田が行なうことまで決めている。

翌四日から三日間、楯の会会員は御殿場の滝ヶ原駐屯地に於いて短期特殊訓練を受けている。事実上これが楯の会最後の体験入隊となった。しかし、そうと知るのは三島と森田らだけである。三日目には三島は会員、それに自衛隊員をまじえて酒宴を開いた。ここで三島は「唐獅子牡丹」、小賀は「白い花の咲くころ」、小川は「昭和維新の歌」、森田は軍歌の「加藤隼戦闘隊」と小学校唱歌「花」をそれぞれ歌い、古賀は特攻隊の詩を朗読したという。酒と歌にしばし全員は酔い痴れた。だが三島にすればこれも今生最後の酒宴であった。

十一月十四日、五人は再びサウナミステー休憩室に集まった。そこで『サンデー毎日』の徳岡記者とNHKの伊達記者に記念写真と檄文を託すことが三島から話され、十九日には、連隊長を拘束したのち自衛隊員を集合させるまでの時間は二〇分、三島の演説は三〇分、他の四名の名乗りは各五分、楯の会会員に対する訓辞は五分、最後に楯の会解散を宣言し、天皇陛下万歳を三唱する、という時間配分についての綿密な打ち合わせを行う。

十一月十九日はちょうど班長会議の日である。第一班長の森田や第四班長の小賀も出席し、「生きのこる者」「死にゆく者」について語る三島の訓辞を他の班長とともに聴いている。

このころ森田は持丸に不意の電話をかけている。持丸はすでに結婚し高円寺に世帯をかまえていた。「寿司でもおごらせてくれませんか」という誘いの電話であった。このとき持丸は〈森田がおごってくれるなんて珍しいこともあるもんだなぁ……〉と怪訝に思ったという。

が、そうした思いもそこまでで森田の指定する高田馬場の寿司屋に入り、酒を呑んだ。

持丸はじつは三島からも血書に関する電話を受けていた。血書は持丸が保管していた。それを返してくれとの用件だった。それを持丸は三島のもとへ届けたがしかし三島はその場で焼却してしまうのである。その行為に、持丸はそのときも森田に抱いたと同じ訝しさを感じたという。

かつては日学同の同志であり、楯の会では学生長の初代と二代目という間柄である。自分のアパートに転がり込んできたのを面倒見たこともある。持丸にとって森田は良き後輩であった。会えば当然話もはずむ。楯の会のこと、社会や人生のこと。いつもと変わらない陽気さである。その姿からは〝死〟を想像させるものなど微塵もなかった。

しかし森田はそのようにして親しい者へのいとまごいを密かに告げ、身辺整理をはかったのだろう。浦和に住む次姉の家に行ったのもそのためだ。姉にとってはこのときも壮絶な死が数日後に迫っている者の悲壮感などまるで感じさせない、いつものようにジョークをとばす弟であった。

すでに森田は決意し、すべてを覚悟していたのである。このように人との別離がいつかは訪れるであろうということを。

かつてまだ日学同の同志であったころ、宮崎正弘に「俺は理論家になろうとは思わない。議論だけに終わる連中が多い中で、自己の言動に最後まで責任をとるべきだ」と言って知行合一を力説し、「どうせ国に捧げた命だ、少しでも祖国の歴史の先覚的役割を担いたい」と言って森田は国のためなら捨て石になることも惜しまぬ覚悟を披瀝した。「我事に於いて悔いず」。これが森田の終生モットーとした言葉である。

身辺整理といえば、十一月十二日から十七日まで池袋の東武デパートで開催された「三島由紀夫展」は、三島にとってのそれであったろう。パンフレットの解説には、「矛盾に充ちた私の四十五年を、四つの流れに区分し、この『書物』『舞台』『肉体』『行動』の四つの河が、『豊饒』の海へ流れ入るように構成した」とある。観覧者はこの四つの河を俯瞰することで三島がそれまでにたどった四五年の軌跡を容易になぞることができた。

鋭い観察力を持つ者ならばあるいはそこで三島の何かを〝暗示〟めかせるものを見たかもしれない。たとえば〝行動〟か〝死〟か、というものを。

この展覧会の最終日、じつは三島はもう一つの場所で「さよなら」をさり気なく告げていたのだ。『中央公論』一千号記念祝賀パーティーが帝国ホテルで開かれたこのとき三島はグラスを片手に捧げながらメインテーブルを一周し、誰にというわけでもない会釈を送り、ゆっくりと会場から消えていったという。

いよいよ「最後のギリギリの戦い」は急迫していた。

十一月二十一日、森田は三島の指示で『行動学入門』の著書を届けるという口実で市ヶ谷駐屯地に赴き、連隊長の在室の有無を確認している。ところが決行当日連隊長は不在とわかった。それは即四人に伝えられ、人質を連隊長から急きょ東部方面総監に変更した。三島はその場で総監室に電話を入れ、面会の応諾をとりつける。

十一月二十三、二十四日の両日にわたり丸の内のパレスホテルに集合し、五人はそこで決起行動の予行演習を行った。部屋を総監室に見立て、三島が携行した日本刀を総監に見せたあと小賀に「ハンカチ」と声をかける。それを合図に一斉に総監をロープで拘束し、さらに入り口を封鎖して他の自衛隊員の進入を阻止するという手順で、誰が何をやるかの役割も決めた。

介錯の仕方も、「ちゃんとうまくやれよ、串刺しにするなよ」と三島に森田は言われながら練習した。

三島は垂れ幕にするキャラコの布に墨で要求項目を箇条書きし、さらに鉢巻もつくった。それには「七生報國」と書き、中央には日の丸を赤く染めぬいた。五人はそれぞれ辞世の歌を詠み、短冊にしたためている。

三島はまたここから伊達記者と徳岡記者に電話をかけ、腕章とカメラを持って市ヶ谷駐屯地へくるように伝えている。

予行練習がひととおり終わったあと五人は新橋の「末げん」で酒杯をかたむけ、最後の晩餐をとった。奥の八畳間は和室で、そこは三島がよく利用した座敷だった。黙っていればそれだけでしんみりしてしまう。それを彼らは雑談で打ち消そうとしていた。

「いよいよとなるともっとセンチメンタルになると思っていたが、なんともない。結局センチメンタルになるのは我々を見た第三者なんだろうな」と三島はつぶやいたという。おそらく他の四人の気持ちもこれに近かったに違いない。死をいったん覚悟してしまえば案外あっけかんとしたものかもしれない。達観の境地に達するのであろう。

この夜、最後の親孝行か、三島は母親を歌舞伎に連れていっている。小川、古賀の二人は小賀のアパートに泊まり、そこで小川は「じつは女房の籍を入れたんだ」と、かねて同棲中の喜映子との結婚を初めて二人に告白している。三人は家族に宛てた手紙を書き、手紙だけではすまず、小賀は電話で実際母の声をきいた。床に入ってからも明日のことを考えれば心のたかぶりは治まらなかった。

森田は、アパート近くの深夜スナック「三枝」に田中健一を電話で呼び、そこで酒を呑んだ。彼らはこの店の常連だった。そこで田中は森田に「時間を厳守せよ」と念を押されたうえで徳岡記者に手渡す封書を受けとる。それには赤エンピツで「徳岡孝夫」という名が記されていた。二人はしたたかに酔った。森田は軍歌を歌い、田中は「山川草木」の詩吟をうたった。これは二〇三高地における乃木大将の、指揮官としての孤独性を哀切にうたったもので、田中がもっとも愛唱するうただった。

一九七〇年十一月二十五日、森田はこの朝、古賀の電話で起こされる。昨夜、「起こしてくれ」と古賀にたのんでおいたからだ。田中に、「もっときつくしめろ」と指示をとばし、晒しを腹に巻きつけるのを手伝わせ、この上からじかに制服を着用した。ハオリ、ハカマ、フンドシ姿で出かけることはしょっちゅうだったから田中にすれば森田のそれを見ても別段奇異ではなかった。

森田は田中より一足先に部屋を出て、小賀の運転する白色コロナを十二社通りに面した薬局の前で待った。

そのころ三島は、妻が運転する紺のシボレーコルベアがエンジンをふかし車庫を出ていくのをきいている。その中には長女紀子、長男威一郎が乗っている。これから学校へ行こうとしているのだった。

手ぎわよく晒しのフンドシをしめ、その上から制服を羽織った。そして傍のコップをとり、それを一気に口にふくんだ。コップの中には昨夜家政婦にたのんでおいた塩水がそそがれている。

白色のコロナは首都高速を走り、新宿副都心ランプを降下すると軍靴の紐を結い直しおえたところの森田を発見し、車に招じ入れた。さらに車は首都高づたいに荏原ランプに出、途中ガソリンスタンドで洗車と給油をする。ここで小川ら三人は前夜したためた遺書を投函する。

白色コロナが三島の自宅に到着するのは午前十時をいくぶん回ったころである。すでに準備を整えて待機していた三島は、軍刀と要求書や垂れ幕の入ったアタッシュケースを携え、車中に乗り込んだ。このときの様子を近所に住むある住民は目撃している。

「十時ちょっと過ぎ、二人の制服を着た人が、三島さんのところから出て来ました。入り口には車が一台停まっており、車の中の人たちは、三島さんらしい一人の方に敬礼しておりました。三島さんでしょう。車の中をのぞき込むようにして、二言三言、何か短い言葉を交わしながら車に乗り込み、つづいてもう一人の方も車の中へ消えました」とその住民は言う。

このとき交わした二言三言とは、「命令書はしかとわかったか」、「はい」というやりとりであったに違いない。

命令書には、人質を護送したうえいさぎよく縛につき、法廷で楯の会の精神を堂々と陳述せよと書いてあり、さらに「――三島の自刃は隊長としての責任上、当然のことなるも、森田必勝の自刃は、自ら進んで『楯の会』全員及び現下日本の憂国の志を抱く青年層を代表して、身自ら範を垂れて、青年の心意気を示さんとする。鬼神を哭かしむ凛冽の行為である。三島はともあれ、森田の精神を後世に向って恢弘せよ」とつづく。

一路市ヶ谷駐屯地へと向かった白色コロナは滑り込むように基地の正面ゲートをくぐった。午前十一時すこし前だった。

五　政府への建白書（全文）

大きな茶封筒を二つ折りにし、四方をホチキスでとめただけの速達便は私製のもので、いかにも送り主の慌ただしさが伝わってくる体裁であったという。

中身はといえば、「武士道と軍国主義」および「正規軍と不正規軍」の二編が、「内閣」の印のあるB４版用紙に二四枚タイプ印刷され、それを黒紐でくくったものであった。

ではその全文（「正規軍と不正規軍」は要約）をここに紹介し、読者の理解に供したい。

「私は戦後の国際戦略の中心にあるものはいうまでもなく核だと思います。そして核のおかげで、世界大戦が避けられているのも事実ですが、同時に核が総力戦体制をとることをどの国家にも許さなくなりました。なぜなら、総力戦体制をとった戦争はただちに核戦争を誘発するからであります。そして世界戦争の危険がさけられると同時に限定戦争と云う新しい戦争が始められました。限定戦争は米、ソ二大核戦力のまさに周辺地帯でおこなわれ、二大勢力の均衡が保たれるか、保たれないかというせとぎわで、その辺境の代理戦争という様な形をとって行なわれている事は御承知のとおりであります。これはあくまで核戦争によって爆発するかも知れないエネルギーが隠当に制約されて限定された形で行なわれますから、限定戦争というものは当然総力戦体制の反対の戦争体制になります。ところが、限定戦争の最大の欠点は国論の分裂を必然的にきたすという事であります。なぜなら総力戦体制に入った場合にはどんな自由諸国でも国民の愛国心がおゝいに高揚されて、国民はいやでも、おうでも、祖国のために戦うという信念に燃え立ちます。第二次大戦当時がそうでありました。ところが今は、一方で国家が国家の国際戦略に従って、限定戦争を行なっても、国内では総力戦体制がひかれておりませんから、これに反対する勢力は互角の勝負で戦うことができます。従って限定戦争があるところでは、かならず平和運動と反戦運動が収拾出来ないような勢いで燃え上がります。

これは私がかならずしも一部の論者がいうように共産国家の陰謀とばかりは思っておりません。

限定戦争の原理自体の中に国論分裂をきたすような要素があって、しかも、それを宿命的に招来したのが核兵器の発明なのであります。しかしながら、限定戦争に対して抵抗する体質としては、自由諸国と共産諸国ではおのずから違います。

共産諸国は、閉鎖国家でその中での言論統制が自由であり、相互の監視が徹底していますから国論の統一のためには、どんな陰鬱な暗澹たる手段を弄することも辞さない。従って限定戦争における国論統一という点では、言論統制を平気で実行出来る共産政権の方が分がいいのであります。

これは一つお考えいただくと、第一点として、限定戦争下における国論統一の有利性という事がおわかりになると思います。そしてアメリカでは御承知のとおり反戦運動が収拾のつかないような形になっており、しかもそれがブラック・パワーのような一種の民族主義的なものと結びついて、ますます国論統一を妨げていく状況です。

第二に代理戦争は、二大勢力の辺境地帯で戦われる戦争でありますから、その土地の原住民が相戦うという形で行なわれるのが普通であります。そして、その戦争の原因は、植民地戦争であるとか、あるいは民族戦線であるとか、民族独立の理念を利用する形で行なわれます。そうすると代理戦争は、あたかも原住民どうしが、戦うかのようでありますけれども、自由諸国としては、自ら正規軍を派遣してこれに対処しなければならない。ところが共産圏の有利な事は、人民戦争理論というものがありますから、自由諸国の正規軍に対して、自分の方は不正規軍をもって不正規戦を戦うことができる。この不正規戦はあくまで人民が主体で、女、子供もこの戦争に参加します。そして彼等は、いわゆる工作員になって、全くなにも知らない子供が手紙の走り使いにつかわれても、その手紙が重要な秘密文書である場合もある。そういう形で、昼は農耕し、夜はゲリラの戦士となるというような戦争が戦われています。そして共産政権は、その背後にかくれて、外部からの軍事援助でも、あくまで隠密にこの援助の形で行なう事が出来ますから、あえて正規軍を派遣して自由諸国の正規軍と正面衝突させる必要はないわけであります。この人民戦争理論によって、国の独立と植民地解放という大義名分が得られる点で共産圏の非常な利点となるのはヒューマニズムをフルに利用できるということであります。何故ならば女、子供が殺されるようなソンミの大虐殺は、世界世論を動かして世界中で安楽椅子にもたれて御馳走を食べて、食後の酒を楽しんでいる人達が、もし自分の子供が、こうなったらどうしよう自分の女房が首を切られたらどうしよう、そういうことを考える場合には、ただちに感情移入が出来るわけです。そしてとんでもない話だ、かよわい女、子供を正規軍の制服を着た軍人達が虐殺する、これはヒューマニズムの見地から許すべからざる事だという類推が日常の生活態度の中から非常に容易になりたちます。従って、戦後の戦争はすべて世論を背景にした戦争でありますから、もしそういう問題が起きたときには、共産圏は人民戦争理論によるヒューマニズムの利用という点において非常な利点をもっております。これで一方では、アメリカ正規軍の兵隊が十人死ぬとする。一方では人民戦争に参加したあるいは、ひそかに参加した女、子供が十人死んだとする、その場合にその死の与える衝撃は女、子供の方が何十倍強い事は御承知の通りであります。

共産圏の戦略は御承知のとおり、人が一人死ねば、これぐらい有難い事はない、むしろ一番かよわい者が死ねばこれ程有難い事はない。これはただちに宣伝に利用されるし、全世界のアームチェアーに坐ったヒューマニスト達を動かす事が出来るからであります。ところが軍人が死に、あるいは警察官が死ぬということに対して、アームチェアーに坐った人達を動かす事は出来ません。

端的にいって、死ぬ商売の人間が死んだって何んだという事になります。この人民戦争理論によるヒューマニズムの徹底的利用という点について、共産圏のもっている利点は、計り知れないものがあります。

従って、これもまた、核の反射的な影響だと考える事が出来ます。何故ならば、我々は核を使う事が出来ませんから、従って在来兵器、コンベンショナル・ウィポンによる戦争しかあり得ない、しかも大国がコンベンショナル・ウィポンを持って戦う事は危険でありますから、必然的に人民戦争理論に負けるという形になるのです。これが東南アジア一般に広がっているアメリカのアジア軍事戦略体制と現地住民との問題の焦点になります。

今言ったことをだいたい要約しますと、共産圏の利点としては、限定戦争下における国論統一の利点、第二は、人民戦争理論によるヒューマニズムの徹底利用の利点、この二つが最大の利点であります。この点については自由諸国のマスコミュニケイションは、むしろ共産圏に有利に働くわけであります。何故なら国論分裂はマスコミュニケイションの得意とするところであります。

何故国論分裂が得意であるか、自由というものが唯一の、つまり最高のプリンシプルであるとすれば、限定戦争に反対する事が自由の最大の根拠になるからであります。従ってベトナム戦争反対は、ニューヨークタイムズをはじめ、全世界のマスコミュニケイションにとって、一番民心にアッピールする、有用な商売の材料になるわけです。

第二に、ヒューマニズムの利用という点についても、これは非常に自由諸国内において、彼らの側にいるように働くわけであります。なぜなら、樺美智子さんが一人死んだ、そういう場合には虐殺と報道される。またこういう人間の死ぬ事は勿論よい事ではありませんが、一人死ねばその死ぬことを過大に報道して、それによってヒューマニズムに訴えて人々の涙をそそるという事は、マスコミュニケイションにとっては、第一に商売の利益だからであります。

これは文学的な問題になりますが、アーサー・シモンズという文芸評論家が言っていますが、文学で一番容易な方法は人の涙を流させることと、猥褻感を興させる事である。従って文学で一番な文学は、センチメンタル文学と好色文学であると言っております。そしてマスコミュニケイションはそもそも低い次元の文学でありますから、人の涙をそそるという事が大事でなければなりません。従って、弱い側の人間が死ぬという事程いい餌はないのであります。こういう点から、自由諸国は二つの最大の失点をはじめから自らのうちに包含しているのです。これを考えないでは世界戦略も国際戦略もないという事は非常に重要な問題で、これをコンピューターではじいて、物量の上で、あるいは純戦術的な上で、勝つことが明らかな場合でも、この二つの利点によって負けるべき事が今までしばしば実際にあったとおりです。

日本のことを考えますと、私は日本はやはり、あくまで忘れられたものに対する価値というものを認識していないという感じがしてしようがないのです。というのは、日本も自由諸国の一環でありますから、私は言論統制という事には、非常に反対であります。そして分断国家の場合には共産圏に対する反感、憎悪、あるいは競争意識、こういうものは、国民に瀰漫《びまん》しておりますし、また、共産圏からも直接的な被害、肉親の殺戮、その他の恐ろしい体験がありますから、これに対する言論統一はむしろ容易であります。韓国が良い例であり、いろいろ分断国家ではそういう例が見られます。

日本は分断国家ではなかったが故に、別な不幸を背負っているのは、そういう意味で非常に言論統一という事はむずかしい。もしこれを強行しようとすれば、非常に人工的な手段を使って、益々国民の反撃をかうような方法でしか出来ないわけでありますから、マスコミ操作ということ自体が難しくなってくる。これはアメリカも同然であります。ところが日本人には民族精神の統一として、その団結への象徴というものがあるのに、それが宝の持ち腐れになっているというのは、これは当然天皇の問題であります。またもう一つは第二のヒューマニズムの利用という点につきましても、我々は現代の新憲法下の国家においてヒューマニズム以上の国家理念というものを持たないという事によって苦しんでいる。先のよど号事件でも見られましたように、韓国や北鮮が非常に鮮明な単純なわかりやすい国家意志を表明したのに、日本政府は、ついに人命尊重以上の理念を打ち出す事が出来なかった。これはあくまでも敵に戦略的に敗けている事であると私は思うのであります。というのは、新憲法の制約が、あくまで人命尊重以上の理念を日本人に持たせないようにぎりぎりに縛りつけてあるからであります。私はこれから申し上げる防衛問題の前提としてこれを申し上げるのは、我々はヒューマニズムを乗り超えて、人命より価値のあるもの、人間の命よりももっと尊いものがあるという理念を国家の中に内包しなければ国家たり得ないからであります。これは種々利用されて欠点はありますが、我々は天皇というものを持っている、我々がごく自然な形で団結心が生ずる時の天皇。それから、人命尊重以上の価値としての天皇の伝統とこの二つのものを持っていながら、これを常にタブーにして手をふれることが出来ないまま戦後体制を持続してきた。ここに私は共産国、敵方に対する最大な理論的困難があるにもかかわらず、結局この根本的問題を是正することなしに、ずるずると動いてきていることに非常に危機感を持たざるを得ないのです。そして現在の状況は、戦争はすぐには起こりますまいが、ある暴力が発生すると、非暴力というものが非常にいいことに見えます。そして非暴力というものはそれ自体で二枚目にも見えるし、非常に人々の共感を買い、安全感をそそるものになります。ですから小さな例を引けば、ある会社が三派の組合に破壊されそうになった場合には、共産党の組合と手を組めば、たちまちにして取り引きが出来る、ベースアップの自由な裏取り引きが出来る。そういう点から、左右そのものが平和的な仮面を被った共産党系と、いろいろな点で利用し合うようになる。これは大きな政治の場面でも、向うが平和的な手段にくれば、これを利用することによって自分も利得をうる。そして中間にいる大衆社会はどちらもニュートラルなものとして歓迎する。そういう状況が出来上っていることが戦略上、非常に私は問題点であると考えます。これは、私は日本の防衛というものの、先ず基本的な前提として判っていただきたいと思うのです。

第二に今度私は国防理念の問題を申し上げたいと思います。それで国防理念の問題としては、我々はつまり物理的なあるいは物量的な戦略体制というものに非常に頭が凝り固まっている。例えば中国の核問題。この核に対抗する手段が我々には無いわけです。ABMを持とうと思ってもABMは非常に金がかかりますから、ABMを持つだけでも大変な事であります。それによって我々は、集団安全保障という理念の中に入って日米安保条約によってアメリカの核戦略体制の中に入るということを、国家の安全保障の一つの国是にしているわけであります。ところが、アメリカはABMを持っておりますが、日本はABMを持っていない。従って核に対しては、我々はアメリカの対抗手段に頼ることは出来ますが、アメリカの防衛手段は我々から疎外されている訳であります。我々は防衛手段を自分で持たなければなりませんが、その防衛手段については、あくまで核の問題が入ってきますから、非核三原則を原則とする現政府では、それについて核に対抗する核的な防衛手段もまた制限されているといわなければなりません。ところが集団安全保障と自主防衛との問題が段々出てきますにつれて、この間の矛盾が、私は、国防理念の中で段々大きなギャップと裂目を露呈してくるのが、これから二、三年の大きな問題ではないかというふうに考えております。というのは、沖縄の問題において、我々は自主防衛という問題にいやおうなく直面せざるを得ませんが、自主防衛とは何であるかということについて、先ず人々が考えることは、核のことであります。我々は核がなければ国を守れない、しかし核は持てない。これは永遠の論理の悪循環で核が持てないから集団安全保障に頼る外はない。従って我々にとっては、純然たる自主防衛ということは有り得ないんだ。我々の自主防衛というものは、集団保障の前提付の上で、二次的に自主防衛というものが、かろうじて許されるわけである。こういう固定観念が私は非常に強くなっていると思います。

そういう場合には、新憲法自体が国連憲章の上に成りたっていまして、国連の国防理念というものが第一になっているにもかかわらず、我々は国連軍に参加することも出来ませんから、国連の防衛理念に対しては、片務的であって、我々は国連的な防衛理念によって、自らの手で自らを守る、というような論理的矛盾を侵さざるを得ない。もしこれが全部国連理念で統一されたと致しますと、問題はむしろ簡単なのであって、自主防衛を完全に放棄したということで、そして自主防衛はまったく成り立たない、我々は国連軍である、我々にはなんら自分の軍隊は無いのである、そのかわり、国連軍に参加して、国連警察軍として海外派遣もやろう、あるいは、核兵器つまり国連の管理下に置きながら、これを使用することもあろう、こういう形で国防理念を完全に国連憲章と一致させることでありましす。これは、私は新憲法を論理的に発展させれば、そこへいかざるを得ないと思いますが、しかし、どうしてもここに自主防衛という問題が出てきますのは、これは理念の問題としてではなく、おそらくアメリカのベトナム戦争以来の戦略体制の政治的な反映が強くなっているると思わざるをえないのであります。これはアメリカではベトナム戦争の混乱が生じてから、ある意味の孤立主義が復活していますから、あくまでもアメリカはうしろだてである、しかし現地においては、アメリカ人の血を一人でも流させないで現地人にやってもらいたい、つまりアジア人をして、アジア人と闘わしめるという考えであります。

これは何であるか。

私は、これは人民戦争理論の反映であると思うのであります。つまり共産側はこれを前からやっているのであります。そしてソビエト兵の血を一滴も流さないで、ベトナム兵の血を流させるということは、ずっと前からやっているのです。しかしこれには強力なさっき申し上げたような理念的な裏付けがありまして、ヒューマニズムにのっとってやっているという言い訳がたつんです。そしてしかも民族の独立を助けてやっているという大義名分がたつんです。従って彼等が、代理戦争の理念的思想的な裏付けにおいて間然することのないことをやっているのです。ところがアメリカは、これが反映として、各国に自主防衛をむしろ強制して、それによってアジア人をアジア人と戦わしめるという考えを政策的に出すならば、その時点において、これは左翼のいうように、アメリカ・アジア軍事戦略体制に利用されるんだ、日本人は盾になるんだ、アメリカのために我々はたんに盾になって働かされて第一線に狩り出されるんだ、第二次大戦における黒人兵と同じように白人兵の血を一滴も流させないために我々は血を流さなければならんのだ、というふうに彼らから解釈されてもしかたがないような、理論的薄弱さを持っているんです。なぜなら、自由諸国は人民戦争というものを絶対に使わないからです。そこで問題になってくるのは、日本人に対する説得力です。自主防衛とは何ぞや、日本人は非常に単純で一本気な国民でありますから、自主防衛ということで我々がすぐ思い浮かべるイメージは、我々は我々の国を守るのだ、外国の世話にならないで我々のことは、我々がやるんだ、ともかく我々のこの腕の力の限り、やるだけやるというところが、我々の考える自主防衛です。しかしこの理論的裏付けとしてははっきり言って何も無い。というのは、もし戦略的に考えれば、そんな事は、不可能だ、だから国連軍に入ればいいだろう。従ってもし、非常に政治的にいえば、お前はそういっている段階でもうすでにアメリカの戦略体制に引っかかっているんだ、お前はアメリカの傭兵になっているんだと、いわざるを得ないところへ自分を追いこむ外はない。自主防衛という言葉をそういうふうに使われてしまったのは誰の罪だ。

私は、これはこの数年非常に考えて来た問題であります。

私はこのことについて一番問題になるのは武器と云うものに対する考え方です。そして私はこの間、防衛研修所に行ってこの話を大分したのですが、防衛研修所の人達が十週間位にわたって、お互に議論してきた結論は実に簡単なことなのです。つまり魂の無い所に武器はない。これは日本の防衛体制を考える場合に、魂の無い所に武器はないという、こんな簡単なことはないんです。ところが、一方では武器が多ければ魂が無くても安全だという考えが一方にある。そして一方では魂が有っても武器が無ければしようがないではないかという考えがある。これはいまの日本のいわゆる非武装中立という考えを、ある程度非常に観念的ではありますけれども、日本人のメンタリティーのどっかに訴えているというのはまさにこの点の矛盾をついているからだと思います。というのは、魂のないやつがいくら武器をもってもしようがないから武器をもたんでおこう、という事になれば実際おっしゃるとおり何ともいいようがない。

しかし、防衛問題のキーポイントは、魂と武器とを結合させることであります。そしてこの結合が成り立てば、私はいささか神がかりかも知れませんが、在来兵器でも充分日本は、守れるというところへこざるを得ないという結論になる。と申しますのは、核というものは使えない、この使えないということがいかに人間の心理に悪影響を及ぼしたかということは、私は一口でいえない位に恐ろしい事だと思います。というのは人間のモラルというものを決定するのは、男と男のモラルを決定するのは決闘だったのです。そしてどっちが正しいか決められない時は、刀と刀で斬り合って片方は死に、片方は勝った、それが正義だということになるが、私は武器というものが持っているモラルとの関係だと思うのです。ところがこの原則が崩れた。ピストルの場合はまだ決闘が出来たのです。ピストルで決闘していたのは、十九世紀まで学生がやっておりました。ところが決闘ができない武器が出来た段階において、武器とモラル、モラルといっても魂と同じ事ですが、武器とモラルの関係が、だんだんに曖昧になってきたのです。

というのは、我々はモラルの戦争をする時に、武器をもたずに言葉で闘えばいいのではないか。国会というのは言論の府でありますけれども、これは言論の府という裏に、決闘の原理があったからこそ言論の府である。つまり、許すべからざるイデオロギーが、もとは刀で切り合っていたのが文明が進歩して刀を収めよう、その代わり言論でやろうというのが私は民主主義であり国会であろうと思います。

ところが決闘などというのを全部のけにして人間が口先で勝手なことをいえばイデオロギーになるのだ、口先でその場を糊塗すれば政治の理念もたつのだと思う様になってから、私は民主主義というものの根本的堕落が始まったと私は思っております。さて話しを元へもどしますと、決闘というものはあくまで武器で勝負を決するものである。というのは男は昔は刀をもっていた。刀をもって自分が殺されるかも知れないが、自分の論理的主張とモラルを通すためにはこの刀に頼る外はなかった。このために刀は使われた訳です。ところが、核兵器が発明されましてからモラルと兵器というものが無限に離れてしまった。というのは使えないからです。我々は人間が使えない武器を持った時に、人間の思想と道徳の問題が最大の危機に直面したというふうに私は考える。というのは、使えない武器は恫喝にすぎませんから、恫喝によって、どんな嘘も可能になる。例えば膨大な核基地が何処かにあるということが察知されますと、敵側からスパイを派遣してこれを察知するでしょう。あらゆる方法で情報を集めてこの核基地の所在を発見しようとするでしょう。ところがこの核基地の所在が本当は無くてもいいんです。無くても絶対ここにあると信じれば充分恫喝になるのですから、核兵器というものは、最終的にいえば、無くてもいいんです。あるぞといっているだけで嚇かされるんです。勿論昔の法科をお出になった方は、秋刀魚《さんま》をもって強盗に入った場合に、強盗に入られた方がこれを凶器だと思って間違えて金を出した場合、これはどうなるのだという問題を出されたと思うのです。これは刑法上昔から錯誤の問題として出される珍問題の一つですが、核とは秋刀魚と同じような形をもっている。持たなくてももっていると嚇かすだけで効果がある。この場合には、核というものはつまり心理的な武器になり、人間の心理に嘘をつかせる。そして嘘であっても、とにかく恫喝されるという目的が達せられればいいのでありますから、証明するような材料が最終的に無ければ無い程有利であるわけです。

これは沖縄問題で非常によく出たと思うのであります。というのは佐藤さんがアメリカにいらした時に、沖縄の核兵器の基地を撤去するかしないのかの問題を新聞記者会見でつっこまれました。この問題についてはわれわれは両国間の暗黙の腹芸としていえないとおっしゃった。これは勿論です。いえないことが核兵器の面白いところです。もし、これが普通の武器でしたら使う武器ですから、ここに日本刀が三丁あるぞ、ここに機関銃が三丁あるぞといった方が有利なはずです。それなのにいえないところに核の面白さがある。これで私は武器と魂、武器とモラルというものの結び付きが非常にこわれてきた。それと同時に国民精神というものに対する影響が核によって非常にマイナスに働いてきたと思います。というのは国民精神というのは正直なものです。国民が一致団結して火の玉になって敵国にあたろう、あるいは国を守ろうという時には、そのよりどころとして日本には昔、日本刀があったんです。アメリカには、フロンティア・スピリットがあってピストルというものを彼等は持っています。そこに已の存在をかけますから、おれは命をはってもこのモラルを守るというような気構えがある。しかし、あるかないか分からんものに対して、どうして人間はモラルをかけることができるか。自分の全生涯をかけることが出来るか。そこに国民精神分裂の一つの原因とモラルの退廃が潜んできた。そこに参りますと、私はコンベンショナル・ウィポンというものの戦略上の価値をもう一つ復活すべきではないだろうか。これは人民戦争理論でなくて核でなくて、日本が闘えるしかし一歩も日本に寄せつけないというものを考えますと、これは、私は英語を使ったコンベンショナル・ウィポンでなくて、日本には日本刀というものがあるではないか、日本刀で充分だと云う考えに到達せざるを得ない。私は、こういうのは単に比喩としていっているのであって、日本は、日本刀だけで守れるとは限りませんから、五十歩百歩と云うことを考えれば、例え非核ミサイルを持っても、地対地ミサイルを持っても、核でないから日本刀と同じことなのです。全く同じことなのです。それならば日本刀の原理というのを復活しなければ、どうしたって防衛問題の根本的なものは出てこないんです。我々が持っている武器は使えると云う前提がある。使えない武器は一つも持っていない。使える武器だけを持っているのは日本刀の利点だと考えなければいけない。利点だと考えたならば、そのさきゆきというものは日本刀だと考えなければならない。そしてここにつまり武士と武器というものを、本姿と魂とを結びつけることができなければ、日本の防衛体制は全く空虚なものになってしまう、というところが私の考えている最終的なところです。

さて武士というものはどういうものか。私は、中曽根長官が就任されたとき、又聞きですから、軽率な判断は慎みますが、自衛隊は一種の技術者集団である、そしていわゆる武士ではない、などと仰られた様に仄聞しておりますが、私の間違いだったら訂正致しますが、とんでもない話である。もし自衛隊が武士道精神を忘れて、いたずらにコンピューターに頼り、いたずらに新しい武器の開発や、新しい兵器体系という玩具に飛びつくことによってしか日本の防衛が考えられないようになったら、その体質において自衛隊は超近代軍隊というものが持つ非常な欠点が表われる。それは軍の官僚化ということ、次は軍の宣伝機関化ということだ。そしてこういうことは、各国の軍隊で非常に困っていることでありますが、さらにもう一つ、軍の技術者化。この三つが問題です。これは近代軍隊の持っている三つの非常な欠点で、これは毛沢東が一番恐れたことだと思います。

まず軍隊が技術者集団化すると、そのテクノクラートは、このテクノクラシーの社会でなんら軍人という意味をもたないのです。大会社の実験をやっている技術者と軍隊で一番新しい兵器を開拓した技術者と、スピリットとしてちっとも変わらないものになる。そこに産軍合同の理念があるわけです。もう一つは軍のパブリシィティというもの、軍の秘密主義からなるだけ国民にパブリサイズすることとなれば、軍の主張は必然的に大衆社会に追随することになりますから、いつまでたっても、軍というものは、男性理念を復活することができなくて、益々、おふくろ原理に追随しなければならない。もう一つの軍の官僚化ということは、軍が戦争しないうちに、あくまで、軍の秩序維持ということに、頭を労しているうちに、シビリアンコントロールがいきすぎて、軍の体質というものが、野戦の部隊長というものを生まなくなる。あくまでも、この静かな奇麗な、官僚機構の中の一環になって、これは、政府には、非常に喜ばしい傾向かもしれませんが、武士としては、野性の欠除した、非常に上官にペコペコするような、全く下らない人間が出来上る。そして、単なる戦争技術者になって一切スピリットが無くなる。このスピリットが無くなる空隙を狙って、先に申し上げた共産勢力というものは自由自在に入ってくるんです。これは既に、西ドイツで現に起っていることです。私は西ドイツでこの間、ある人から聞きましたように、西ドイツの軍隊の内部崩壊というものは、そういう形で、その、軍の近代化に向って、その裏側から入ってくるというような危機があると思う。日本はまだそこまでいっていませんけど、私は、軍がスピリットを失って空疎になるということを何よりも恐れる訳なのです。

そこで、武士道と軍国主義の問題に入ってくるわけです。私はよく外人の記者からいわれますが、私は、小さな会などをやっていますから、お前は日本に軍国主義を復活する危険を鼓吹しているのではないか、軍国主義を鼓吹するために、そういう事をやっているのではないか、といろいろいわれるんです。私はいつも、それについて申しますのは、私は武士道と軍国主義というものを一緒に扱ったのがアメリカの占領政策の一番悪い処である。アメリカ人は、日本が敗けた時に、武士道精神をもって、日本の武士道に対する敬意だけを残すということを遂にしなかったではないか。彼等は、日本の武士道と日本の末期的な軍国主義とを全く同一視した。そのために、剣道もやらせなくなった。そして、まあ一時は歌舞伎ですら、非常にこの復讐劇や、侍の精神を鼓吹したような歌舞伎はやらせなくなった。

彼らは、外国人だから、仕方がないけれども、日本の武士道というものは、軍国主義と如何に背反して悲劇的な結末に至ったかということを、歴史を無視しておったからだという風にいつも説明するのです。私が外人に説明しますことは、乃木大将をもって、日本の軍における、武士道というものは、一応終ったんだ、という風に説明するんです。それは、何処から武士道が始まったか、という問題になりますから、武士道の淵源をいいだすと、非常に長くなりますけれども、私は、外人に極く概略的に説明しますことは、武士道と云うものは、セルフ・リスペクトとセルフ・サクリファイスということが、そして、もう一つ、セルフ・レスポンシビリティ、この三つが結びついたものが武士道である。そして、この一つが欠けても、武士道ではないのだ。もしセルフ・リスペクトとセルフ・レスポンシビリティだけが結合すれば、下手をすると、ナチスに使われたアウシュビッツの収容所長のようになるかもしれない。何故なら彼としても、自分自身に対する尊敬の念を持っていたろう。自分の職務に対する責任を持っていただろう。しかしながら上層部の命令するとおりに四十万のユダヤ人を焚殺したではないか。日本の武士道の尊いところは、それにセルフ・サクリファイスというものがつくことである。このセルフ・サクリファイスというものがあるからこそ武士道なので、身を殺して仁をなすというのが武士道の非常な特長である。そしてこの三つが、相俟った時に、武士道というものが、成り立つのだ。ということを、外人に説明するんです。ですから侵略主義とか軍国主義というものは、武士道とは始めから無縁なものだ。武士道は、セルフ・リスペクトをもった人間が、自分の行動について最終的な責任を持ち、そして、しかもその責任を持つ場合には、自己を犠牲にすること、一命を鴻毛の軽きに比するという気持が、武士道の権化で、これがないときには、武士道というものはない。ところが戦後の自衛隊にはこのセルフ・リスペクトというものが常になかった。またセルフ・レスポンシビリティはあるかもしれないが、これも官僚的セルフ・レスポンシビリティに堕してしまったかたむきがある。第三に、セルフ・サクリファイスについては、遂に教えられることがなかった。というのは、あくまでも人命尊重理念が、先に立ってきたからであります。私は、自衛隊にどうしても、武士道の精神を復活しなければならんと信じてきたものですから、そこで、武士道と軍国主義との差を外人に度々いうのですが、一見終焉した武士道は、どういう形で生き永らえたか、私は、軍閥というものは一朝一夕で成ったとは思いません。これは、やはり山県有朋以来の権道主義の政治家と軍人とが徐々に徐々に作り上げていったものだと思うのです。その中では、セルフ・サクリファイスという理念は完全に失われてしまった。そして勿論、天皇の軍隊でありましたから、セルフ・リスペクトの点については欠ける処がなかった。あるいは、セルフ・レスポンシビリティの点についても立派だったでありましょう。しかし、軍の主流は徐々に徐々に、その権力主義と、ファッシズムを受け入れる体制になりつつあった。そして、全くこの頑固なセルフ・サクリファイスに生きようとする武士は、段々辺境へ追いやられてしまった。まあ、いい例が、ノモンハン事件ですけれども、ノモンハン事件で、参謀本部がとった態度は、完全に責任逃れで、現地部隊長に皆自決させて、自分達だけが、一切責任を逃れて、出世しようとしか考えなかった。セルフ・サクリファイスの最後の花は、いうまでもなく特攻隊でありました。

軍のこれに対して、私に言わせれば、二・二六事件その他の皇道派が、根本的に改革しようとして、失敗したものでありますが、結局勝ちをしめた統制派というものが、一部いわゆる革新官僚と結びつき、しかもこの革新官僚は、左翼の前歴がある人が沢山あった。こういうものと軍のいわゆる統制派的なものと、そこに西欧派の理念としてのファッシズムが結びついて、まあ、昭和の軍国主義というものが、昭和十二年以降に初めて出てきたんだと外人に説明するんです。私は、日本の軍国主義というものは、日本の近代化、日本の工業化、すべてと同じ次元のものだ、全部外国から学んだものだ、と外国人にいうんです。純粋な日本では、そういうものはなかった。日本の武士とはそういうものではなかった。君等がそれを教えたんではないか、君等が軍人に権力をとらせ、軍人を増長させ、そして、言論統制は平気でやらせて、いじるべからざる文化をいじり、また、東条さんのように、私怨をもって人々を二等兵に駆り立て、前線へ押し出すようなことは、私は、あくまで君等、ヨーロッパ文明の中にある過酷さが、我々日本の純粋の武士の魂の中にそういうものはなかったんだということを口を極めて説くのであります。そこで私は、軍国主義というものが、実に、日本の明治以降、動いてきた歴史の中で、非常に、皮肉なものがある。というのは、我々は外国からいい影響だけ受けていたと思ったのは、非常な間違いであった。明治以降の日本がやってきた西欧化の努力によって今日まで、近代国家にきたのであるけれども、その全く同じ理念が、軍国主義をもたらしたのである。ここをよく考えないと日本の近代感覚というものの一番大きな問題は摑めない。日本は西洋から、二つの善と悪を、なにもかも全部採り入れた。その結果、こんどの敗戦が招来されたと私はみるのであります。そして、軍国主義のいわゆる進展と同時に、日本の戦略、戦術の上にアジア的な特質が失われていったのは大きい。というのは、今のベトナム戦争でも判るように、アジア的風土の中で、非常にアジア的な非合理な方法によって、ゲリラ戦を展開して、敵を悩ましている。日本は、こういうことを一切しないで、正に外国から得た武器によって、西洋の武器をもって、西洋と闘おうとした。これがまず戦略的に大きな問題であったのではないか。これは、私は大東亜戦争の敗因の一つではないかとさえ思っているわけです。参謀本部の頭の中に近代化された頭脳の中にその悪が潜んでいた。我々は、もう一つ、ここで民族精神に振り返ってみて、日本とは何ぞや、武器と魂というものを日本人は如何に結びつけたか、そこに立ち返らなければ、私は、日本というものの防衛の基本的なものは出てこない。そのために、私は、終始一貫した憲法改正論者で、それが、物理的に可能であるか、そんなことは、おかまいなしに、一介の人間としてそれのみをいっているのは、決してそれによって、日本を軍国支配しようとするつもりはないのだ。あくまでそれによって日本の魂を正して、そこに日本の防衛問題にとって最も基本的な問題、もっと大きくいえば、日本と西洋社会との問題、日本のカルチャーと、西洋のシィヴィライゼーションとの対決の問題、これが、底にひそんでいることをいいたいんだということです」

《正規軍と不正規軍》

「軍隊には、正規軍と不正規軍がある。日本は、明治以降、不正規軍、不正規戦の研究をまるでしていない。それは鎮台のためだ。日本軍部の成り立ちが、不正規軍、不正規戦の弾圧を目的としたものだったからだ。つまり鎮台は、あくまで不正規軍＝反乱軍を鎮圧するために創られた軍隊であり、それがやがて天皇の軍隊となり、徴兵制度がしかれた。

これ以降、徴兵制度の上に成立した正規軍がただ一つの国軍である、という形で敗戦まで来たわけだ。

この間、最もにがい目にあったのが日支事変だ。八路軍という不正規軍にぶつかったためだ。だが、対不正規戦戦略というものを、ついに展開できなかったために、ずるずると大東亜戦争にひきずり込まれ、今日のアメリカと同じことになったわけだ。

　戦後はどうなったか。

　戦後、自衛隊から、徴兵制度ははずされてしまった。そのため、旧軍人の正規軍思想だけが残って、国民との間は完全に断たれ、離れてしまった。国民と軍とをつなぐ徴兵制度がなくなったために、国民との関連はまったく失われ、正規軍思想と不正規軍思想とは、完全に離れてしまったわけだ。

　そこで、全学連の出現で困惑することになる。全学連は武器こそ大して持っていないが不正規軍といえるのだから。

　不正規軍の研究というものは、自衛隊内においては、非常に抑圧されている。自衛隊で部外秘の戦術教範のようなものを出しているが、とるにたりない。毛沢東などを研究して来た軍人が作ったものらしいが、防衛庁でがさがさに削られ、骨抜きにされて、まったく馬鹿馬鹿しいものになっている。

　従って、現在の自衛隊のゲリラ戦、遊撃戦、ことに都市戦略に関しては、まったく幼稚園以下で問題にならない。

　彼らは、どうしても力ということしか考えられない。今やむこうは力で来ないのはわかっている。それに対する戦略がなにも展開できていない。これではアメリカと同じ轍を踏むことになるのではないか、と憂慮する。

直接侵略対処、つまり、ソビエトや中国、北朝鮮などが、日本に攻め込んで来るような事態の場合には、世間の同意が得られる。しかし、過渡的状況では、同意は得られまい。そのような状況に対する研究を、自衛隊は何もやっていない。

七二年の沖縄返還の際には、沖縄の米軍基地の相当数が残されるだろう。それに際し、沖縄人民が、米軍基地へ押しかけた時、自衛隊がその間に立ったらどうなるか。デモを鎮圧できずに自衛隊が退いたら、自衛隊全体の威信が堕ちる。しかし、自衛隊の発砲などで住民が死んだら、向う側のヒューマニズムに徹底的に利用される。人が一人死ねば、向う側の勝ちだ。アメリカは涼しい顔のままだ。この瞬間、自衛隊の理念は崩壊する。

やはり、アメリカの傭兵だったではないかと非難される。ここへ向かって自衛隊が進んでいるようで非常に憂慮する。ここに至る前に、何とかして自衛隊を国軍という形にしなければならない。

だが、自衛隊内部は、出世主義ばかりで、危機感などまるでない。外から見た自衛隊と中から見た自衛隊はまるで違う。政治家には、いい所しか見せないのだ」

エピローグ――一八年目の遺恨

「『中曽根氏に質したい』と『楯の会』森田必勝の兄」というタイトルで、森田治は月刊誌『文藝春秋』の一九八九年二月号に次のような一文を寄せた。

「実は、あの〝事件〟以来、一度、中曽根康弘前首相にお目にかかりたいと願ってきました。直接質したいことがあるからです。それは、当時の中曽根防衛庁長官が、弟必勝の死を『狂気の沙汰』と仰ったときいたからです。御批判はあって当然ですが、狂人扱いとは、あまりに心無い言葉だと思ってきました――（以下略）」

あの〝事件〟とはすなわち一九七〇（昭和四十五）年十一月二十五日、陸上自衛隊市ヶ谷駐屯地東部方面総監室に三島由紀夫以下楯の会会員森田必勝、古賀浩靖、小川正洋、小賀正義の四名が乱入し、幕僚幹部を監禁したうえ自衛隊の決起を叫び、そのうち壮絶な割腹自決を遂げるといういわゆる「楯の会」事件を指す。

この一文を雑誌に寄せたことによって森田治は、一八年間密かに抱いていた遺恨をついに晴らそうとした。

事件以来一八年。この歳月はけっして短くはない。一歳の子供も義務教育を終え大学へ進学するか早い者は社会人になっていよう。もし弟必勝も命ながらえていれば四十代と壮年期に達している。

この間、弟必勝の事績を語ろうとする場ならあった。たとえば毎年のように「憂国忌」があり「野分祭」が催されている。このほかにもあるいは楯の会とはゆかりの深い静岡県富士宮市郊外に神社を建立しよう、顕彰碑を建てよう、遺稿集を出版しよう等々の、必勝をとりまく働きかけは元楯の会メンバーを中心に活発でさえある。

そうした場をかりて弟必勝のなんたるかを語ろうとするのはじつにたやすい。しかし、森田治はあえて沈黙を保った。いや、正確を期すならばむしろ「語れなかった」といったほうが適切だろう。

そして、森田治は、この〝語れなかった〟ことの理由を〈なぜ〉と自らに問い、問いつづけて一八年を過ぎ越してしまっていた。

理由を挙げればどのような些細なものでもそれらしくなる。たとえば、多くを語ることによって生じるまた新たな森田必勝の偶像化への懸念、というのがそれなら、贔屓の引きたおしということだってなくはない。言葉の無力さ、頼りなさも感じぬわけにはいかない。一人の人間の、まして生命を賭しての社会に向けた止みがたい諫死だったのである。その思想や信念を完璧に語ろうとするときはたして言葉はどこまでそれに迫れるか。

一八年の歳月を経て、〈なぜ〉〝語れなかった〟のかの理由を森田治はようやく理解できた。それは、中曽根元防衛庁長官に対する遺恨のゆえにであった、「狂気の沙汰」と一言のもとに唾棄することを憚らなかった中曽根氏の、「心無い言葉」へのこだわりのゆえにであった、ということを。

森田必勝は別離の言葉も告げず逝った。同志はおろか肉親にもである。だから森田治が弟の最後の姿を見たとすれば、事件の年の夏、大学の夏休みに帰省したそのときだった。弟は夏、冬の休暇ともなると欠かさず帰省していた。

このころにはすでに三島由紀夫とのあいだで十一月決起の計画が具体的に練られ、小賀、小川、古賀らとの黙契も交わされていた。森田必勝の心に〝死〟への覚悟はしかも目前のこととして当然想定されていたはずである。

にもかかわらずそうした悲壮感など微塵も感じさせぬどころかこのときも、素裸で縁側にまどろんでみるかと思えばスイカを口一杯に頬張り、その口元からタネを器用に飛ばすなど邪気のない、天真爛漫な少年のような快活さであった。

森田治は、だがそれはむしろいさぎよしとしている。弟らしいとさえ思っている。誇りに思いこそすれ悔いはない。ただ苛立ちをおぼえてならないのは、彼をして究極に選ばせずにはおかなかった決起への行為を正確に伝えようとするとき、ひとことの〝弁明〟もなく、〝遺書〟も残さず、無言であったということである。

弟必勝の行為を理解しようとする場合、森田治にはもはや想像以外手立てはなかった。必然的に、だから森田治は沈黙を自分に課すよりほか選べる方法はなくなっていた。

「狂気の沙汰」「心無い言葉」は森田治に中曽根不信をつのらせた。そしてその不信感は「あの中曽根氏がどうして……」という、それまで抱いていた中曽根に寄せる素朴な信頼感がもろくも崩れたのだからその分だけ根強い。

中曽根が一九七〇年一月十四日、発足したばかりの第三次佐藤内閣の下で防衛庁長官に就任したときのことを森田治は鮮明に記憶している。

「――日本が自分の国を守る。これが一番の原則である。足りないところは他と提携する」「国民に防衛とか安全保障という内容をもっとよく知ってもらい、国民と一緒にすすむ自衛隊という方向にもっていきたい」。そうなるためには「隊員が本当に責任をもち、長官から末端にいたるまで綱紀を厳正にして率先垂範する」ことにある、と防衛庁長官たる者の気概と抱負を記者会見の席上でこう披瀝した。

それまでの歴代防衛庁長官にとって国防問題は一種の政治的タブーであった。戦前の反動からくる軍事アレルギーが転じて、いわば寝た子を起こすまいという自制心を彼らに働かせたのかもしれない。だからこと防衛問題となると及び腰になった。いやかえって長官の役割とはこのタブーをいかに破らずにおくか、という点にあったようなものだ。

ところが新防衛庁長官の口頭から次々と飛び出すフレーズは、それまでの歴代長官が回避してきた国防政策に真正面から臨むものとして一石も二石も投じるものだった。

〝自衛隊に国軍としての自覚と誇りを〟

〝自主防衛・自国防衛〟

こうして〝聖域〟にあえて一歩大きく踏み込んだのである。

その延長である、「日本の防衛」というタイトルで一九七〇年十月わが国初の『防衛白書』の刊行に踏み切ったり、核武装についても、「小型の核兵器が自衛のため必要最小限度の実力以内のものであって、他国に侵略的脅威を与えないものであれば、これを保有することは法規上可能——」と、核保有の合法性に言及したのは。

この中曽根発言はたちまち物議をかもすところとなったが、これに森田治はひそかな快哉をおぼえた。

〈さすがは元青年大尉のことはある〉

喝采をおくることもわすれなかった。

ところが事件翌日の新聞紙上ではその中曽根をして「許せぬ秩序破壊」「常軌を逸した行動」などの談話を表明させているのだ。

「まったく遺憾な事態だ。法と秩序を乱して人を殺傷するなど迷惑千万だ。戦後日本の国民がせっかく築いてきた民主的秩序を破壊するような事態に対しては、徹底的に糾弾しなくてはいけない」

そしてさらに、「自衛隊員は今後とも国家から与えられている任務に徹し、自衛隊員として節度ある防衛の教育を徹底させていく」と自戒をこめた、自衛隊内部への予防的発言も同時に行っている。

この中曽根の談話は、こんな心無い言葉をもし弟がきいたとしたらという思いとともに森田治の心理を複雑なものにした。弟必勝の無念さを思いやればやるほど複雑な思いはさらに増幅され、森田治を中曽根不信にかられさせてゆく。

沈黙はしかし、森田治の内部でひとつのこだわりを増殖させていった。つまりそれは「中曽根氏に質したい」というこだわりである。

さらに、森田治はそれがじつは弟必勝に対するこだわりであることにもやがて気付く。「中曽根氏に質したい」と投げつけた問いはそのままブーメランとなって弟必勝に投げつける問いとなって返ってくる、ということに。

「中曽根氏に」森田必勝の自刃がなぜ「狂気の沙汰」だと言わせるのか、その理由を「質したい」とするならば同様の問いとして弟必勝に、その自刃はならば「犬死に」だったのか、「諫死」だったのか、と問わなければならない。

なぜなら、森田治は「私自身、いまなお必勝の『死』の理由がわかりません——」と、その一文のなかで告白しているのである。

あとがき

六〇年代の終幕と七〇年代の幕開けの狭間にあって、まさに一九七〇年こそ激動の年という形容が相応しい。

さまざまな面からそれは照射できるが、とりわけ新左翼とそれに関連する事象から見るとより鮮明になる。

たとえば主なものだけでも日本赤軍による「よど号ハイジャック」（三月三十一日）、「安保条約自動延長」（六月二十三日）、中核派と革マル派による内ゲバ・リンチ殺人となった「東教大生海老原俊夫・暴行殺害事件」（八月四日）、「『楯の会』事件」（十一月二十五日）、京浜安保共闘のメンバー三人が東京板橋区の上赤塚派出所勤務の警官を襲撃するという「ピストル奪取事件」（十二月十八日）等々が発生している。

歴史に停止という文字はない。歴史もそれ自体ひとつの〝生き物〟として不断に運動しつづけるもの、という実感はこうした諸々の歴史的事実が如実に教えてくれる。

とはいえ、そうといえるのもその事実がより事実であるための条件、すなわちその事実と同時代的に共生していた者たちに与えたインパクトがいかに鮮烈であったかの度合いとも比例するであろう。その意味からすれば、「楯の会」事件こそそれに値するといってよい。左右両翼、あるいはノンポリを問わず同時代にちょうど居合わせたいわゆる「団塊の世代」と言われる者たちがこの事件に抱く感慨にはひとしおのものがあるに違いない。

本文で語ったものを今またここで繰り返すことはないが、「楯の会」が投げつけたのはつまり右側からの〝戦後民主主義の欺瞞を問う〟というものであった。その衝撃波は左翼陣営のみか、右翼といえばそれまでは体制側にいるものと高をくくっていた者（政財界、既成右翼）に対してさえあえて刃を突きつけたという点できわめてセンセーショナルであった。

このことは新左翼陣営にも同様に言えた。右翼民族派とは立脚するところは違え、戦後二五年間の西欧型民主主義に毒された日本国そのものに叛旗を翻し、その返す力で既成左翼をも斬り捨てた。既成左翼もまた、戦後民主主義を一方で支えていた点で政財界と同罪であった。

ともあれ、当時彼らとはまったく対極の位置にいた私にも、「楯の会」事件の波紋はけっして小さくなかった。

戦後民主主義というものをたとえていえば捕らえどころのないコンニャクのような、それでいてしぶとい妖怪のようなものと受け止め、それがために〝攘夷〟思想はことごとく骨抜きにされたうえ、あらゆるものがアメリカナイズされてゆく現状に憤りをおぼえていた私は、それらに対して文字どおり身命を賭して激突していった彼らに対し、むしろ「敵ながらあっぱれ」と賞賛の念すら抱いたものである。

「楯の会」事件が投げかけた波紋が及んだのは私のみに限らない。事件以来二〇年が経過したとはいえ冷戦からデタントへと向かうなかで米ソによるパワーバランスが変化し、世界情勢がますます流動化してゆくのを見れば、むしろ彼らの思想と行動はいよいよ再認識されてしかるべきとさえいえよう。今まさに、日本はどうあるべきかという指針が問われている時だけになおさらだ。それでなくともその主体性なき〝弱腰外交〟は、図らずも、先のイラク・クウェート問題で露呈してみせた、日本政府の対応の不手際である。「楯の会」事件はいみじくもその一つの指針を与えるものではなかったか。

むろん、私は彼らが志向した〝天皇制国家〟の再来を望むものではない。しかし、その思想と行動において公平に評価することにやぶさかではない。

本書を執筆するにあたって福井、三重、茨城、千葉の各県に在住する元楯の会会員に取材を依頼し、貴重な意見とアドバイスを受けた。その取材の途上、当時の右翼民族派と称する彼らは何を考え、そして行動しようとしていたのか、その一端を今にしてようやく私も理解できた。取材に協力してくださった方々には改めて感謝申し上げたい。

なお、本文中に登場した人物の敬称は一切略したことを御了承願うものである。

現代書館編集部の小林律子氏には、前作に引き続いて再度編集の労をとっていただき、このような形で上梓できた。深く感謝申し上げたい。

一九九〇年十月

著者

文庫版のあとがき

本年は「楯の会事件」から五〇年になる。五〇年といえば半世紀でもある。この節目にあたって潮書房光人新社編集部のお骨折りにより、増補版としてあらためて上梓されることになった。したがって本書は旧版後、月刊誌掲載等の取材を通してあらたに得た元楯の会会員の証言、あるいは事実関係なども書き加えている。

たとえば事件発生の一ヵ月ほど前、三島由紀夫がマッチで「血判書」を焼却してしまったため原書は存在しない。ところが、じつは松浦（旧姓持丸）博氏が機転をきかし、事前に原書をコピーして論争ジャーナル事務所の金庫に保管していた。なのでコピーであり、〝幻の血判書〟ながら当方の手元にあり、見ることができるなどが明らかになった点だ。

それゆえこの機会に手に取っていただき、本書が五〇年前の一九七〇年十一月二十五日、陸上自衛隊市ヶ谷駐屯地において三島由紀夫・森田必勝の両名が「憲法改正」を訴え、自衛隊を我が国の軍隊と憲法に明記する「自衛隊の国軍化」を要求したのち割腹自決した、いわゆる「楯の会事件」の真相や経緯などを理解する一助になればこれに過ぎるものはない。

当時二十代のはつらつとした青年たちであった元楯の会会員もすでに古希を過ぎている。なかには松浦博氏、阿部勉氏、塙徹治氏、さらには森田必勝とともに決起事件に加わった小川正洋氏も二〇一八年十一月、心不全のため亡くなるなど鬼籍に入られた元会員も少なくなく、ひとしお歴史の流れを思わせる。

わけても当方にとって松浦氏はかけがえのない人であった。本書（旧版）をまとめるにあたってまず最初に訪問した元楯の会会員は松浦氏であった。彼は三島由紀夫の片腕となって楯の会結成に深く関与し、楯の会の思想と行動を側面でになったいわばキーマンであったからだ。これに加えて距離的近さもあった。当時松浦氏は茨城県土浦市に在住し、建設会社を経営していた。当方も同じく茨城県の筑波山麓に居宅を構えていた。そのためしばしば訪問しては多くの楯の会関連情報、資料、人脈等々の提供を受け執筆に資した。

さらに某月刊誌の、三島由紀夫と楯の会とのゆかりの地を訪ねるとの企画で松浦氏を案内役にし、二週間ほど奈良県、静岡県、東京青梅市などをともに訪ねたものだ。

歳月とともに元楯の会会員たちも高齢化し、これは避けられない。そのため五〇年前を逐一記憶しているなどほとんど不可能でもある。とはいえ忘却してよいものとならないものがある。「楯の会事件」は後者にあたろう。三島・森田両名が訴え、そのために諫死さえした「憲法改正」「自衛隊の国軍化」はいまだ未達成だからだ。

けれど現下情勢を俯瞰すれば五〇年を経てようやく「楯の会事件」が提起した問題の意味が理解されてよいまでに機は熟したのを知る。つまりわが国を取り巻く内外情勢はまさに「憲法改正」「自衛隊の国軍化」が喫緊の問題であるまでに差し迫っているからだ。

まずひとつは自衛隊に対する国民の理解、認知度が深まった点があげられる。五〇年前の自衛隊は軍国主義復活、武力侵略など旧日本軍の再来を想起させた。そのため自衛隊違憲論のそしりを受け、国民の自衛隊アレルギーは相当なものだった。けれどこのような陳腐な論争はすでに過去のものとなり、いまやむしろ自衛隊の存在はますます重要性を帯びている。

核開発に拍車をかける北朝鮮は三十数個の核弾頭を保有するといわれ、長短距離ミサイル発射訓練を繰り返し実施し、わが国に対する脅威は増大している。

中国もそうだ。目覚ましい経済発展をテコに一帯一路政策を掲げ、多額の借款を負わせ、債務のカタに長期の租借権を呑ませて半植民地化するなど〝経済侵略〟をもくろむ。あるいは東シナ海を楕円形で結ぶ「九段線」なるものを設定して軍備強化をはかり、領有権をめぐってインドネシア、ベトナムなどとの摩擦が絶えない。我が国とも尖閣諸島に中国船が大挙して接近するなど緊張感を高めている。このように日本海や南西諸島の海がはげしく波立つなかで自衛のため、自主独立のため軍事的備えと心構えがいかに重要か、国民は理解している。

このほか自衛隊の役割は自国防衛にとどまらず、大規模災害の復旧作業、一九九二年九月に本格化した国連平和維持活動にもとづく海外派遣等多岐にわたり、多様な貢献をはたしている。このように自衛隊は国内的にも国際的にも我が国の軍隊であることを否定するものは、皆無ではないがきわめて少数であり、憲法にきっちりと、自衛隊を国軍と明記すべき時期に至っている。

憲法改正も同様であろう。二〇一〇年五月、「憲法改正国民投票法」が施行された。改憲には同法にもとづき、国会で衆参両院議員の三分の二以上の賛成を必要とし、この後さらに国民投票に付されて過半数の賛成を必要とする。そのため改憲成立には越えなければならない高いハードルがありまだまだ予断を許さない。

けれどこれも五〇年前にはおよそ想像できなかったことだ。「不磨の大典」とされ、指一本触れさせない〝聖域〟にされた現憲法であった。楯の会は自衛隊と憲法、とりわけ第九条等との矛盾を糺すため正面から斬り込み、タブーに挑戦した。しかし岩盤は堅く、みごとに撥ね返され未完に帰した。社会はなおまだ憲法改正を求めるほど成熟しておらず、時期尚早だった。

それから五〇年後の現在、憲法と現実社会とに齟齬、乖離が生じ、現実問題に憲法が追いつかない事実を国民は知った。さきに述べたようにわが国は、いつ暴発しても不思議はない不気味な二つの国と隣り合わせており、非常事態発生を想定した法整備は無論のこと適切な自衛措置を講じるよう緊急事態条項等を憲法に明記することに異論はない。

さらに地球環境、人口、食糧等々グローバルな問題がつぎつぎと立ち現われ、一国だけでは解決困難な問題に直面し、これらに迅速適切に対処するため改憲も聖域としない、熟議の時に至ったことも理解するようになった。

ただし憲法改正、自衛隊の国軍化――これらはひとつの方便にすぎなかったかも知れない。「楯の会事件」が真の狙いとしたのは究極的に戦後体制からの脱却であったからだ。戦後体制とは敗戦後、国連軍の支配、管理、指示等のもとで制定された現憲法、教育基本法、あるいは平和主義などの制度を指す。これらの制度にもとづいて戦後におけるわが国の政治、外交、教育、安全保障等の枠組みが形づくられた。

この結果、日本はどのように様相を呈する国になったか。経済的利益、すなわち損得勘定が優先され、自由と平和が絶対視され、反日的歴史認識に呪縛された。

だから楯の会はこれらに対し、わが国古来の「伝統・文化・歴史」の復権を訴えた。三島・森田両名の最期はまさにこれらを象徴する。両名は古式にのっとり、日本刀で割腹自決することでわが国の「伝統・文化・歴史」の継承を後世に生きる私たち国民に示したのだった。

岡村　青

二〇二〇年九月

*主要参考文献

『日本内閣史録』林　茂・辻清明 編　第一法規
『三島由紀夫文学全集』三島由紀夫　新潮社
『「文藝春秋」にみる昭和史』文藝春秋社
『戦後政治裁判史録』田中二郎他編　第一法規
『素顔の昭和』戸川猪佐武　光文社
『日本の右翼』池田論　大和書房
『森田必勝・わが思想と行動（遺稿集）』森田必勝　日新報道出版部
『憂国の論理』保阪正康　講談社
『三島由紀夫―その生と死』村松剛　文藝春秋社
『裁判記録「三島由紀夫事件」』伊達宗克　講談社
『倅・三島由紀夫』平岡梓　文藝春秋社
『倅・三島由紀夫（没後）』平岡梓　文藝春秋社
『三島由紀夫・憂悶の祖国防衛賦』山本舜勝　日本文芸社
『天皇・青年・死』藤島泰輔　日本教文社
『三島由紀夫その血と青春』三枝康高　桜楓社
『三島由紀夫』いいだ・もも　都市出版社
その他新聞・月刊誌・週刊誌等

単行本　平成二年十一月　現代書館刊

NF文庫

三島由紀夫と森田必勝

二〇二〇年十一月二十二日　第一刷発行
著　者　岡村　青
発行者　皆川豪志
発行所　株式会社　潮書房光人新社
〒100-8077　東京都千代田区大手町一-七-二
電話／〇三-六二八一-九八九一(代)
印刷・製本　凸版印刷株式会社
定価はカバーに表示してあります
乱丁・落丁のものはお取りかえ致します。本文は中性紙を使用

ISBN978-4-7698-3191-4　C0195
http://www.kojinsha.co.jp

NF文庫

刊行のことば

第二次世界大戦の戦火が熄《や》んで五〇年——その間、小社は夥しい数の戦争の記録を渉猟し、発掘し、常に公正なる立場を貫いて書誌とし、大方の絶讃を博して今日に及ぶが、その源は、散華された世代への熱き思い入れであり、同時に、その記録を誌して平和の礎とし、後世に伝えんとするにある。

小社の出版物は、戦記、伝記、文学、エッセイ、写真集、その他、すでに一、〇〇〇点を越え、加えて戦後五〇年になんなんとするを契機として、「光人社NF（ノンフィクション）文庫」を創刊して、読者諸賢の熱烈要望におこたえする次第である。人生のバイブルとして、心弱きときの活性の糧《かて》として、散華の世代からの感動の肉声に、あなたもぜひ、耳を傾けて下さい。